TAKE BACK THE GAME

子供たちのスポーツを取り戻せ!!

リンダ・フラナガン 著／佐伯葉子 訳

TOYOKAN BOOKS

HOW MONEY AND MANIA ARE RUINING KIDS' SPORTS —AND WHY IT MATTERS

LINDA FLANAGAN

献辞

コーチした女の子たちのプライバシー保護のため、本人の名前、本人やその家族が特定されることがないよう、詳細は変えさせてもらった。また、匿名を希望した人や私たち家族や息子のチームで関わった子供たち、そして、何も気づいていない彼らの親たちについても、同じようにした。この本に登場する人たちの中で、下の名前しか出てきていない場合は仮名である。ただし、姓と名前の両方が出てきている場合は、本人から実名を公表する許可が得られた人たちだ。また、代名詞の彼と彼女は区別せず使っている。

この本を通しての私の目的は真実を伝えることだ。自分自身がアスリートになるまでのこと、幼いスポーツ少年をスポーツに取り憑かれたコミュニティの中で育てたこと、それから、馴染みのない世界に次世代のランナーたちを連れて行ったこと。また、ユーススポーツの生態系が、家族やコミュニティ、個人に対し、良くも悪くもどのようにして影響を与えているかについては、できる限り明確にしたつもりだ。

CONTENTS

PART 03

子供たちのスポーツを取り戻す

はじめに

　今日も絶好調だ。左ドリブルで相手チームの選手たちのあいだを華麗にすり抜けたかと思うと、無防備な選手からボールを奪い取る。相手のゴール下でもたついているディフェンダー陣を見事にかわし、左手でレイアップシュートを放ったかと思ったら、今度はコートの反対側にいる味方に鋭いパスを出す。まるで、琥珀の中に閉じ込められた他の選手たちの周りを、彼ひとりがダンスしているかのようだ。

「ポール、頑張って！」私は、大きな声援を送った。息子のポールがコートの上で輝いている姿は、なんとも感動的である。

　ある1月の土曜日の朝、夫と私は小学校の体育館にいた。ユースバスケットボールの試合で活躍する末っ子の雄姿を見るためだ。体育館の中は風通りが悪く、微かに埃っぽいにおいがする。ポールは、汗でびっしょりだ。常に全力でプレーする彼は、その日の朝も、ものすごいスピードで走り回り、1人であらゆるポジションの役割をこなし、いくつものゴールを決め、相手チームの選手が味方に放った隙のあるパスを奪い、リバウンドを取り、大きな声を出してチームメイトたちとコミュニケーションを取っていた。

「あの子、普段から一緒に練習できる上の兄弟でもいるんだろうな」と、不満気な声で妻に話しかける男性の声が後ろから聞こえてきた。

試合が終わると、ポールは私たちのほうへ大股でやってきた。それぞれ自分たちの親のもとへと向かう他の子供たちからは、「いい試合だったな、ポール！」と声がかかる。あるチームメイトは、勝利を労うかのように、ポールの背中を叩いた。さらに、別の男性からは「きみ、すごいな」と声をかけられた。体育館を出ると、そこらじゅうにいる大人や子供の視線を感じる。私は、汗に濡れたポールの肩に腕をまわすと、誇らしげに顎を上げた。夫のボブも同じようにしている。私たちは、意気揚々と駐車場に停めてあった自分たちの車に向かい、他にも自分たち（たち？）を褒め称えたい人はいないか確認するように、あたりを見回した。

家に帰ると、私たちはキッチンのテーブルを囲み、試合でのポールの素晴らしい動きの数々を思い返しながら、どんな気持ちでプレーしていたかなど、1時間ほど語り合った。話しながら、ピーナッツバターとハチミツの分厚いサンドイッチ（耳なし）を作り、大きなグラスに注いだチョコレートミルクと一緒にポールに渡す。そのあいだ、弟のバスケットボールの試合には絶対に行かないと決めている2人の上の子たちは、パジャマ姿のまま、ふかふかの茶色のソファの上で『フルハウス』に夢中だ。まるで興味を示さない彼ら以外の私たち親子にとって、試合後の「反省会」は、中毒性のある、自画自賛大会のようなものだった。

コートの上で我が子が輝く姿を見ていると、何かに包まれるような感覚を味わった。それは、のちにボールが野球やサッカーで活躍したときにも起きた。誇り、形容しがたい幸福感、自己満足（なぜ自己?・）、歓喜――それから、口には出さなかったが、自分の「立場」がものすごく高くなったかのような感覚だ。

当時より変だという自覚はあった。そして、少しだけ罪悪感（もしかしたら、ものすごくダサいことなのかもしれない、という気持ちも）もあった。自分自身が子供の頃、両親が私たち4人きょうだいと、どんな関わり方をしていたか思い返してみた。父も母も、子供たちがスポーツをするのを良く思っていたし、練習の送迎をしたり、都合がつけば試合にも来てくれたりしたが、私たちの活躍に執着している様子はなかった。それよりも、仕事や友人関係、その他さまざまな大人としての責任のほうが優先されたからだ。彼らにとって、我が子の試合は、何も考えずに楽しめる娯楽の一種であり、自分たちの忙しく充実した人生に比べれば二の次だった。だからといって、そうした両親の無関心を愛情不足と感じたことはなく、むしろ、自分の試合は自分自身の挑戦なのであり、親の愛情――自分ときょうだいの全員に対する――は、スポーツを通じて得られるものとは別のところに存在することを実感した。

何かが変わったのだ。なぜ、自分はこれほどまでにポールの運動能力の高さを気にするのか。なぜ、私の周りにいる人たちは、子供のスポーツに一喜一憂するのか。それが理解できないのである。この子供のスポーツに対する不思議な感覚は、ポールが幼い頃から感じていた。町のフィールドで、これから試合なのか、ユニフォームに身を包んだ大勢の子供たちを見るかぎり、他の親たちも同じなのだろう。

スポーツの役割が大きくなってきているのかもしれない、という私の母親としての勘は、高校のクロスカントリー〔訳注：田野・丘陵・森林などに設定されたコースで行う陸上競技の1つ〕チームのコーチをするようになると確信へと変わっていった。初日の朝、10代の女の子たちに自分が大好きな競技を指導できるという期待に目を輝かせ、元気いっぱいに体育館の外へ出た私は、これから起こることをまったく予期していなかった。ところが、3週間ほどで私はユーススポーツの「人を興奮させる」という性質を実感することとなる。親やコーチたちが練習スケジュール、選手の出場時間、誰がチームに選ばれたか、あるいは選ばれなかったか、といったことで揉めるようになっていた。有り難いことに、アスレティック・ディレクター〔訳注：アメリカの高校や大学における各運動部のコーチをまとめるポジションにいる人〕が、練習の前半は親をなだめに、後半は不満を持つ高校生たちに悪い知らせを伝えるコツをコーチたちに教えるためにきてくれた。そして、すぐに私の受信箱はクロスカントリーチームの選手（あるいは親）からの特別待遇を求めるメールでいっぱいになった。

「アスファルトじゃなくて、芝生の上で練習してもいいですか？」「数学の家庭教師が来るので、明日の練習を早退してもいいですか？」

その中に、さまざまな恩恵をもたらす、スポーツそのものに関する内容は滅多になかった。

私にとって、走ることは喜びの源であり、1日に1度、脳がドーパミンを分泌させるためだけのものではない。苦しいコースや最悪のコンディションの中を共に走ることで、友情や仲間意識を育むことができる特別なスポーツだ。

子供たちが小さかった頃、毎週火曜日の朝8時半からランニング仲間と集まり、一緒にトレーニングをしていた。とくに思い出深いのが、ある朝、集合場所である駐車場を左に出てウッドランド・アベニューという通りのほうへ走っていると、前夜の嵐の影響で、バトラー・パークウェイに開いた無数の穴から雨水がぶくぶくと噴き出しているのが見えた。このときも雨はまだ降り続いていて、空気は冷たく、土砂降りのせいで寒いし、惨めだしで、駐車場から入口のドアに行くまでにもビショ濡れになることを思うと、モールウォーキング［訳注：ショッピングモール内をウォーキングするイベント］でさえ遠慮したくなるような天候だった。にもかかわらず、それぞれランニングの経験も能力も異なる私たち8人の中年女性ランナーたちは、次のレースに向け、トレーニングで往復する坂を目指していた。

坂の下まで約3・2㎞、水たまりをばしゃばしゃ撥ねながら道路の左側を走った。落ち葉が下水道を塞ぎ、雨水が川のようになって私たちの靴をぐっしょりと濡らしていく。家を出る直前にはめた安物の綿の手袋もすぐにビショビショになり、指は冷たさでかじかんでいる。その上、雨風の音が強く、普通の大きさの声では会話もままならない。

「今日は60秒の坂ダッシュを何本だっけ？」走りながら、アンが大声で聞いてきた。

すると、そこへ1台の車が向かってきて、私たちの横を大きく避けて走りながら、怒ったようにクラクションを鳴らして去っていった。そして坂ダッシュを始めると、速度を落としながら下りてくる車のドライバーたちが、淡々とした様子で走る私たちをぽかんとした顔で見るのが目に入った。一体、私たちは何をしているのだろう？　２人１組で坂を駆け上がり、腕を大きく振り、傾斜が一番きつい中間地点では酸素を求めて喘ぎ、１本前より長く走ろうと励む。

「その調子！」駆け上がっていくランナーたちに、下っていたアン・マリーが声をかける。

アーチーとマリアンは、アンと私が彼女たちの横を通過するときに、手をパンパンと叩いて激励した。

「あなたも頑張って！」と、私も大きな声で応える。

何年も前に小さなハリケーンが来ている最中に走ったのと、大学時代にしたマイナス40度の中での超短時間トレーニング（馬鹿だったのだ）以外では、このときの坂ダッシュが人生でもっとも過酷な体験だった。にもかかわらず、走り終わってすぐに急いで熱いシャワーを浴び、髪を乾かし、体温が戻ってしまえば、どんなにつらかった雨の記憶も、仲間たちとの温かなつながりに押し流されてしまうのである。アン、モニカ、アーチー、リンダ、ダウン、アン・マリーにマリアン――最悪の天候の中、あんなに苦しいランニングのあとほど、彼女たちを身近に感じたことはない。小さな嵐の中、同じ目標を持ち、互いを思いやり、一緒にウッドランド・アベニューの厳しい坂に打ち勝ったときに感じた充足感は、20年経った今でもよく覚えている。

これが、スポーツの力だ。

ところが、このスポーツの力が、ユーススポーツ――高校生を含めた、あらゆる年代の子供たちを対象とした組織的スポーツ［訳注：子供だけでする遊びとしてのスポーツではなく、大人が主導権を握り、ルールに従って練習や試合をするかたちで行われるスポーツのこと］――に起きた変化によって台無しにされてしまった。誰も気づかないまま、大人が忙しく人生を築き、家族を養っているあいだに、子供たちのスポーツは変わっていたのである。これらの変化は、息子のプレーを見ているあいだにも起きており、高校でクロスカントリーチームのコーチを始める頃には、もはや防ぎようもなくなっていた。

「ほとんどの人は、過去20年のあいだに起こったユーススポーツの変化に気づいていない」と、ジェイ・コークリーは言う。コークリーは、アメリカのスポーツ社会学の権威として知られ、教職を引退した今も執筆や講演だけに留まらず、ユーススポーツ文化を改善するための活動に取り組んでいる。「ユーススポーツが大きく変わったことに対して、ほとんどの人が見て見ぬふりの状態だ」

何が変わったのか?

まずは、商業主義になったことだろう。大小さまざまなビジネスが、ユーススポーツで利益を得るチャンスを嗅ぎつけ、我が子を少しでも優秀な選手にしたいと悩む親を相手にし始めた。すると、親が子供のスポーツに金銭を惜しまないと知った企業や起業家たちが、ユーススポーツに巨額の投資をするようになった。地域スポーツへの公共投資が減り、民間企業がその穴埋めをしていた1970年代から、今では数十億ドル規模の産業にまで成長した。ウォール街の実情を赤裸々に綴った『ライアーズ・ポーカー』(早川書房)の著者であるマイケル・ルイスは、ユーススポーツビジネスを「麻薬市場」――法律がなく、なりふり構わない必死な人たちで溢れる、金が渦巻く市場――のようなものと表現している。

また、1970年代半ばに起きた文化的な変化による影響もあるだろう。親の子供との関わり方における変化だ。経済の悪化、離婚率の上昇、他人に対する過度な不信感といった変化により、中流階級の親たちは、上の世代には見られなかった、子供への執着を強めた。現代の親——私も含めて——は、我が子のためになるなら何でも与えたがるのが普通だ。

『子育てのパラドックス——「親になること」は人生をどう変えるのか』（英治出版）の著者であるジェニファー・シニアは、次のように書いている。「現代の中流階級は、子供が社会で上手くやっていくためには、完璧で洗練された人間に育てなければならないと強く信じている」

このようなマインドセットが引き金となり、子供のための構造化された活動、とくに親と子の双方が優越感を感じやすい組織的スポーツは盛んになっていった。すると徐々に、子供の成功は親の成功として捉えられるようになり、我が子のスポーツの技術を磨くのに必死になるなど、親にとって子供のスポーツの重要性は極めて高くなった。その結果、現代の親の多くは、週末や休暇が子供の試合で潰れるのを何とも思わない。私の両親を含む上の世代は、この状況を驚きと戸惑いの目で見ている。

ユーススポーツの生態系を揺るがす、より大きな変化は大学によってもたらされた。名門大学の門が狭まるなか、人々はスポーツを利用して入学する方法に目を向け始めた。また、大学側もスカウトした選手を優遇し、そのやり方を推奨している。実際に、スポーツ社会学者で『How College Athletics Are Hurting Girl's Sports（大学スポーツが女子スポーツをいかに傷つけているか）』（未邦訳）の著者であるリック・エクスタインによると、学業成績が同程度に低い生徒では、スポーツの経歴があるほうが、合格率は4倍も高くなるという。このような現実を踏まえ、大学の授業料を抑えるため、あるいは、より高いレベルの大学に入学するためには子供にスポーツをさせるべき、という考え方は加速した。

ユーススポーツを「生態系」と表現したのは、さまざまな役者が関わり合い、1人の役者の行動が他の役者だけでなく、システムそのものをも変えてしまうからだ。つまり、ユーススポーツ産業が子供の将来を少しでも良くしたいと願う親の気持ちを刺激し、大量のスポーツ用品を買わせ、たくさんのチームに所属させ、合格基準がはっきりとしない、競争率も学費も異常に高い大学がシステムを回し続けている、というわけである。ただし、この「システム」という言葉に騙されてはいけない。上でレバーを握って操っている存在などいないからだ。

ともあれ、いつからか子供のスポーツは子供のためのものではなくなってしまった。

「ちょっと待って！　私が子供にスポーツをさせているのは、体を動かすのは大切だし、チームスポーツには人格形成、健全な心の育成、社会とのつながり、（その上、彼らに何かしらやることを与えてくれる！）といったメリットがたくさんあるからよ」と、あなたは思うかもしれない。

私には、そうしたメリットの多くが妨害され、歪められ、悪用されているように感じられるのである。

ユーススポーツへの巨額の投資、子供の活動に対する親の圧倒的な献身や高等教育におけるスポーツの役割の巨大化によって、ユーススポーツが愛されてきた――親が子供にスポーツをさせたかった――理由は損なわれてしまった。私たちが大切にしてきた理想やスポーツを通じて子供たちに学んでほしいと願っていた価値は、もはや耳あたりの良いフィクションでしかなく、それどころか、いくつものパラドックスが生じている。こうした矛盾からも、私たちがスポーツに求める品格は、あらゆる段階で、主にお金や不安、野心によって損なわれていることがわかる。

ほとんどの人は、ユーススポーツを変え、ユーススポーツ本来の意義を傷つけた大きな原因について、目を瞑っているか、まったく気づいていない。変化が起きている場所が身近すぎるだけでなく、試合に勝ち、周りに後れを取らないよう、あるいは馴染むのに必死で、フィールドやコート、トラックの中で現実に起きていることが見えていないのである。

マリリン・ロビンソンの著書『ギレアド』(新教出版社)の中に、私が好きな一節がある。「ものごとが普通に進んでいるときは、何が大切かを思い出すのが難しいものだ」

すべての親が、この一節のタトゥーを手首に入れ、取るに足らない出来事――とりわけスポーツ関連――が、真に大切なものを傷つけ、壊しかねないことを常に忘れないようにするべきである。あなたがどうかは知らないが、私にとって大切なのは、子供たちのドリブルの才能やバットを振る素質の高さではなく、彼らの人間性だ。優しい? 意地悪? 寛大? 自己中心的? 怠け者? 働き者? もし、ロビンソンの言葉のタトゥーを入れていたら、9歳の息子の素晴らしいバスケットボールの才能を、奢らずに、謙虚な気持ちで見守れただろう。

もしかしたら、今まさに8歳の息子のサッカーのクラブチームの練習が終わるのを待っているあなたを、やや落ち着かない気持ちにさせてしまったかもしれない。それでも読み進めてほしい。小学生の子供たちがトラベルスポーツ［訳注：トライアウトに合格しなければ所属できない、遠征が多いハイレベルチームに所属してプレーすること］をするのを普通とする大きな力に抵抗する方法はあるからだ。親やコーチは、決して無力ではない。私たちには、知らぬ間に生まれていた歪みを正す義務がある。この本が、あなた自身の力を取り戻し、大切なものを手放さずに済むのに役立つかもしれない。

とはいえ、スポーツの世界の組織的な問題を根底から完全に正すのは不可能だろう。スポーツをしたくてもできない低所得層には、より極端な力――この国が子供にスポーツをさせる仕組みを根本的に変えるための大きな動き――が必要だ。

今、新型コロナウイルスのおかげで、貴重なチャンスが生まれている。悲惨なことや混乱も多いが、パンデミックは2つのことを明確にした。まず、子供にはスポーツと運動が必要だということ。パンデミックがもっとも深刻だった頃、チームでのプレーができなくなり、心身の健康がスポーツで保たれていた子供たちは大きな損害を受け、運動が推奨されるそもそもの理由を浮き彫りにした。次に、アメリカはユーススポーツの種類が多く、パンデミックの最中であっても、トーナメントに参加するべく密かに国境を越える親子が出現する一方で、家の地下室に引きこもる子供もいるなど、いかに国のシステムが支離滅裂かがはっきりとした。新型コロナウイルスは、現在のユーススポーツの不平等さや過ちを明るみにしたと言える。

「今、このチャンスを逃す手はない」

アスペン研究所〔訳注：「自由で公正で公平な社会の実現」を目指す国際的非営利団体〕が年に1度発行しているユーススポーツの現状をまとめた『ステイト・オブ・プレイ』というレポートの2021年版に載っている、同研究所のスポーツと社会プログラムのリーダーたちの言葉だ。私たちは、このチャンスを逃すことなく、新しいユーススポーツのかたちを築いていかなければならない。

長いあいだ、お金と一部の狂った大人たちのせいで、ユーススポーツ本来の良さ――楽しみ、友情、個人やチームで競争することで得られる成長――はめちゃくちゃにされ続けてきた。今、サイドラインに群がっている大人たちは、一歩うしろに下がり、深呼吸を数千回して、我を取り戻す必要がある。ユーススポーツを、実際にプレーしている子供たちに返してあげよう。求められるものは与え、それ以外は邪魔をしてはいけない。

今こそ、子供たちのスポーツを取り戻すのだ。

PART 01

子供のスポーツはどのようにして変わったか

01

Money

マネー

フロントガラスを叩く激しい雨音にもかかわらず、軽く倒した運転席に体を沈み込ませると心地よい眠気に襲われた。日曜日の夜7時、私は家から車で1時間ほど行ったところにある、ニュージャージー州のサドルリバーだかどこかだかで、息子のサッカーの試合が終わるのを待っていた。土砂降りになったため、保護者はそれぞれ車の中へ避難し、試合は雷でたびたび中断されながら進行していた。すると突然、後部座席のドアが勢いよく開き、ポールが飛び乗ってきた。

「雨で中断《レイン・ディレイ》だよ。すぐに止まなかったら中止だって」という彼の言葉で目が覚めた。

ポールは11歳で、体つきはまだ細く、臙脂《えんじ》色のユニフォームは雨に濡れて光っている。スパイクの裏は泥まみれで、車内に土と雨の臭いが一瞬で立ち込める。結局、彼のチームがプレーできたのは20分くらいだ。ただでさえ試合開始が遅れたというのに、である。ポールが寒さで震え始めたので、エンジンをかけ、暖房をつける。時刻はもうすぐで夜8時だ。この春の大雨で、フィールドはぬかるみと化していた。

これは、大切な、大切なトラベルサッカーチームの試合だ。資格を有する公認のレフェリーが雇われ、ルール違反をしている選手はいないか――規定のソックス以外は禁止、ユニフォームの裾はパンツに入れる、など――確認する。今は、フィールドに残ったコーチやレフェリーが集まって、雨雲を睨みつけている。そして10分後、彼らは降参した――試合中止である。

結局、家に帰り着いたのは9時15分か9時半ごろだっただろうか。ポールはほとんどプレーしていないのにもかかわらず、4時間近く外で過ごした計算になる。その日の夕食は、私たち以外の家族は家にあったもの（おそらく、インスタントのマカロニチーズ、ベビーキャロットを半袋とオレンジをたくさん）で適当に済ませたようで、ポールには冷凍のミニピザしか残されていなかった。すでに夜遅く、明日からはまた1週間学校がある。私は、夫ともう2人の子供たちと一緒に『ザ・シンプソンズ』［訳注：アメリカで毎週日曜日の夜に放映されている有名なアニメシリーズ］を見られなかった。

その夜、私は考えていた。初めてではない。果たして、この生活は子供たちのためになっているのだろうか。スポーツのために、あらゆるものを犠牲にするのは正しいのだろうか。ルールが課せられ、遠征が義務づけられ、楽しさより形式にこだわるトラベルサッカーリーグとは、一体何なのだろうか？　息子がサッカーでしている経験と私の子供時代の経験とでは、まるで違った。昔は、何にも縛られることなく、ただ楽しく、短パンに古いスニーカーで近所の小汚い公園の中で元気に走り回っていた。それが今では、規定のユニフォームを着て、整備が行き届いたフィールドに立つ子供たちと管理する大人たち、という形式的かつ深刻なものになってしまっている。これには、時代の流れだけでなく、いくつかの大きな要因がある。

まず、「お金《マネー》」だ。お金がユーススポーツを変えた。私たち人類にとって、確かで、将来を約束し、あるいは、悪用される場合もあるのがお金だ。ユーススポーツには、常にビジネスが多少なりとも関わってきたが、ここ数十年で、その内容や規模は大幅に変わったと言わざるを得ない。調査会社のウィンターグリーン・リサーチによると、2019年のユーススポーツ産業の市場規模は192億ドルで、2010年に比べ90％以上も伸びている。比較するなら、NFLの2019年の市場規模が推定150億ドルだ。これには、調査チームのリーダーを務めたスーザン・ユースティスも驚きを隠さない。「ユーススポーツがNFLより大きな産業になるなんて、誰が想像できた？」

もっとも価値のあるスポーツブランドのトップ10には、誰もが知る有名ブランドが並ぶ。ナイキにアディダス、アンダーアーマー、リーボック、プーマ――どれも世界中のプロの選手やチームのスポンサーであるだけでなく、子供を含め、運動をするすべての人にスニーカーやショートパンツを販売するスポーツ用品メーカーだ。他にも、ESPNやYESネットワーク、スカイスポーツといったスポーツ専門チャンネル――世界各地で開催される大会や試合の放送・中継を行う――やUFC（アメリカの総合格闘技団体）、ゲータレード［訳注：日本でも一時期販売されていたことがあるアメリカでもっとも飲まれているスポーツドリンク］が含まれる。どのメーカーやブランドも幅広い年齢層をターゲットにしつつ、とくに子供向けの製品に力を注いでおり、子供の強い関心や親に買わせる力を利用して利益を得ている。人を殴ったり蹴ったりしても良い（ただし、目つぶしは禁止）ＵＦＣまでもが、子供向けのトレーニングプログラムを提供しているのだから驚きだ。公式サイトには、「長過ぎるスクリーンタイムの悪影響に、フィットネスで立ち向かう」とある。また、スポーツ&フィットネス産業協会（ＳＦＩＡ）は、２０２０年の報告の中で、スポーツ用品、シューズ、ウェアの売り上げが２０１９年比で３・９％増となり、ＧＤＰの成長を上回ったと発表している。

さらにもう１つ、ユーススポーツ経済に大きな影響を与えているもので忘れてはならないのが、ホテルや航空会社、トーナメント主催者、アミューズメント施設などのスポーツツーリズムだ。なかでも、ディズニーがフロリダ州オーランドに開業した「ＥＳＰＮワイド・ワールド・オブ・スポーツ・コンプレックス」は、巨大スポーツ複合施設である。野球場やサッカー場、バスケットボールコートなど、ありとあらゆるスポーツのための設備を有す。ここで、スポーツを目的とする、すべてを兼ね備えた旅行サービスが開始され、どれだけ遠方でも、我が子が活躍する姿を見たい親たちから巨額の利益を得ている。アメリカ大手生命保険会社のマスミューチュアル社の調べによると、２０１６年にスポーツイベント（ほとんどがユーススポーツの試合や大会など）で観客が使った金額は総額１０５億ドルで、２０１２年比で26％増だという。また、遠くへ行かなくとも、家の近くにあるクラブチームやプライベートコーチ、専門のフィットネストレーナーがいたるところに現れては、時間とお金を投資すれば子供を「もっと高いところ」（一体どこなのだろう？）へ連れて行くことを約束する、などと誘惑してくる。

また、最近では既存のテクノロジー企業や新進気鋭のベンチャー企業もが、ユーススポーツを利用した金儲けを企んでいるようだ。今すぐにレフェリーが必要？　それならGo Silboというスマホアプリにお任せ。トレーナーを探している？　それならGo4Healthcareをダウンロードすれば、何千人ものトレーナーから選べる。選手が脳震盪《のうしんとう》を起こした！　というときはHitCheckがおすすめだ。このアプリを使えば、脳震盪が疑われる選手の症状をモニターし、サイドラインアセスメント〔訳注：試合中に脳震盪の疑いがある選手に対して現場で行う初期評価〕ができる。他にも、試合のハイライト動画を作成してくれるAmperVueというサービスや、イベントの主催者やチーム、リーグ、スポーツ施設のオーナーなどをマッチングさせ、試合会場のブッキングをスムーズにしてくれるPlayeasyというアプリもある。

私は、これらのアプリやサービスが邪悪であるとか、すべてのホテルチェーンやシューズブランド、ポップアップジム〔訳注：トレーナーによる出張トレーニング〕が共謀してユーススポーツを悪用しようとしていると言っているのではない。ただ、これらのサービスは利益を生み、お金を儲ける手段であるということだけは伝えておきたい。メリーランド大学のシャーリー・ポビッチ・スポーツジャーナリズム・センター長でユーススポーツを研究するマーク・ハイマンは、次のように言っている。「子供や親にスポーツを売るビジネスを始めるのに、今ほど良いタイミングはない」

また、スポーツ社会学者のジェイ・コークリーは、「大人の生き甲斐が我が子のスポーツにおける活躍になっているときは、虐待が起こる可能性がある」と警告する。

才能が開花するとき

私が子供の頃と現代とでは、スポーツ事情はまったく違う。あなただって、そう思っているだろう。ダニー・オサリバンも同意見だ。彼を初めて見てギョッとしない人は少ない。目を疑いたくなるほどの高身長に、驚くほど細い体。1日に数回はドア枠や天井に頭をぶつけるという巨人である。遠くからでも目立つため、友達に「見て、あの人の身長ヤバい！」と小声で囁いたら友達も当然気づいていた、というのがダニーだ。とはいえ、彼が6フィート11インチ（約211㎝）の身長を煩わしく思っている様子はない。いつもニコニコとしていて、話すときはヘーゼル色の瞳がキラキラと輝いている。彼は背が高いのを気に入っているそうで、身長について考えること自体、ほとんどないという。

ダニーは白髪交じりの52歳だ。首から上だけなら、ヘアスタイルと人懐こい笑顔が『オザークへようこそ』［訳注：ネットフリックスで2017年から4シーズン配信されているアメリカのドラマ］に出演する前のジェイソン・ベイトマンを彷彿とさせる。カフェの中は騒々しく、木製のイスは硬くて座り心地がよろしくない。にもかかわらず、ダニーはくつろいで見える――座り方なのか、むしろ快適そうだ。話し上手で、表情や言葉に嘘がない。この日は、父親がいない低所得家庭で3人の兄弟たちと一緒に育てられたこと、その後さまざまな偶然が重なってディビジョンⅠの大学バスケットボールチーム、さらにはNBAチームに所属するようになった経緯を話してくれた。彼は10年間、プロバスケットボール選手として活躍した元選手なのである。

ダニーの話を聞けば聞くほど、彼のアクシデントに満ちた、バスケットボールの栄光への道と、現代のバスケットボールを愛する子供たちに押しつけられる、入念に計画された道とのギャップに愕然とした。野球、フィールドホッケーやサッカーの才能に恵まれた、あるいは興味がある子供たちでも同じである。ダニーが高校のコーチからしてもらったことと言えば、口頭によるアドバイス程度のものだ。ところが、今のスポーツ少年・少女（それほど熱心ではない少年少女も）たちには、莫大な労力とお金を要する親のサポートがある。

ダニーが子供の頃、大人はただの裏方にすぎなかった。彼の家族が最初に暮らしたのは、ニューヨーク州ブロンクスのアクワダクト・アベニューという通りにあったベッドルームが2つしかない5階建てのアパートだった。1つのベッドルームは子供たちが使い、もう一方のエアコンがついているほうは両親が使っていたという。余計なものは一切置いておらず、ベージュ色の壁と、その家にはやや不釣り合いなマリア像――家族はカトリック教徒だった――があり、すべての家具にプラスチックのカバーがかけられた、子供たちが入ってはいけない「豪華」な部屋もあった。ダニーが家の外に楽しみを見いだしたのは、自然のなりゆきだったのだろう。それに、近所にはたくさんの子供たちが住んでいた。

父親が亡くなったのは、ダニーが9歳の頃だった。「父が死んだとき、孤児になるのではないかと不安になった」と彼は言った。母親のメアリー・マリーは、ブロンクスの小さなレストランでウェイトレスの仕事を始め、2年後には家族でニュージャージー州ベイヨンにあるベッドルームが3つある家に引っ越した。ボロ家だったが、メアリーは現金2万5000ドル［訳注：当時の為替（1ドル239円）で計算すると597万5000円］で買うと、壊れているところをすぐに直した。そして、一家の面倒を親身になって見てくれたオーナーのレストランで働き、数年後からは高校の用務員の仕事もした。

新しく引っ越した先の近所では、季節に関係なく、ほぼ毎日、1日中友達と遊びとしてのスポーツを楽しんだ。のちにプロとして活躍することになるバスケットボールの才能は、少年時代にはまだ見られなかったという。「私のバスケットボールに関する最初の記憶は『挫折』さ」と、ダニーは言った。町のYMCAが主催するインドアスポーツ教室に参加していた8歳のダニー少年は、自分と相手のチームを合わせても一番背が高かったにもかかわらず、誰にもガードされていないところでもシュートが入らなかった。「なんて難しいんだろう、自分はなんて下手なんだろう、と思った」。誰もが彼にバスケットボールの才能を期待したが、「とにかく下手くそだった」という。

それは高校生になっても変わらず、1年生のときは、シーズンを通して自分より上手なチームメイトたちがプレーする様子をベンチから見ているだけだった。ただ唯一、第4クォーターになり、ダニーが入っても絶対に勝敗がくつがえらないとわかるほど圧勝しているときにだけ、「ガベージ・タイム」［訳注：勝敗が決した試合の残り時間］にプレーさせてもらえた。そして最高学年になり、ようやくバーシティチーム［訳注：1軍チーム］に合格すると、彼より上手な選手がスタメンを務め、プレータイムは毎試合およそ10分程度ではあったが、ダニーはようやくバスケットボールが楽しいと感じるようになっていた。練習やロッカールームで仲間との絆が生まれるのが嬉しく、同じ目標に向かってチームメイトたちと切磋琢磨するのを喜んだ。「とにかく楽しくて、急いで家に帰るようなヤツは1人もいなかった」

ダニーの才能が開花したのは、バーシティチームに入った年のことである。所属するベイヨン高校バスケットボールチームと、最大のライバルであるマリスト高校バスケットボールチームの試合がホームで行われていた。この試合の持つ意味の重大さ、体育館を満たす熱気や試合の激しさに背中を押され、ダニーはとうとう過去数人のコーチしか見抜けなかった潜在能力を発揮したのである。コートに入っていた時間は8分。たったそれだけの時間で、彼は目を見張るようなプレーをした。不可能だと思われたリバウンドを取り、重要な局面でシュートを決め、身長の高さからは想像もつかないスピードで動き回った。

「完全に無意識で、現実じゃないみたいだった」とダニーは振り返る。この試合には、何人かの大学コーチがマリスト高校のスター選手をスカウトするために来ていたが、彼らの興味は一気にダニーへと向けられた。一体どうやって、この少年を見落としていたのだろう？ 高校を卒業するまでにフォーダム大学からスポーツ奨学金のオファーを受け、さらに、ペルグラント［訳注：アメリカの低所得者向け返済不要の連邦政府助成金］もあり、ダニーは大学の学費を一切負担せずに済んだ。

家庭のコスト負担

ダニーの母親は、用務員の収入だけで4人の子供たちを育て上げた。息子の試合を見にフォーダムへ行く以外で、彼女が彼のスポーツのために使った金額はゼロだ。子供たちは費用が安い町のリーグチームや学校のチームでプレーし、高価なスポーツ用品は使わなかった。ダニーは、学校でも練習でも同じ15ドルのチャックテイラー〔訳注：コンバースのオールスターの原型モデル〕を底に穴が開くまで履きつぶした。彼の高校のバーシティチームでは、試合でのみ履くことが許されたナイキのバスケットボールシューズが選手たちに与えられており、最後の年にようやく念願のシューズを手に入れたダニーは、他の選手たちと同じように、試合以外でも常に履いて過ごした。「ほとんどの子は、それ以外の靴を持っていなかった」

現代の家庭の生活費を算出するのは難しく、誰が、どの家庭を対象に調査するかによって結果は異なる。そこで、アスペン研究所のプロジェクトプレイ――2013年に設立された、ユーススポーツの問題に取り組む研究機関《シンクタンク》――とユタ州立大学が共同で行った大規模調査を紹介したい。この調査では、子供がレクリエーショナルスポーツ〔訳注：トライアウトや遠征がなく、楽しむことを目的としたチームでプレーすること〕、あるいは学校のチーム〔訳注：トライアウトはあるが、試合は近隣の学校とのみ〕に所属している家庭と、民間のクラブチームに所属している家庭の支出を調べた。

すると、現代の家庭で1人の子供が1つのスポーツをするのにかかる費用は、年間平均693ドル［訳注：翻訳時の為替（1ドル132円）で計算すると約9万2000円］で、そのほとんど――196ドル――が航空券、レンタカー、ガソリン、ホテル、移動中の食事など、試合や大会への遠征費用となっており、次にスポーツ用品代として144ドルという内容になっていた。それ以外の内訳は、パーソナル・トレーニングや体力トレーニングなど、子供の才能を伸ばすために、普段の練習とは別に申し込むトレーニング代に134ドル、チーム登録料に125ドル、それから、キャンプ代に81ドルだった。

さらに、クラブチームにのみ所属する子供がいる家庭では、親の負担がさらに増えることもわかった。2019年にハリス・ポール［訳注：アメリカの世論調査会社］が1001人の成人――投資可能な資産が2万5000ドル以上あり、クラブチームに所属する子供が1人以上いることが条件――を対象に行った調査の結果、27％以上が子供のスポーツに月500ドル以上、8％が年間で最低1万2000ドルもかけていたことが判明したのである。さらに、対象者に生活困窮者は含まれていなかったが、36％が旅行の回数を減らしたと回答し、19％が子供のスポーツにかかる費用を補填するため、副業を1つ増やしたと回答していた。

子供にスポーツをさせるため、親は大金をはたいているのだ。親にとって子供のスポーツがどれほど重要かは、TDアメリトレード［訳注：アメリカの証券会社］が調査した親の21％が、子供にスポーツを続けさせられるよう定年後に向けた貯蓄を遅らせていると回答していることを見てもわかるだろう。2019年に行われた同調査の結果、「ユーススポーツに関連する支出は、アメリカの親の4人に3人（74％）の定年後に向けた貯金や投資に影響している」

さらに、時間に関する調査でも驚きの事実が明らかとなった。約19％の親が、子供のスポーツに週20時間も費やしていることが判明したのである。そんなに多いはずはないと思うかもしれないが、子供にユーススポーツをさせるために、彼らがどれほど運転し、週末も時間を取られているかを考えれば納得がいくだろう。

なぜこうなったのか？

ダニーが高校でバスケットボールをしていた1980年代は、ユーススポーツにかかる費用は少なく、裕福な家庭だけのためのものではなかった。組織的スポーツをしたければ、レクリエーションリーグやYMCA、ボーイズ・アンド・ガールズ・クラブ〔訳注：子供たちに放課後プログラムを提供する非営利団体〕主催のプログラム、男の子ならポップワーナー〔訳注：子供たちにフットボール、チアダンスのプログラムを提供する非営利団体〕のフットボールやリトルリーグベースボールから選べ、練習や試合は近場であり、大会は週末に行われていた。とはいえ、当時の子供たちがもっとも多く走り回っていたのは、親や資格を有するレフェリーのうるさい指示が届かない、チーム以外の場所――公園や近所、家の裏庭――がほとんどだった。

何十年にもわたってユーススポーツの研究に携わってきた、ミシガン州立大学ユーススポーツ研究所長のダニエル・グールドは、ユーススポーツ産業が数十億ドル規模に成長した要因はさまざまで、変化が始まったのは1970年代だと言う。急速に進んだインフレとアメリカ経済の落ち込みにより、公園やスポーツプログラムのための地域基金が削減されたことに加え、2008年のリーマンショックがさらなる追い打ちとなり、「以降、地域は公園やスポーツプログラムに資金を出すのをやめた」。そして財政危機を脱してからも、市や町はその姿勢を変えることはなかった。その理由の1つは、クラブチームの存在にある。

偶然にも、地域のスポーツへの公的支出の削減とスポーツツーリズムの急成長が重なった。1997年、ディズニーはフロリダ州オーランドの近く、ディズニーワールドのすぐ側に、アメリカでもっとも巨大なスポーツ複合施設とされる「ESPNワイド・ワールド・オブ・スポーツ・コンプレックス」を開業した。ディズニーがスポーツ産業に進出した理由は、マジックキングダムへの興味が薄らぐ、やや上の世代の子供たちを呼び戻すためだ。2019年のカンファレンスで、同スポーツ・コンプレックスの建設当時よりディズニーに在籍し、20年以上にわたって役員を務めたマイク・ミレイが、当時について次のように言及している。

「スポーツ・コンプレックスをオープンさせた理由は、より多くの人がディズニーのホテルに宿泊し、テーマパークへ足を運んでくれるようにするためです。ウォルト・ディズニー社におけるスポーツ産業の目的は、客数を増やすことです」

役員たちは、仮にスポーツ・コンプレックス自体が赤字になったとしても、「母艦」——テーマパークと3万室を有する自社ホテル——が儲かりさえすれば問題はなく、重要なのは宿泊客の数だと考えていたそうである。

カンファレンス後、ミレイからこんな話を聞いた。2001年の9・11同時多発テロ事件以降、ディズニーは意外なことに気がついたという。所有する施設のほとんどで利益が横ばい、あるいは低迷したにもかかわらず、スポーツ・コンプレックスの利益率は2桁も上昇していたのである。テロへの恐怖からディズニーのスポーツ・コンプレックスへの足が遠のくといったことは起きていなかった。それまで、ユーススポーツだけで利益を上げるのは不可能だと考えていたディズニーは、これを機に戦略を変えた。「我々の専門知識を活かし、ユーススポーツの新たな基準とモデルを創れるかもしれないと感じた」

現在、パーク内にはソフトボールに、野球、サッカー、フィールドホッケー、ラクロスのフィールドが30面に、テニスコートが10面入った施設、チャンピオンスタジアム、フィールドハウス、陸上施設、レストランのほか、ESPNが後援する、親がスポーツ好きの我が子を甘やかすための店や施設など、60種類のユーススポーツに使える約6万5000平方メートルもの広大なスペースがある。試合が終わったあとは、エプコットやアニマルキングダム［訳注：米国フロリダ州のディズニーワールドは、主にこの2つを含む4つのパークと2つのウォーターパークからなる］に行くというパターンもあるだろう。

ディズニーが生んだユーススポーツツーリズムの新基準とその成功は、大きな注目を集めた。すると、話題性のあるプロスポーツの試合を誘致することにばかり注目してきたアメリカ中のスポーツコミッション［訳注：スポーツを通じて地域の活性化を図る市や町の委員会］は、ユーススポーツを使って観光客を呼び込み、多くの税収が得られるかもしれないことに気づき始めた。

「私たちを見て、さまざまな自治体がユーススポーツ事業に興味を示すようになった。これまで、自分たちの町にサッカー施設を作ろうとした自治体なんてなかったのに、『自分たちもやってみようか？』と言い出した。私たちがトラベルスポーツを新しい次元に引き上げたんだ」とミレイは話す。

１９９２年に全米スポーツコミッション協会（ＮＡＳＣ）を設立し、１９９４年から２０１７年まで会長を務めたスポーツツーリズムの権威であるドン・シューマッハは、フィールドや体育館の新設を検討中の市や町にアドバイスをして回っている。彼がスポーツコミッションと関わり始めた１９８０年代後半は、ほとんどのコミッションは個人からの出資という形での地元愛によって支えられていた。そのため、地元に注目を集めることができる、大規模なスポーツイベントを主催したがるところが多く、シューマッハがオハイオ州シンシナティのコミッションで会長を務めていたときは、ＮＣＡＡ［訳注：全米大学体育協会］女子バスケットボールの準決勝であるファイナル４、全米体操選手権など、その他さまざまなメジャーな選手権を誘致していた。「大切なのは地元に対する誇りだった」

１９８０年代後半、スポーツコミッションと観光局は大規模イベントを取り合うようになった。そのうち、あるＮＡＳＣの会合で「年齢グループごとの選手権を扱うのはどうだろう」という意見が出た。アマチュア運動連合（ＡＡＵ）は15種目のスポーツで年齢グループごとの選手権を開催しているし、リトルリーグベースボールの大会もある。可能性は他にもたくさんあるのに、なぜ、大学やプロスポーツにこだわる必要があるのだろう？「そこにいた誰もが、スポーツツーリズム産業に対する新たなアプローチの仕方に気づかされた瞬間だった」とシューマッハは言う。コミッションは、今度はユーススポーツの選手権も取り合い始めた。

こうして偶然にもユーススポーツが注目されるようになると、NASC自体にはじまり、さまざまな方面に影響が及んだ。情報の共有やベストプラクティスの交換を目的とした有意義な集まりだったはずのNASCは、スポーツツーリズムで利益を得ることを目的とした観光局、商工会議所、公園・レクリエーション局、ホテルチェーンなどのサプライヤーを包括する巨大な組織へと変貌してしまったのである。「業界は、大きなイベントのスペシャリストから、主にユーススポーツ関連の宿泊客数にばかり目を向け始めたんだ」

2008年のリーマン・ショックは、さらなるターニングポイントとなった。9・11以降もディズニーのスポーツ複合施設から客足が遠のかなかったのと同じように、我が子のためであれば、不況だろうと人々は遠出をやめなかったのだ。この現象について、シューマッハは次のように解説する。「業界は拡大こそしなかったが、縮小もしなかった。なぜなら、親は子供から試合や大会に参加する機会を奪いたくないからだ。親は、何が何でも行こうとした」。子供が12歳でいられるのは今だけ、来年はU13(13歳以下)のサッカー選手権に出られないからだ。

スポーツツーリズムは、不況知らずなのではなく、それに抵抗する力を持っていた。「その結果、スポーツビジネスはよりたくさんの人を惹きつけ、新たな遠征先やイベント主催者、サプライヤーが増えた」とシューマッハは言う。

ディズニーの巨大スポーツ複合施設がオープンして以来、アメリカのスポーツ施設の数は、

1997年の10倍となる3万軒に急増した。シューマッハは、これを「スポーツ施設軍拡競争」と表現する。そのようにして増えたスポーツ施設が利益を生むのに欠かせないのが、子供——遠征に帯同し、お金を払ってくれる親も含め——の存在だ。ディズニーの施設以外でも、子供たちは数え切れないほど多くの遠征先でプレーするようになった。親は、遠征をすればするほど特別な才能を持つ我が子が大学のコーチから見初められる確率が上がると信じている。

スポーツ施設は、美しいビーチやお洒落な街の近く、ユーススポーツに関係なく訪れる人たちも楽しめるような立地にある場合もあれば、そうした強みを持たない地域にある場合もある。フィールドやスタジアムの設備が充実していれば人を呼び寄せることは可能であるとの考えからだ。もし利用客が現れなかった場合でも、トーナメント会場として営利団体に貸し出せば良い、とミレイは言う。

たとえば、民間のクラブチームが施設を借り、熟練のコーチを雇い、レベルの高い子供向けサッカー、あるいはラクロスのチームを作るという可能性もある。そうやってできたチームは、必然的に練習や試合の回数が増える。

「地域のスポーツ団体や個人によるフィットネスやトレーニングのプログラムが増えるほど、新たにビジネスを始める人たちは『これをやらなければ、お子さんには一生チャンスはありません』などと言って親をそそのかすようになるだろう。それが真実かどうかは関係なくね」とシューマッハは言う。

また、メディア——かなり多くの会社がある——もユーススポーツ産業の拡大に影響を与えている。1963年、ABC［訳注：アメリカの4大テレビネットワークの1つ］が初めてリトルリーグ・ワールドシリーズを放映し、ユーススポーツ放送の見本となった。当時、夏はメジャースポーツがほとんどやっていなかったため、ユーススポーツ放送は空いた番組枠の穴埋めのような地味な扱いだった。ところが、ESPNが参入すると事態は一変した。今、リトルリーグ・ワールドシリーズの視聴率は、NHL［訳注：ナショナルホッケーリーグ］のプレーオフを上回り、放映権は500万〜700万ドルだ。ESPNは、ぱっとしない子供の野球大会を、年に1度の大きなテレビイベントに変えたのである。

ESPNは、最初からこうだったわけではない。1979年の開局当時は、資金も知名度もなく、メジャースポーツのプロリーグと1つも契約を取ることができなかった。テレビがまだ取り上げていないものを探すうちに、キー局ではNCAA男子バスケットボールトーナメントの前半の試合や、NFLドラフト会議を放映していないことに気づいた。そこで、それらの放映権をいち早く買い取り、広告収入やケーブル会社にESPNパッケージを販売するなどして得た軍資金で、さらに多くの試合——大学フットボール、NFLやNCAAトーナメントの決勝戦——の放映権を獲得していった。ここでESPNは、他のテレビ局がまだ気づいていないことを発見した。アメリカの視聴者は、あらゆるレベルにおけるスポーツに飢えていたのである。1996年、ESPNはウォルト・ディズニー社に買収され、2010年にスポーツ複合施設の名称が「ESPNワイド・ワールド・オブ・スポーツ・コンプレックス」に改められると、スポーツとエンターテイメントの融合が完成した。そしてESPNは、高校バスケットボールのオール・アメリカン・ショーケース〔訳注：大学のコーチがスカウトを目的とする全米規模のユース大会〕やフットボールのポップワーナーを、NBAやスーパーボウルと同じような扱いで放映し始めた。

さらに、紙媒体もユーススポーツに大きな関心を寄せるようになった。

1982年の創刊以来、『USAトゥデイ』誌では、いくつかのスポーツで全米の高校チームをランクづけし、発表してきた。マーク・ハイマンの著書『The Most Expensive Game in Town(町でいちばん高い試合)』(未邦訳)には、ランキングされているスポーツは5種目に増え、80の新聞社と20のテレビ局に取り上げられたとある。『USニューズ&ワールドレポート』誌が大学ランキングを発表し大きな反響を呼んだのと同じように、『USAトゥデイ』誌が全米のスポーツチームへの評価を公開したことで、チームによってはプレーの仕方にまで影響を及ぼした。また、ユーススポーツのランキングに需要があることがわかると、GotSoccer（試合のスケジュール調整や選手のランキングを行うソフトウェア会社)や米国専門スポーツ協会(ソフトボールチームのランキングを行っている非営利スポーツ運営団体）も参入してきた。そうして順位に注目が集まるようになると、スポーツの最大の目的は「勝つこと」になっていったというわけである。

「最初にユーススポーツをお金に変えたのはメディアだ」とハイマンは言う。

取り残されたのは……

お金儲けを目的とした投資家は気づいていないだろう。あるいは、新発売された一番人気の子供用野球バット（大手スポーツ用品店「ディックス・スポーティングダッズ」で299・99ドルで販売されているモデル）を買いに行く親も、やはり気づいていないのだろう。今や何十億ドルものお金がつぎ込まれているユーススポーツは、取り残された人たちから順に、間違いなく悪影響をもたらしている。

「ユーススポーツは、すべての段階において、社会階級と恐ろしく深く結びついている」と社会学者のリック・エクスタインは書いている。子供がスポーツを始める年齢と家庭の収入には関連性があり、収入が多いほど子供がスポーツを始める年齢が低くなっているという。

さらに、低所得家庭の子供が高所得家庭の子供より早くにスポーツから遠ざかる要因として、時間の制約の問題がある。アスペン研究所は、次のように指摘する。「下のきょうだいの世話やアルバイト、練習や試合に行くための送迎がないなど、低所得家庭の子供たちの状況を表している可能性がある」

ピュー研究所［訳注：世界中の人々の意見や見解を調査するアメリカのシンクタンク］が2015年に行った調査によると、6〜17歳の子供では、年収7万5000ドル［訳注：当時の為替（1ドル120円）で計算すると900万円］以上の家庭で、84％が何かしらのスポーツをしていたのに対し、年収3万ドルの家庭では59%だった。その後、アスペン研究所のプロジェクトプレイが年収の幅をさらに広げ、子供たちの運動不足について調査した際も似たようなパターンが見られた。6～12歳の子供で、年収2万5000ドル以下の家庭では29・9%が運動不足だったのに対して、年収10万ドル以上の家庭では11・5%だったのである。また、2008年の金融危機時のように国の経済が落ち込んでいる時期は、組織的スポーツに参加する子供の数が少なくなることもわかった。実際に6～12歳の子供たちの組織的スポーツの参加率を見てみると、2008年は45%だったのに対し、その10年後には38%まで落ちている。

こうした格差は、学校まで広がりを見せている。低所得家庭の子供が多く通う学校では、高所得家庭の子供が多く通う学校に比べ、スポーツをする機会そのものが少ない。たとえば、75～100%の生徒がフリーランチ［訳注：経済的な理由により無料で給食を提供するシステム］の対象となる貧困層の家庭が多い学校では、学校対抗のスポーツプログラムが一切ない。あるいは、スポーツプログラムがある場合でも、ここ何年かはプログラムに充てられる予算が変わらないか、削減されていっている。

また、あるユーススポーツに関する分析では、所得の差によってスポーツをする子供の数が異なる理由として、「費用や学校の予算、家族との時間、家庭で担っている責任、送迎といった低所得家庭が直面する問題に関連している可能性がある」と結論づけている。

貧困のせいでスポーツができない子供たちが逃しているのは、スポーツそのものだけではない。もちろん実際にプレーするのも重要なことに変わりないが、スポーツは、希望、変わるきっかけ、あるいは、別世界への入口にもなり得る。恵まれない環境にある現代の子供たちは、才能が封じられてしまうだけでなく、スポーツをする機会を失うことで、1つの道が閉ざされることになる。これは、すべての人にとっての損失でもある。

お金はどのようにしてユーススポーツを変えたのか

これまで多くの親から、走るのが遅い、あるいは苦手な子供の「指導」を頼まれてきた。ある時、「娘はせっかく足が速いのにトレーニング嫌いで、レースの前は緊張してしまう」と10歳の子供の母親から、イライラが伝わる口調で相談を受けた。そこで、私は彼女の娘と何度か「練習」することを請け合い、近所を軽くジョギングしてみた。走りながら、彼女は小学校での話をし、私は「走るのは楽しいねえ」と盛り上げようとし続け、大いに疲れてしまった。彼女は走るのが好きではない、ごく普通の女の子で、クロスカントリーチームのコーチをしている母親の友達と一緒に走ってみたところで何も変わるはずがなかった。それどころか、私が登場したせいで、ランニングとは楽しみではなく真剣に取り組まねばならない仕事なのであり、彼女のやる気の低さは大人の介入を必要とするほど重大なことであるかのような印象を与える結果となってしまった。最終的に、私の指導では彼女の娘の役に立たないことを伝え、やめた。それ以降、小さい子供の指導は引き受けていない。

私に助けを求めてきた母親（ちなみに、お金は受け取っていない）が、娘がランニングを習慣にし、たくさんの恩恵を受けてほしいと考えていたのは間違いないだろう。同時に、町内のマラソン大会で才能ある娘が他の子供たちの先頭を走る姿を見て満足したい、という気持ちもあったかもしれない。また、10年生［訳注：アメリカの高校は日本の中学3年生にあたる9年生から高校3年生にあたる12年生の4年制］の娘の「外部コーチ」になってもらいたいと言ってきた父親がいたときも、彼の動機を疑うことはしなかった。父親は、息子たちが野球をしていた際にも外部コーチをつけていたため、娘にも同じように我が子のスポーツに対する親の熱意を伝えたかったのだろう。彼女に軽く指導して自信をつけさせ、可能なら高校のコーチが教えてくれないコツをいくつか学ばせてやってくれないか？　お金は払う、とも言われた。

でも、断らせてもらった。そのやり方で、関わった人ひとりにでも良い影響があった試しはないからだ。

意図的かどうかはわからないが、ユーススポーツで利益を得る企業や団体は、より新しい、より多くの、より良いものが子供たちにとって必要であるというふうに私たちを信じ込ませる。ところが、そこに子供の成長に必要なものは含まれていない。さらに、そうした出費が子供たちのスポーツに対する気持ちやプレーの仕方に与える影響もやはり無視されている。

ユタ州立大学でスポーツに関連する出費が家族に及ぼす影響について研究するトラビス・ドルシュのチームによると、親が子供のスポーツにお金を使えば使うほど、子供はスポーツを楽しめなくなり、プレッシャーを多く感じること、さらに、子供の試合結果に対する親の執着も強くなることがわかった。「親は子供のためを思ってお金を使っているはずなのに、まったくの逆効果だ」とドルシュは言う。親が投資の見返りを求める可能性を理解している子供は、スポーツをする意欲を失っていた。つまり、本来は楽しみであるはずのものが、親からのプレッシャーで潰されるか、大学受験が有利になるなどの大きな外的報酬に取って代わられていたのである。

これまでスポーツでもっとも評価されていたのは、サッカーとバスケットボール、トラック競技［訳注：クロスカントリーとは違い、舗装されたトラック上で行われる陸上競技全般］のように、3種目のスポーツで遜色なく活躍できる選手だった。かの有名なアイザイア・バーリンが、人間を「たくさんのことを知っているキツネ」と「大きなことを1つだけ知っているハリネズミ」の2種類に分けた例でいうところのキツネである。ところが、ユーススポーツが収益化されるようになると、子供たちは早い段階で1つのスポーツに絞らざるを得なくなり、どの子供もハリネズミになってしまった。キツネも絶滅したわけではないが、かなり危機的状況と言えるだろう。

ジェイ・コークリーは、このような変化が起きた背景として、民間のクラブチームや豪華なスポーツ施設の急増に伴い、それで生計を立てる大人が増えたことを挙げる。

「悪い意図はなかったとしても、家族を養い、12ヶ月間フィールドを良い状態に保ち、公共料金を支払い、スタッフを雇用し続けるには、年間を通じてユーススポーツで収入が得られなければならない」

彼らは、ビジネスを維持するためにも、1年を通して1つのスポーツに打ち込むことの重要性や、それ以外に上のレベルにいく方法はないのだと親たちに納得させる必要があった。コークリーは、これを「専門性の売買」と呼んでいる。何年も前の東側諸国［訳注：東欧、東アジア、東南アジアの国々］では、効果的なアプローチに見えたという。この早くから1つのスポーツに絞ったほうが良いという考えは、タイガー・ウッズが世に出てきた際に、彼の父親がタイガーは幼少期よりゴルフの練習に無数の時間を費やしてきたと喧伝したことと、マルコム・グラッドウェルの1万時間の法則［訳注：どんな才能や技量も1万時間練習を続ければ本物になるという法則］が突然受け入れられるようになったことで世間に定着した。

このようにして、ユーススポーツは変わっていった。幼い子供たちは、打ち込むスポーツを1つだけ選び、勝つためにプレーし、価値ある技術を磨き、大学のコーチを唸らせようと励む。ローラ・ガンプの見解はこうだ。大学でラクロス選手としてプレーし、中学校のチームでコーチを務めたのち、初心者限定のキャンプを立ち上げた彼女は、子供のスポーツに対する親の考えやユーススポーツそのものの変化をはっきりと感じるという。地元のカフェのベタつくテーブルでローラが話してくれたのは、彼女がコーチを務めているチームやキャンプで実際に目にする光景――ユーススポーツの変化に伴う醜い結果――についてだった。キャンプを立ち上げて以降12年間でもっとも多かったのが、「キンダー［訳注：小学1年生の1つ下の学年］の我が子が今からラクロスを始めるのは遅いだろうか？」というような質問だそうだ。5歳の子供の親が、幼児期からラクロスをさせなかったのは失敗だったかもしれないと心配しているのである。毎年サマー・キャンプが始まる前に、この手のことを5、6回は聞かれるという。

「なかには変な質問だと自覚している親もいる」とローラは言い、そうだとしても残念だと語った。彼女自身、高校の途中からラクロスを始め、大学でも継続してプレーしていた。また、最近でも主催するキャンプのコーチでスタンフォード大学のチームに誘われた子がいると言い、その彼女もやはり高校に入ってからラクロスを始めたのだという。

さらに、選手やチームに売り込みをする大会が増えているとガンプは話す。前は大規模な大会が15あり、強豪チームはその中から参加する大会を選んでいた。ところが、今ではいたるところで新たな大会が開催されるようになった。大会は「大きなビジネスチャンス」だと彼女は言う。これまで、クラブチームの秋冬の練習は自由選択だったのが、オフシーズンでも参加必須にするチームが増えてきている。「親も子もハゲワシに狙われた獲物と同じ。知識がないせいで、まんまと吸い取られてしまっている」

すべての始まりは、人気のあるクラブチームがより低い年齢の子供を対象としたトラベルチームを作ったことにあるとガンプは考えている。親たちは新しくできたチームに群がり、そうしなければ我が子が入れるチームがなくなるかもしれないと危惧した。小学2年生でトラベルチームに入れれば、コーチや運営陣との関係を構築することができ、3年生やその先もチームに入れてもらえるだろうとの考えからだ。「親は、落ちこぼれたり、出遅れたりすることに恐怖を感じている」

ところが、そのプレッシャーは8歳の我が子が名門クラブチームに入ってからも消えてはくれない。今度は、チームから外されないようにしなければならないからだ。ある強豪クラブチームに所属する小学6年生の女の子が、頭を打って酷い脳震盪を起こしてしまった。彼女の両親は、娘にプレーを続けさせる危険性を理解しつつも、どうすべきか判断しかねていた。1ヶ月もベンチで過ごしたら、他の子供に娘のポジションを奪われてしまうかもしれない。あるいは、試合に来た権力のあるコーチにプレーを見てもらう機会が失われるかもしれない。他のチームメイトに先を越され、ずっと元のポジションに戻れなくなるかもしれない。そうなったらどうしよう？「まるで大ごとかのように、リスクを考えすぎだ」とガンプは言い、コークリーと同じ見解を示した。

彼女の声は大きくなり、口調も早くなっていた。彼女の子供たちもラクロスをしているため、このような状況で正しい判断ができるかどうかの難しさを、彼女自身も理解している。また、この世界に新しく入ってきた親は、どれほどのお金と時間がかかるかを知ると一様にショックを受けた表情をするといい、さらに、彼女と同じく元スポーツ選手を含めた冷静な親たちでさえ行き詰まりを感じることに理解を示した。彼らは、7歳の子供たちが高校卒業（そこで終わればば）まで続く渦に巻き込まれるのを防ぎたい一方で、そうすることで子供に不利益が生じないか不安になるのだ。

「心を強く持ち、小学2年生でラクロスのトラベルチームに入れなかったとしても、それがその子にとって不利に働かないだろうか？」と彼女は疑問を呈する。もしかすると、その2年生のチームに深い絆が生まれ、他の7歳児たちから一目置かれる存在になり、その後何年にもわたって仲良く過ごす仲間になるかもしれない。「でも、あなたの娘はその中に入っていけない。彼女はあれほど頼んでいたのに！　あれほど言っていたのに！」この場合の責任は、家族を外的なプレッシャーから守ろうとした冷静な親にあることになる。

フォーダムとNBA

ダニーのフォーダム大学でのバスケットボールのキャリアは、落胆と希望、数々のベストタイミングでの最高のパフォーマンスが入り混じっていた。スカウトしてくれたコーチは彼の入学前にいなくなっており、最初の数年は、たまに試合に出ては29得点してNBAのスカウトを唸らせたかと思うと、重要な局面で固まってしまうこともあった。そして最終学年でようやく自分のプレースタイルを確立すると、卒業後はプロを目指す決断をした。

ダニーは、止まったり進んだり、もどかしかった大学バスケットボール時代を思い返すと、チームやコーチのためにもっと良いプレーができていれば、と感じている。また、試合中のミスがさらなるミスや自己嫌悪につながっていたことを悔やみ、失敗を責められるのではなく、励まされていたら結果は違ったかもしれない、とも考えるそうだ。フォーダム時代には楽しい思い出もあったはずなのに、そうでない思い出にかき消されてしまっている。厳しいコーチは、成功の余韻に浸らせてくれない、と彼は言う。

それでもバスケットボールを続けていたダニーは、卒業後すぐはNBA入りを逃し、当時のマイナーリーグであるコンチネンタル・バスケットボール・アソシエーション［訳注：2009年に運営停止］でのプレーが決まる。そして、そのあいだにユタ・ジャズのコーチに見いだされて1年間の契約を経て以降は、デトロイト・ピストンズからミルワーキー・バックス、トロント・ラプターズとチームを転々としつつ、合間にプエルトリコ、マイナーリーグ、イタリア、ギリシャ、スペインのチームにも在籍した。

ダニーは、AAU〔訳注：米国を拠点とするアマチュアスポーツの運営組織であるアマチュア運動連合の略〕――今の10代のバスケットボール選手が大学のコーチにスカウトされるための、高校のチームより主要なルート――を経由せずに、大学バスケットボールとNBAにたどり着いた。1980年代、当時のナイキの幹部、続いてアディダスの幹部が何人かのAAUのコーチとシューズ契約を結んだのをきっかけに、AAUバスケットボールは発足した。この契約によって、コーチは才能ある選手を獲得でき、ナイキとアディダスは自社製品をいち早く次期NBAスター選手に使ってもらうことができ、どちらにとっても利益があった。2021年には、NBAで活躍するアメリカ人選手のほぼ全員が、AAUのような草の根的なクラブチームに所属していた経験を持つ。

こうしたシステムとは無縁だったダニーは、国内のさまざまなショーケース〔訳注：大学のコーチが高校生の選手をスカウトする目的で行われる大会〕で未熟な技術を披露して回ったり、夏のバスケットボールキャンプでジャンプシュートの腕を磨いたり、何人ものコーチからプレーについて聞かれたり、などの機会はなかった。もし、彼の時代にも大学バスケットボールチームへの道としてAAUが存在していたら、ディビジョンIのチームはおろか、プロのチームになんて所属していなかったはずだ、とダニーは言う。彼の母親はトラベルチームの費用を工面できなかっただろうし、どんなに寛大なコーチすら魅了するような才能もなかった。『あの子が必要だ。金などなくても関係ない』なんて言う人がいたはずはないし、チャンスをくれる人もいなかっただろう。今は、待ってくれる人がいない」

現代の貧困家庭の子供がNBAに入るには、適切なAAUのコーチの目に留まるほどの人並み外れた才能に恵まれている必要がある。そうすれば、費用もコーチが出してくれるだろう。NBAは貧困家庭で育った黒人が多いと思われがちだが、普通の黒人と比べると、10代の未婚の母親の元に生まれた場合では、プロになれる確率は30％低くなる。また、『ニューヨークタイムズ』紙に寄稿している経済学者が、NBA登録選手と所得水準の調査を行ったところ、次のような結果になった。「黒人と白人のどちらにとっても、より裕福な家庭で育つことは、NBA選手になるための大きなプラス要因になる」――家庭で自然と身につく非認知能力〔訳注：忍耐力、コミュニケーション能力や自己肯定感など数値化しづらい能力〕と栄養価の高い食事による高身長のおかげだ。

今のユースポーツの環境で育っていたら、高校で最後までバスケットボールを続けていたかもわからない、とダニーは言う。ジュニアバーシティチーム〔訳注：2軍チーム〕は選手としての彼を形成したが、多くの子供たちは10年生以上になるとジュニアバーシティチームでプレーしたがらない。バーシティチームに入れないとなると、他の――キラキラしていて、個性が生きて、できれば大学の願書に書けそうな――何かを探すようアドバイスする親が多いからだ。ダニーに必要だったのは、選手として成長するための時間と気が長いコーチだった。どちらも今のユーススポーツ、とりわけバスケットボールの世界にはないものだ。

　彼の人生を変えたマリスト高校との対戦のあと、ダニーの母親は何度か試合を見にきた。お母さんがコーチへの不満を言ったことはあった？　と聞くと、彼は満面の笑みを浮かべて頭を大きくのけ反らせた。「彼女が僕のプレータイムに関して文句を言ったことは一度もないよ！」そう言うと、私の滑稽な質問に思わずといった様子で鼻を鳴らした。

　ダニーの母親は、バスケットボールに詳しくなく、いつも何も言わなかった。それどころか、試合には無関心だったという。「勝ったか負けたかを聞かれた記憶すらない。どうでも良かったからじゃなくて、そのくらい重要じゃなかったんだ」

　親が子供のスポーツ――クラブチームやコーチ――に大金をつぎ込む理由がわからない、とダニーは言う。自分の経験から、若い選手が成功するための魔法などないことを知っているからだ。「成功に必要なのは、本人の本物のやる気だ」。我が子を一流に育てられる、あるいは、賄賂を使って子供が努力するよう仕向けられると考えている親は、間違っている。「今の親は、お金をドブに捨てているようなものだよ」

　ダニーは、今もバスケットボールが好きだ。末っ子が入っているバスケットボールと野球のレクリエーショナルチーム――どちらも町のリーグに所属している――のコーチとして、子供たちに試合を楽しむよう指導している。負けるまで戦え、思い切ってやれ、ストライクでも良いからバットを振れ。失敗しても気にせずにプレーし、全力を尽くすこと。バスケットボール初心者だった子が、積極的にシュートを打つようになったと話すときの彼の目は輝いていた。

その男の子は最高に楽しそうで、チームにも大きく貢献しているという。「スポーツは良い」と彼は続けた。そうだ、私にとっても、彼にとっても、どの子供にとってもそうだった。スポーツは、スポーツでしかない。

「こんなところで何をしているのだろう？」

アメリカは、お金で回っている。人々は延々とお金を稼ぎ、しがみつき、さらに多く稼ぐ方法を探している。暴利を貪る者たちにとって、親は良いカモだ。「ウォルト・ディズニー・ワールドにとって一番重要なのは利益である。私たちは、ユーススポーツでも同じようにできる方法を見つけたんだ」とマイク・ミレイは言う。

私たち親は、今の状況を冷静に見る必要がある。親は、トーナメントの参加費、遠征費、80ドル近くもするゴールキーバーグローブ（地元のスポーツ用品店の店員によると「子供たちにものすごく人気」だそうだ）を売りつけられている。それらに関連するビジネスが儲かるからだ。それ以外にも、我が子に弱い親は、人から勧められたという理由だけで不必要なものを買い与えたり、近所の子供がサッカー大会でバージニア州に遠征すると聞けば、「娘にも同じようにするべき？」なんて思ってしまったりする。

「ユーススポーツに長く関わるほど、参加したイベントの数が増えるほど、さらに、それらを他の経験と比べるほど、私たちは『自分は何をしているのだろう？』と考えるようになる」とミレイは言う。

こうしたビジネスは、子育て中の親が感じている戸惑いや不安、悩み、混乱など、母親や父親にとって当たり前の感情を利用して利益を得ているのである。コーチに追加料金を支払って特別トレーニングをしてもらえば、ＳＴＸ〔訳注：アメリカの有名ラクロス用品ブランド〕のラクロスヘッド（ガットなしで89・99ドル）を買えば、ジャスティンはもう少ししっかりして、学校でもちゃんとやるようになるだろうか、あるいは、せめて弟をいじめなくなるだろうか。もしかしたら、フィールドで秀でた才能を発揮し、高校を優秀な成績で卒業し、イエール大学に進学して大成功の人生を歩むかもしれない。

私たち親は、いつだって我が子の成功を願い、スポーツはそれを助ける賢い方法だと思ってきた。ところが、そのすべては、お金によって一変した。

01
02
The Stakes
(and Status)

子供のスポーツにかかっているもの

子供たちが幼い頃は、よく家族や友人とユーススポーツそのものについて、あるいは、郊外におけるユーススポーツの影響力について議論したものだ。当時の私は、申し込みに多大なる労力を要し、過酷なスケジュールが強いられるユーススポーツとは絶対に関わりたくないと思っていた。それどころか、時間の無駄だと軽く鼻であしらってさえいた。それに関しては、早くから子供をキッズサッカーに入れていた友人も、私ほど手厳しい言い方ではないにせよ、同じような意見だった。才能を過大評価されたヨチヨチ歩きの子供たちを対象とした組織的スポーツは、滑稽で、無意味で、何ともつまらない。

そのわずか数年後。私は、ぐちゃぐちゃの芝生のフィールドで、体を揺らしてバランスを保ちながら、「いけー!」と娘に声援を送っていた。幼稚園児の組織的スポーツには反対と言いながら、上の2人の子供たちにサッカーをさせていた。私は降参したのだ。自分のした決断もその理由も、誇れるものではなかった。正直に打ち明けると、何度も繰り返される「お子さんは何のスポーツをしているの?」という質問にどう答えて良いか、わからなくなっていたのである。「えっと、何も……」というお決まりの答えは、しばらくすると効力を失った。同調圧力に屈した、というだけではない。子供たちに、何でも良いからしてほしかったのだ。家で彼らと過ごす時間が長すぎて、クレヨンやグラハムクラッカーの取り合いを仲裁するのに疲れてしまっていた。もう、組織的スポーツしかない。

上の2人の子供たちは、周りの子供たちがしているスポーツについて、自分たちなりの考えを持っていた。真ん中のジェフは、ただただ拒否した。フィールドを走り回ってボールを蹴るなんてしたくない。たくさんの大人たちに見られ、手を叩かれたり、頼んでもいないアドバイスをされたりするなんて絶対に嫌だ、と言うのである。長女のジュリーは、短いあいだとはいえ頑張ってくれた。私たちの口車にのせられ、彼女は5歳で地域のレクリエーショナルサッカーチームに入っていた。ところが、毎週土曜日の朝になると、練習に行きたくないとぐずり始め、どうにか着替えさせ、毎度のことながら5分遅れて車に乗せる頃には、髪の毛は絡まり、顔は涙でぐちゃぐちゃ、これからスポーツをするとは思えないほど練習着も乱れてしまっていた。結局、1シーズンでやめてしまった。

唯一、末っ子のポールだけは純粋にスポーツが好きだったようで、まだオムツの頃から明らかにそうだとわかった。当然のようにウィッフルボール〔訳注：中が空洞になったプラスチックのボール〕を打ち、飛んでくるものはキャッチした。サッカーやバスケットボールをやりたがったので、対象年齢になると同時に申し込んだ。私たち夫婦は、上の子たちにスポーツを押しつけるのは諦め、本人たちの自由にさせることにした。実のところ、彼らがスポーツに熱心ではなかったことで、私たちの生活は楽だった。ポールの試合へは夫と私とで交互に行くようにした。片方は家に残って裏庭でトカゲを捕まえる上の2人に付き合い、もう一方は試合に同行し、サイドラインに座って未来ある小さなスポーツマンの輝かしい姿を見守った。

すぐに、たとえ小学生であっても運動能力によって名声を得ることに気がついた。誰も口にしなかったが、運動神経の良い子供は一種のステータスを得られ、それは、その子をこの世にもたらした両親にも与えられた。スポーツの才能に恵まれた子供の近くで長く過ごしていれば、その子に媚びようとする周りの子供や大人を避けるのは不可能だ。

とくに子供は感情表現が素直である。バスケットボールやサッカーの試合のあと、ほとんど知らない子がやってきて、ポールを遊びに誘った。それに比べ、大人の感情表現はもう少し控え目だ。たくさんの人が、ポールのスピード、安定感のある手さばき、9歳でゴロを確実に処理して1塁に送球できることを褒めてくれた。もちろん、なかには社交辞令も含まれていたことはわかっていたが、私とボブは他の家族にも同じように賛辞を返した。ポールがとくに目立っていたのは、とにかく運動感覚に優れ、フィールドやコートでも自然と動きが良かったからだろう。普通の子供であることには変わりないのに、運動能力がずば抜けて高いというだけで、姉や兄の、運動に比べて地味な何かにおける才能より、大人から多くの注目と称賛を集めた。

これは、どの子供にも当てはまった。

ポールの1学年上のタイラーと、ディビジョンIの強豪大学で野球をプレーしていた彼の父親については、とくに明白だった。組織的スポーツを始めたときから12年後に大学へ行くまで、タイラーは他の親たちからも愛されていた。「やあ、タイラー。調子はどう?」「(バスケットボールでは)良いボックスアウトだったよ」「(アメリカンフットボールでは)すごいスパイラル[訳注:パスを出したときのボールの回転のこと]だったな!」といった声がよくかけられた。恵まれた体格とスポーツ一家の子供というだけで、その才能が注目される前からファンがついていた。

ある年の、少年野球のチーム分けを行うためのトライアウトでのことだ(ちなみに、選考員はいずれも男性だった)。会場にタイラーと父親が現れると、すぐにファンたちが寄ってきた。タイラーはすでに力強さとスピードに定評があり、身長も周りの子供たちよりずっと高かった。彼より小柄な息子を持つ父親は、タイラーの明らかに恵まれた体格に羨望の眼差しを向け、自分自身もハイレベルな大学スポーツの経験者である父親たちは、それぞれ昔の苦労話を大声でしている。この父親たちは、よく似た外見をしていた。短髪、清潔な服と鍛えられた体。皮肉を言い合っては大きな声で笑い、どこへ行っても場所を占めていた。そして、ようやく子供たちがグラウンドに出てくると、それぞれの子供の動きを観察しながら「才能」がどうだと呟いた。

トライアウトが始まり、子供たちが順番に打者と守備をやらされる中、選考員たちはノートに何やら書きつけている。ボールも同じように指示に従い、守備につき、捕球し、終わると静かにグラウンドを去った。ところが、タイラーの番になると雰囲気は一変した。全員の目がグラウンドに向けられ、サイドラインからは「いけー、タイラー!」という男たちの声が飛んだ。まずは守備で遊撃手《ショート》に入ると、ゴロを捕球し、1塁手が捕りやすい頭の上に送球した。続いてバッティングでは、何度か勢い良く空振りしたあと、何球目かでセンターの奥に届くヒットを飛ばした。すると、ピッチャーをしていたリーグの関係者が名指しで褒めた。どうやら、どの関係者もタイラーの名前を知っていたようだ。終わると、彼は他の父親たちからも力強いヒットを称賛され、背中を叩かれていた。

ポールは、私たちが「スポーツ少年探知機」と名づけた、運動神経が良い子供の前にひざまずく大人たちの過剰な注目からは、さほど悪影響を受けなかった。頻繁に大きな称賛を浴びることで一時的に自尊心をくすぐられても、家に帰り、弟をとくにすごいとは思っていない姉と兄の顔を見ると、感覚がリセットされるからだった。姉と兄がポールのスポーツに無関心だったこと、そして、ポール自身の関心がもっと広い世界に向けられていたおかげで、良いバランスが保てていたのかもしれない。少なくとも、彼の場合は。

子供たちとステータス、スポーツをより広い視点で見る

前はこうではなかった。子供は、昔からずっと親にとって満足の源――大人が達成感を味わうための手段――だったわけではない。何年にもわたり、ジャーナリストや歴史学者、社会学者たちが、この変化について研究し、この数十年のあいだに子供が親の人生の中心となった原因を解明しようとしてきた。

『Huck's Raft: A History of American Childhood（アメリカの児童期の歴史）』（未邦訳）は、子供に対する認識の変化を解説した、もっとも信頼できる書籍である。同書の中で、著者で歴

史学者のスティーブン・ミンツは、児童期は「時間とともに急速に変化した社会的かつ文化的な構成概念」だと説明している。子供を未発達で不十分な存在とする「前近代的」な植民地時代から、子供を脆く、守らなければならない存在とするようになった19世紀半ばの「近代」、そして、子供を「半自治の若者文化に属する独立した消費者」とする20世紀半ばから現在まで続く「ポストモダン時代」まで、児童期の定義は時代とともに変わり続けてきた。

ミンツによると、1970年代半ばのアメリカに浮上した3つの傾向を見れば、現在のポストモダン時代に至った説明はつくという。離婚率やシングルのワーキングマザーが増えたことで変化した家族のかたち、世間が子供の安全と幸福を危惧しパニックに陥った結果として変化した親から子への態度、そして、多くの若者が大学進学や結婚の延期を強いられる原因となった経済の見通しの悪化。「こうした傾向を受け、若者たちの幸福度は下がっており、改善するには思い切った手を打つほかない、と考えられるようになった」とミンツは言う。

また、『子育てのパラドックス』では、著者でジャーナリストのジェニファー・シニアが、ミンツの主張をさらに深く掘り下げている。同書の中で、シニアはアメリカの中流家庭を詳しく分析し、社会史に切り込むことで、親が子供に過干渉するようになった背景を明らかにすると同時に、ミンツの主張を補完する、子供の役割が大きくなった3つの理由を挙げた。子供の数が減り、より貴重な存在となったことで、子供は両親にとって「実存的な充足感を与えてくれる存在」となった。そして、アメリカ中に広がる子供の誘拐への過度な不安感——ミンツが言うパニック——から、組織的スポーツに刺激を求めるようになったというのである。ここで重要なのは、「過干渉教育《ハイパーペアレンティング》は、新たな混乱と未来への不安を反映している」という点だ。

　原因は他にもある。元スタンフォード大学学生部長のジュリー・リスコット＝ヘイムスの著書の中に、過保護《オーバーペアレンティング》な親に関するものがある。それによると、子供に対する姿勢（と態度）が変化したきっかけとなったのは、ベビーブーマーだという。彼らは、子供の行方不明のニュースに過剰反応し、危うげなセルフエスティーム・ムーブメント〔訳注：子供の自己肯定感を高めることを謳った、１９８０年代にアメリカで起こったムーブメント〕に乗っかり、１９８３年に発表された悪評高い教育に関する連邦報告書『危機に立つ国家』に書かれた絶望的な内容にパニックを起こし、「プレイデート〔訳注：子供たち同士で遊ばせること〕」で子供たちに社会性を身につけさせられると信じた。

「ベビーブーマーは、我が子の将来を自分たちで管理し、守ろうとした結果、子供たちの最強の支持者へと変貌していった」とリスコット＝ヘイムスは書く。ベビーブーマーの人口が多かったこともあり、彼らの考えに影響された中流家庭の子育ては変わっていき、そのようにして誕生した新たな基準は広く受け入れられ、反発する親はほとんどいなかった。

　どんな基準だったのか？　社会学者のアネット・ラローは、子供の将来を心配する親が、あれやこれやと我が子を細かくコントロールしようとする様子を、「計画された子育て」と呼んだ。ラローは、12世帯のさまざまな条件――白人、黒人、低所得、中所得――の家庭を調査し、同じ条件の家庭に共通点を見つけた。労働者階級と下流階級の親は、ラローが「自然な成長」と呼ぶものを子供に許容する。子供に干渉せず、厳しくあたり、子供だからという理由だけで許すことはなく、年長者に従い仲間の面倒を見ることを子供たちに求めていた。

ところが中流家庭には、主に組織的な活動を最優先させる、という別の基準があった。これらの活動は、親の余暇や家族の時間、親戚との集まりを含む、他の何よりも優先された。ラローは、著書の『Unequal Childhoods: Class, Race, and Family Life（不平等な子供時代――階級、人種、家庭）』（未邦訳）の中で、同書に出てくるような中流家庭では、「親戚との時間は無駄とは言わないまでも、スポーツより重要ではない」と書いている。

自分の力で問題を解決する労働者階級の子供たちと違い、中流階級の子供たちは、兄弟げんかを含め、問題が起きたら親が介入し、解決してくれることに慣れていた。ラローは、兄弟げんかが中流階級で多い理由として、子供たちが忙しすぎて「家族と顔を合わせる時間が少ない」からではないかと推測する。

これは、決して悪いことばかりではない。ラローは、親が献身的に育てた中流階級の子供は、権利意識や社会の仕組みを理解していることに気づいた。コミュニケーションが多い家庭で、交渉や妥協の仕方を学びながら育ったため、ホワイトカラーの職場で上手くやっていく術が身につくというわけである。反対に、貧困家庭や労働者階級の家庭の子供は、組織的スポーツなど、大人が運営するプログラムより親戚との「緩い集まり」に参加することのほうが多い。そのため、家とは異なる社会のルールが存在する場では、あまり歓迎されない。そうした場に上手く適応できる場合もあるが、多くの子供が準備不足のまま放り込まれているのが現状だ。

ラローは、ミンツと同じく、こうした親の熱狂の根底には経済不安があると考えている。「我が子の将来が心配な中流家庭の親たちは、子供のためになる可能性があるものは何ひとつ取り逃すまいと必死だ」。ラローの中流家庭に関する報告を読んでいると、どうしても上位中流階級が多い、私自身が住む町について考えが及ぶ。ここ、ニュージャージー州のサミットという町では、2019年は41％の家庭が年収20万ドル〔訳注：当時の為替（1ドル110円）で計算すると2200万円〕以上で、上流家庭の子供もラローが調査した中流家庭の子供たちと同じような育てられ方をしている。水をやり、不要なものは取り除き、殺虫剤をたっぷりと浴びせ、温室で栽培し、誰よりも素晴らしく、欠けているものなど1つもない完璧な花が咲くように、育てられているのである。経済的な不安に駆り立てられる人は多いが、ものすごく裕福な——子供の将来の経済的安定を心配する必要がなく、重要な職に就き、強力なソーシャルネットワークを持つ——人たちが同じく必死で子育てをするのは、一体なぜだろう。きっと、経済的な理由以外にも、何かあるはずだ。

これについて、ジェイ・コークリーが説得力のある説明をしている。彼いわく、組織的な子育てがこれほどまでに広まったのは、レーガン大統領時代の、集団より個を優先した政策の副産物と考えられるという。かの有名な「問題は政府である」というスローガンや、成功は個人の力にかかっているといった考えを真に受けた親たちが、子供の成長や人格形成は、自分たちだけの腕にかかっていると思うようになっていったというのだ。このことについては、コラムニストのデイビッド・ブルックスが次のように書いている。「社会はより個人主義かつ自己中心的になり、人はプライバシーや自主性ばかりを重んじるようになった」。大多数の人が、おそらく無意識的に、問題が起きても周囲に頼るのではなく、自分だけ、あるいは家族の中だけで解決すべきだと考えるようになってしまった。

「自給自足精神が普及し、父親や母親、子供たちは、家族という壁に囲まれた孤島で、自分たちだけで生活するようになった」とブルックスは続ける。

また、「文化的な変化によって、親の道徳的価値が子供の行動や実績に直結するようになった」とコークリーは言う。優秀な子、とくにスポーツのような「文化的に重要とされる活動」で輝いている子は、良い子育ての証になる。

「子供の人格や行動が親の力のみによって決まるという考えが、これまでになく親が子供に尽くす原因となっている」

親が必死になるのは、経済的な不安からだけではない。私たちの世間体――責任ある良い親という立場――もかかっているのだ。そう考えると、私のような現代の親が、子供の成功と子育ての成功を結びつけるのも納得である。スポーツ以上に子供が成功するのに良い方法なんてあるだろうか？

スポーツの魅力

世間の子供の価値に対する認識の変化――ジェニファー・シニアは「従業員からボスへ」と表現――と同じタイミングで、スポーツそのものやアスリートの地位も上がっていった。言うまでもないが、トップのプロスポーツ選手とは、手の届かない、類まれなる身体的才能を持つ、誰からも愛される有名人のことだ。

さまざまな場面において、彼らが世間的にいかに優位な存在かがわかる。一番は、ものすごい大金を稼げるという点だろう。２０２０年に『フォーブス』誌が発表した、世界でもっとも稼いでいる有名人トップ１００のうち、34人がプロスポーツ選手――レブロン・ジェームズ、リオネル・メッシなど、野球やフットボール、バスケットボール、サッカーで活躍する男性スポーツ選手だった。プロスポーツの中でも、とくにフットボールの注目度は高く、２０１８～２０１９年に放映されたテレビ番組でもっとも視聴率が高かった５つの番組のうち、３つは日曜日と木曜日、月曜日の夜のフットボールの試合だった。

こうした人気はプロスポーツだけに留まらない。２０１７～２０１８年度には、大学生の男女合わせて49万４０００人がＮＣＡＡのスポーツに参加し、過去最高の人数となった。さらに、同年のＮＣＡＡの収益は10億ドルで、そのほとんどはテレビ局との契約によるものだ。また、スポーツ選手に憧れる子供は多く、２０１７年に12歳以下の子供１０００人を対象に行われた調査によると、スポーツ選手は男の子がなりたい職業の8位で、２０１５年の1位からは下がったものの、学校の先生や宇宙飛行士より高い順位を維持していた。

この環境にどっぷりと浸かっている親たちが、我が子に最上級の指導を約束するトラベルチームやクラブチームに積極的にお金を出すのは、当然の結果だろう。公共の公園のための予算は削られ、豪華なスポーツ複合施設が新たに建設され、メディアがこぞってスポーツを取り上げるようになったのは、子育ての変化を反映すると同時に、一気に加速させた。

ユーススポーツの社会的価値が上がっていることについて、コークリーの意見を聞いてみた。すると、彼の両親は大切な試合を含め、彼の試合や大会をほとんど見に来なかったという。ダニー・オサリバンの母親と同じで、子供に子供の人生があるように、親も自分のことで忙しかったからだ。現代の親にとって、子供の決勝戦を見逃すのは裏切り行為に等しい、とコークリーは言う。

また親たちは、子供がスポーツをするのは、本人だけでなく親である自分たちの成長と社会的地位を得るのにも必要だと考えるようになった。「良い親とは、12歳のサッカー選手に年間1万ドルの投資ができる親を指すようになった」とコークリーは言い、「そうすることで、『私はあなたより良い親だ』というメッセージになる」と続けた。さらに、それ以外で良い親をアピールする手段としては、子供のスポーツのために週末や夏休みを返上すること、個人トレーニングやスポーツ用品、クラブチームにかかる費用を気前良く払うこと、子供の選手人生を豊かにするために、彼らのコーチ兼マネージャー、洗濯係、調理係、運転手などの役割を担うこと、といったものもある。

ユーススポーツがこのようになった理由はシンプルだ。「今のシステムのほうが、コーチが評判を確立し、親が世間体を保てるから」とコークリーは言った。

約束されるステータス

子供のスポーツについてごちゃごちゃと言っている私も、スポーツで活躍するポールの姿に喜びを感じたことは何度もある。しょっちゅう行われていた試合で彼のコーディネーション能力［訳注：状況に応じて「身体の動き」や「力加減」を調整できる能力］の高さや身のこなしの速さ、スムーズな動きを見ると、満足感で胸がいっぱいになった。ポールの電撃的なプレーがチームを勝利に導くことも多く、そんなときは、退屈な土曜日が最高に幸せな週末になった。反対に、冴えないプレーが続いたり、コーチが要らぬことを言ってポールの邪魔をしたり、大きな勘違いをしたユーススポーツ団体が、彼を3番手のチームに振り分けたりしたときは、つらく、悲しい気持ちになった。

長年にわたり、何人もの親に、そうまでして我が子のスポーツの可能性を伸ばそうとする理由を聞いてきた。すると、自分にとっての我が子の運動能力が持つ意味について触れた親は、ただの1人もいなかった。「子供が運動好きだから」と答えたのは、2人の高校生アスリートを持つ母親だ。彼女の娘は、週3回のサッカー練習、家から2時間かけて行く1時間の特別トレーニング、週末の遠征試合、ストレングス＆コンディショニング［訳注：筋力とスピードアップを目指すトレーニング］のコーチとの定期トレーニングなど多忙を極めている。「ものすごく大変だけれど、マディソンが喜んでいるから良いの」と母親は弱々しい笑みを浮かべながら話した。

おそらく、あの笑顔の陰には娘の活躍に対する喜びも隠れていたはずだ。

ステータスとは、どことなく居心地の悪い、デリケートな話題である。自尊心のある大人で、ステータスに飢えていると見られたい人はいないだろうし、自分自身でも認めたくないのが普通だろう。にもかかわらず、この静かな飢えは、私たちの考え方や行動を形成している。他人に尊敬されたい、という思いは世界共通だ。１８０５年に刊行された、第2代アメリカ大統領のジョン・アダムズが一連の論稿をまとめた著書『ダヴィラ論』にも、「仲間によって観察され、尊敬され、評価され、称賛され、敬愛され、賛美されたいという欲求は、人間の心に見いだされる、もっとも古くかつ強烈な性向の1つである」や「他人に評価されたいという欲求は、空腹を感じるのと同じく自然である。また、世界から無視され、軽視されるのは、痛風や結石のように痛く苦しい」とある。

民主主義と平等主義の上に成り立つアメリカでは、まさにそうだ。これは公正な社会を築くには良いかもしれないが、同時に混乱を招く可能性もある。フランスの政治思想家アレクシ・ド・トクヴィルは、１８００年代にアメリカへ視察旅行したときに感じた問題点として、『アメリカの民主政治』（講談社）の中で、「民主主義国ほど国民が大切にされていない国はない」と書いている。成功のチャンスはすべての人に平等にある――たくさんの人が信じている夢物語――とすれば、誰も人と違った人生を送れなくなってしまうだろう。『階級《クラス》――「平等社会」アメリカのタブー』（光文社）では、著者で批評家のポール・ファッセルが、次のように明言している。「誰もが特別な人になれる場所では、誰も特別な人にはなれない」

権力や地位の世襲に反発するためにイギリスと決別した自由の国アメリカの人たちは、自分と他者を差別化するための新たな方法を考える必要があった。「その結果、アメリカ人は、他のどの国の人たちよりも自分の存在意義を勝ち取ることに必死になった」とファッセルは締めくくっている。

スポーツが得意な子供の親であることも、その1つだ。ところが、そうした親の欲こそがユーススポーツを悪い方向に加速させている事実には、誰も目を向けようとしない。アメリカ人の多くは、ファッセルが「平等神話」と呼んでいるものにしがみついている。スポーツの民営化、公共のスポーツ施設やフィールド、プログラムの削減や縮小、スポーツ奨学金の獲得に必死にならざるを得ないほど経済的に追いつめられた中流家庭といった問題が、自分たちのせいだとは思いたくないからだろう。もちろん、すべて彼らのせいというわけではない。さらに、己の生活を犠牲にしてまで子供が履歴書に書けるスポーツの実績を増やそうとする親は、そうした自分の行動に別の言い訳をする。スポーツを愛する我が子をがっかりさせたくないし、立派な親が我が子のために自己犠牲を払うのは当然だからだ。社会経済の無慈悲で巨大な圧力と親の異常なまでの子供への献身、少しの混乱が組み合わさり、ユーススポーツは大きく歪んでしまった。

その上、受け入れ難いかもしれないが、仲間内でステータスを得たいという人間本来の欲求も一役買っている。我が子のレクリエーションリーグのバスケットボールの試合後に満足感でふんぞり返っていた私が言っているのだから、間違いない。私たち親は、子供のスポーツの才能にしがみつき、自分のこととして祝福する。

尊敬されることへの渇望は、世界共通のようである——そして気づかぬうちに、私たちの思考や行動に影響を及ぼしている。ステータスに関する話題、とくに子供のおかげで得られるステータスについての話題は避けられがちだ。そのため、たまに道を間違えてしまうことがある。また、多くの親は、自分がそうまでして我が子を成功に導こうとしている理由について思い違いをしている。子供の成功にかかっているのは、本当は親のプライドであることも少なくないのだ。

ミシェル・ド・モンテーニュという16世紀の思想家が、不気味なほど真実味のある言葉を残している。

「私がそうしているように、自分自身をよく観察してみれば、自分がいかに愚かで馬鹿げたことをしているかに気づくだろう」

「すっかり夢中になって行動しているが、愚かさに気づいている人の方がいくぶんかマシというものである」

子供が望まないことをする意味

「もう帰っちゃだめ?」ポールは必死な目をして、小声で聞いてきた。マサチューセッツ州にあるブランダイス大学で、大学のバスケットボール選手を目指す子供を対象としたサマーキャンプに2日間参加し、そのあいだいくつもあった中の、最後の試合を終えたばかりだった。普段は元気いっぱいにコートを走り回るポールが、その日は足どり重く、積極的に動くのを避けているかのように見えた。他の子供たちがこぼれ球を懸命に追い、自信に満ちた様子でコートを動き回る中、ポールは何もせずにただ突っ立ったまま時計のほうばかり見ていた。天井が高くて大きい大学の体育館で見る彼は、まるでガリバー旅行記に出てくる小人のように小さい。年上の、彼よりずっと背の高い子供たちに囲まれていたこともあって、なおさらそう見えたのだろう。いくつもの試合が同時に行われていたため、保護者の歓声やサイドラインからのコーチの大声で、耳がおかしくなりそうだった。

「帰りたい」と試合を終えたばかりのポールは言った。そして、それでも「楽しかった？」と聞く私に、ただ嫌な顔をした。

そもそも、このキャンプへの参加はポールが希望したものではなかった。彼のように勉強ができる子がバスケットボール界で名前を売るのに良い、と聞いた私が申し込んだのだ。フープマウンテンというバスケットボール団体――クラブでもチームでもない――がアメリカの各地で開催しているキャンプの1つで、パンフレットには「昨年のキャンプには、大学バスケットボールのコーチやスカウトが150人以上来ていました」とあった。

「とりあえず、試合のビデオを買いに行かない？」子供に自分の動きを研究させ、良くない部分に気づかせ改善させるのに、キャンプ中の試合を録画したビデオテープを買うと良いと聞いたからだ。ビデオテープは1本150ドルで、購入するには下の階へ行き、販売業者に注文しなければならない。

「もう帰りたい。ビデオなんて要らない」とポールは小さな声で言うと、下を向いて歩き出した。「いいから、とにかく買おう」

体育館は、どこもかしこも汗だくの子供たちで溢れていた。どうにかロビーまでたどり着き、ビデオの販売ブースへと向かう。

すると、ポールに引っ張られた。「買わなくていい」と言う。11年生になろうとしている15歳の彼の身長はまだ6フィート(約182cm)に届かず、俊敏ではあるものの、痩せているため、とくに他の筋肉質な子供たちと比べると、バスケットボール選手というよりは600m走選手に見えた。その上、カールがかった金色の髪が長すぎて、頭から手入れされていない低木が生えているかのようだった。

「いいから、注文しよう」

今は恥ずかしがっているだけで、あとで感謝するはずだと私は思っていた。そして、その後10分間にわたって、私たちは販売員の熱弁を聞かされた。ビデオテープは貴重な思い出の品になるし、研究することでバスケットボールがより上達するはずだ。来年のキャンプでは、コーチたちの目に留まるだろう。私が小切手にサインをするあいだ、ポールは遠く離れたところで待っていた。

体育館を出て車に戻りながらも喋り続ける私をよそに、ポールは一言も口をきかなかった。素晴らしい機会だわ……。人生、何が起こるかわからないもの……。来年はもっと上達しているはず……。そして、キャンプ中滞在していた大学の寮に到着すると、ポールは部屋からわずかな身の回り品――寝袋とシミがついた枕、湿った服でいっぱいの使い古したリュックサック――を取って戻ってきた。

「来年は行かないよ」。ちょうどボストンに差しかかったあたりで、助手席に座っていたポールが前を見つめたままそう言った。「他の子たちには到底かなわないし、誰も僕なんかに興味なかったから」

ここで、私はようやく黙って彼の話に耳を傾けた。ポールは、自分が他の子たちより格下で、体格も劣り、場違いだと感じていたのである。どの子も自分をアピールしに来ているのだ。キャンプのチームはただの個人の集まりにすぎず、それぞれに大学のコーチに印象づけようとしていた。ボールにしがみつき、強引に攻め込む。大人たちの目は才能のある選手に向けられるため、チームに関係なく、それぞれがライバルだ。誰もパスは出さない。どの子も、コートの中では、まるで『蠅《はえ》の王』［訳注：１９５４年に出版されたイギリスの小説］に出てくる極限状態で獣性に目覚めた少年たちのようだった。

「ほとんどの子がダンクシュートできるんだよ！」とポールは言い、私は運転し続けた。財布の中には、大切なビデオテープを買ったときのレシートが入っている。どうして息子が来年はキャンプに参加しないと言い張るのか、まだ理解できない。有名なスポーツ選手になれるかもしれない、という可能性に惑わされ、自分を見失なっていたのだろう。

私がポールのスポーツに入れ込むのをやめられたのは、翌年3月のある土曜日のことだった。

高校のバスケットボールシーズンが終わったばかりで、11年生のポールはバーシティチームでスタメンのポイントガードに起用され、チームは多くの試合に勝っていた。州や郡の大会では負けてしまったが、面倒見が良い優秀なコーチがいて、チーム内の関係も良好だった。そしてポールは、アシスタントコーチからＡＡＵのチームに推薦された。

それは、何となく良いことのように思えた。私は、ポールのＡＡＵのチームの練習への送迎を、真面目にこなした。そのチームでポールが知っていたのは１人だけで、あとは違う町に住む見ず知らずの子供たちだ。すると、ポールは練習が終わると不満を漏らすようになっていた――チームメイトの父親に批判的なことを言われたことやチームの仲が良くないことなど。私は彼の話に相槌を打ちながら、一体何のためにやっているのだろう、と思うようになっていた。

そして、初めての試合の日。土曜日の早朝からペンシルベニア州のスクラントンで行われるため、チームの他の家族は最高のコンディションで試合に臨めるよう、金曜日の夜から前泊するという。

「うちは前泊しないわよ」と私はポールに宣言した。早起きをして、家から直接試合会場に向かうのだ。

「ダンダー・ミフリン社に寄れるんじゃない？」ポールは、大ヒットコメディドラマの『ジ・オフィス』の舞台で、スクラントンにあるとされる架空の製紙会社の名前を出した。ネットで住所を見つけたという。

当日の朝、私たちはまだ暗いうちに家を出発し、西へ向かった。スクラントンまでは１００

マイル（約160km）以上あったが、道が空いていたため、すぐに着いた。そしてダンダー・ミフリン社があるはずの住所に行ってみると、そこは使われていない駐車場だった。

「ここではドラマの撮影をしていないのかもね」とポールは言った。

試合会場は、町の主要道路から外れた場所にある大学の体育館だった。木製の観覧席は今にも壊れそうで、寒く、私は両手をポケットの中に突っ込み、コートを体に巻きつけるようにして試合開始を待っていた。スタンドにいる他の保護者は知らない人たちばかりで、それぞれ一定の距離をあけて座っている。誰がどちらのチームの親かもわからない。すると、コートの両サイドから各チームの選手が5人ずつ入場し、試合が始まった。バスケットボールが床を打つ音以外は静かだ。ポールはベンチに座り、身を乗り出して膝に両肘をつき、顎を両手に乗せた姿勢で試合の様子を眺めている。私はコートの反対側で体を硬くし、どうにも落ち着かなかった。近くで同じように身をかがめて座っている親は、来週の試合――マサチューセッツ州で2日間にわたって行われる大会――について話している。ポールは、ハーフタイムに入る前にコートに出てきたかと思うと、パスを出し、それを受け取ったチームメイトがシュートを放った。第3クォーター、第4クォーターでもプレーし、ドリブルで敵をかわし、レイアップシュートを1、2本とジャンプシュートを打った。試合が終わった。どちらのチームが勝ったかは覚えていない。

試合を見ているうちに、だんだんと腹が立ってきた。一体、私たちは何をしているのだろう？なぜ、貴重な週末の朝に家から遠く離れた寒い体育館で、息子がつまらなさそうに試合に出ている様子を眺めているのだろう？　なんて馬鹿げているのだ。家で家族とテレビドラマの『パークス・アンド・レクリエーション』を見たり、トランプをしたり、ハイキングに出かけたりできたはずのところを、私とポールは遠く離れたペンシルベニア州のスクラントンにある体育館に閉じ込められていた。

　これでよくわかった。息子には、高校スポーツが合っていたのだ。バスケットボールが上達し、ようやく楽しそうにリバウンドを取ったり、ディフェンダーがたくさんいるところにレイアップシュートを打ったりするようになっていたのに。同じチームにならなければ知り合わなかっただろう少年たちと絆を深めたり、チームのキャプテンとして夏にコーチの手伝いをしたり、すでに高かった自制心にさらなる磨きをかけたりしていたのだ。それも楽しみながら。それが高校スポーツ、いや、ユーススポーツのあるべき姿ではなかったのか？

　ＡＡＵのチームが合う子たちもいるだろう。バスケットボールの技術が上達し、本人に合う大学コーチの目に留まり、優秀な選手に育ててもらえる可能性だってある。ただポールに限っては、価値のない経験——何を犠牲にしてでも自分をアピールしたいという共通点しか持たない、知らない子供たちの集まり——にしかならなかった。息子のスポーツ人生がいかに私自身にとって重大な問題だったか、また、いかに彼の卓越したプレーが私の自尊心を支えていたか、ということに気づくまでに何年もかかった。社会的地位を得たいという気持ちはわからなくもないが、褒められたものでもない。

　ポールが私がいるスタンドまで来た。立ち上がり、コートのボタンを留める。すると、一気に安堵の気持ちが押し寄せてきた。2人で体育館の横に停めた、中が完全に冷え切っている車に向かった。わた雲の隙間から、太陽の光が午後の温かさを懸命に伝えようとしている。そろそろ本格的な春がやってくるだろう。硬くなった地面は軟らかさを取り戻し、黄色や紫色の小さな花が咲き始める時期だ。

ポールが車に乗り込む。「最悪だった」と彼が言い、「もうこれで終わりにしよう」と私は言った。

01
03
Collage

大学

高校のチームでコーチをしていた頃、何人かの才能ある選手たちとのあいだで厄介なトラブルが起きた。彼女たちは、優秀な成績をいくつか収めると、名門大学から声がかかるのを夢見るようになっていた。そこへ、親や周囲の尊敬する大人たちもが一緒になって盛り上がり始めたことで、コーチを無能扱いしたり、チームメイトをどんくさいと感じたりするようになってしまった。そして、夢を叶えるのにそれらが障害となっている、というのだ。選ばれし彼女たちからすれば、コーチは、チームのためと言いながら有能な選手の足を引っ張る、もっと優秀な他校のコーチに比べると専門知識に欠ける、あるいは、昔とはまったく異なる現代の大学の入学選考プロセスについて無知な邪魔者でしかなかった。同様にチームメイトたちは、共通の目標を持つ仲間ではなく、自分の成長を妨げる足かせ、あるいは、出し抜かなければならないライバルだったのである。

洗礼を受けたのは、コーチになってすぐのことだった。ある年、州大会とコースがまったく同じ大会にチームを登録し忘れてしまったのである。その年の後半に行われる大きな競技会に向けた、もっとも理想的な練習となるはずだった。誰にでも起こり得るミスとはいえ、自分の責任を認め、何とかしなければならないと思った。

大会の責任者に電話をかけ、どうにかならないか頼んでみたが駄目だったので、まずはこの件を一番気にするだろうマリーに伝えることにした。そこで練習後、彼女の家へ行き、自分が犯したミスについて話した。

「ミセス・フラナガン、気にしないで！」マリーは優しく言い、家の前の歩道をのんびりと歩いた。「たかが大会じゃない」

彼女の許しが不安を溶かしてくれ、私は代わりとなる大会を探す約束をした。

このとき、私は「人が失敗した場合に取るべき行動」を意識的に示しているつもりだった——正直にミスを認め、責任を取り、心から謝罪し、正そうと努力する。いつか、彼女が避けようのない失敗をしてしまったときに、より上手に対処できるようになってほしかったからだ。それもあり、マリーの反応や彼女の大会に対する考え方は、私に希望を与えた。そして翌日、今度は部員全員に、自分のミスで心臓破りの坂がコースに含まれる大会に出られなくなったことを伝えたときに——本当にごめんなさい、必ず埋め合わせはするから、とも伝えた——彼女たちが喜ぶのを見て、私は完全に危機を回避できたと思った。

ところが、このときのマリーの表情は前日と違っていた。午後は、目を合わせようとしてもそらされてしまい、前日の夜は屈託のない笑みを浮かべていたのに、険しい表情に変わっている。彼女以外が大会に出られなくなったことを喜ぶ中、マリーは両腕を胸の前できつく組み、離れたところに立っていた。その後、彼女の態度が急変した理由がわかった。前日の夜、私と別れ、家に戻って両親に報告したところ、彼らが大きなショックを受けたのだという。11年生のマリーの成績はじゅうぶん優秀だったが、両親は、大学のコーチ――有名大学への入学を簡単にしてくれる人――の目に留まるには、私のミスで出場できなくなった大会が必要だと考えていた。彼らにとって、あの大会に出られないのは悲劇だった。私の未熟さと無能さが、彼らの娘の将来を脅かしたのだ。

大学受験にストレスはつきものとはいえ、今の世代にとっては、さらにお金がかかる、過酷なものになっている。お金とステータスへの不安が相まって、どんなに分別ある親子でも自分を見失ってしまう。そして、なぜかユーススポーツまで、この混乱に巻き込まれた。

大学にお金がかかる理由

まずは基本をおさらいしよう。大学には、大きなお金が絡んでいる。過去20年間で、4年制大学の授業料はインフレ率をはるかに上回り、天文学的に高騰した。私立総合大学の授業料は年間約4万4000ドル（約572万円）――2002年から144％増――で、居住する州の大学に通う州内学生の授業料は年間約1万2000ドルと、この20年間で211％も値上がりしている。また州立大学でも、財政的援助を差し引いた学生本人の負担額は増え続けている。多くの家庭にとって、とくに子供が複数人いる場合、大学費用は住宅ローンより高い。ビジネスジャーナリストのロン・リーバーは、次のように書いている。「ほとんどの家族にとって、『大学』とは、もっとも困難で、精神的にも追いつめられる、お金にまつわる決断となる」

よほどの貯蓄がない限り、子供の大学の授業料は親の大きな頭痛の種だ。ローンを組めば、何十年も家族の負担が増えるだけでなく、借金を抱える本人——この場合は人生のスタートに立ったばかりの若者——の精神的ダメージにもつながる。じゅうぶんな額の奨学金を得てローンを減らせなければ、中流家庭や低所得家庭の子供たちにとって、4年制大学への進学は借金を背負うのと同じだ。2019年、アメリカの学生ローンの負債総額は1兆6000億ドルに上り、車のローンとクレジットカードの負債額の総額を上回った。2030年には、3兆ドルまで増えると推定されている。大学進学を諦めて何年も借金を抱えるのを回避するか、ローンを組んで重荷を背負うか、という究極の選択を迫られた親子が取り乱すのは当然だろう。

莫大な授業料に加え、大学の持つ意味はとてつもなく大きくなった。私が住む地域では、合格した中で一番有名な大学に行くべきだと固く信じられていて、その大学が本人に合うかどうかは一切関係ない。すべては子供たちのため、彼らがより豊かな人生を送り、より多くのチャンスに恵まれるためである。『アメリカ人の俗物根性を仔細に大解剖』（はまの出版）で、著者のジョセフ・エプスタインが「大馬鹿野郎な世界は、何校かの大学しか認めていない」と書いているが、世界は完全に間違っているわけではない。なぜなら、競争率が高く、儲かっている企業は、『USニューズ&ワールドレポート』誌が発表するトップ20より下の大学に通う学生たちを相手にしないからだ。一流大学の学位を持っていれば、インターンシップや正規従業員に母校の後輩を優遇する強力な卒業生の長い名簿を手に入れられるし、プリンストン大学や同等の大学を卒業すれば、出会う人のほとんどから羨望の眼差しを向けられるだろう。

大人たちは、我が子が一流大学に通っていると、本人だけでなく親も尊敬されることを知っている——車のうしろに貼られたウィリアムズ大学やコーネル大学のステッカーは、成功した子育ての証なのだ。長年にわたり、東海岸にある私学で大学進学アドバイザーを務めるティム・リアーは、このように話している。

「多くは親の心理的欲求の問題だ。我が子が一流大学から求められれば、親が何かしら正しいことをした証明のような気がする」

我が子が名門大学に合格すると、私たちの多くが密かに望んでいるように、親のステータスも大幅に上がるのだ。

ただし、大きな問題がある。「受験」に立ち向かう家族の常識として、一流大学に入るのは不可能に近い。これは、入試データを見るとよくわかる。１９９０年、ジョンズ・ホプキンス大学では、受験生の53%が合格していた。それが２０２１年では、11%である。同じくペンシルベニア大学では、１９９０年は38%だったのが今では9%だ。高等教育の権威であるジェフリー・セリンゴは、著書の『Who Gets In and Why: A Year Inside College Admissions（どうすれば合格できるか——大学入試の裏側）』（未邦訳）で、前述のデータや、その他にも気分を暗くさせる、近年の過酷な大学受験に関するデータを紹介している。現代の子供たちにとって、自分の親が出たような大学（そういった大学を出たとすれば）に入るのは難しいのである。

大学はどう変わったか

大学に対する世間の価値観と実際に必要なお金が変わった理由はいくつかあり、それによって親の不安も膨らんでいる。『USニューズ&ワールドレポート』誌が、1983年から発表している大学ランキング――入学者のSAT〔訳注：アメリカの大学進学希望者を対象とした共通テスト〕のスコアや受験者数、合格者数、実際の入学者数（いわゆる「収穫高」）やその他さまざまな評価基準によって、1位から最下位まで順位をつけたもの――を知っているだろう。毎年、上位の顔ぶれはあまり変わらないものの、何らかの動きはある。このランキングは、各家庭で子供が受験する大学を選ぶのに役立つ、簡単に大学を品定めできる成績表のようなものだ。このランキングが受験生たちに与える影響力から、各大学は入試への取り組み方を変えざるを得なくなっていった。プライドもレベルも高い大学は、上位に入るため、より多くの受験生を惹きつけ、さらに多くの受験生を不合格にすることを思いついた。そうすれば、同ランキングの重要な評価基準である「倍率」を上げられるからである。

『USニューズ&ワールドレポート』誌が大学ランキングを発表するようになって10年が経った頃、大学は受験生宛てにダイレクトメールを送りだした。SATを運営するカレッジボードという非営利団体が、受験者の名前や住所を売るようになったからだ。セリンゴによると、高校4年間のあいだで生徒の名前が売られる回数は、平均18回だという。10代の子供がいる家庭に、アメリカ中の大学から届けられる豪華なパンフレットが溢れているのも納得である。このマーケティングの目的は受験者数を増やすことだが、誰が見ても成功している。

不合格を回避し、合格率を上げるため、子供たちはより多くの大学を受験するようになった。さらに、コモン・アプリケーション［訳注：複数の大学に使える共通願書］の登場で、受験料を惜しまない限り、より簡単に、より少ない手間で受験できるようになった。こうして、高校生が受験する大学の数は増え続けている。そして２０２１年、パンデミックによって大学生活があらゆる意味で崩壊すると、コモン・アプリケーションの利用数は11％増加し、過去最多を記録した。何をよく知ったふうなことを、と思われるかもしれないが、２０１６年に12年生だった我が子が15校も受験した私が言っているのだ。

大学ランキング、マーケティング、合格の可能性の評価や出願ができる新たなツール、さらには、比較や競争で溢れかえるソーシャルメディアは、大学イコールそこに通う学生の価値、というふうに変えてしまった。さらに、子供の成功は親の努力――才能と名誉でもある――のしるしでもあるため、大学受験は、両親についても大いに物語るものとして見られるようになった。住んでいる場所によって、おそらく郊外ならどこもそうだと思うが、子供の名門大学合格は、信じられないほど重大だ。

ただし、１つだけ問題がある。大学は、もっとも優秀な生徒がほしいという明確なメッセージを発信している割に、その定義については曖昧だ。共通テストで高得点を取るのはもちろん、高校の成績もトップでなければならないだろう。そこまでは誰にでもわかるが、似たような成績のライバルたちと差をつけるには、どうすれば良いというのか。入学事務局には山のような願書が届くにもかかわらず、ほとんどの大学では面接を実施していない。我が子が、大学が望んでいるような特別な生徒だと伝えるには、どうすれば良いというのか。何もかもが、あまりにも予測できないことばかりである。

いや、ちょっと待て。多くの大学が、合格への手段として変わらず明らかにしていることが、1つだけある。スポーツだ。勝利にこだわるバーシティチームのコーチがいる大学なら、毎年必ず優秀な新人選手がほしいはずである。

プロ化した大学スポーツ

ここ数十年間で、大学スポーツは劇的に変わった。それによって、大学チームへのスカウトは、受験生やその親たちにとって、より魅力的に感じられるようになった。

とくに影響が大きかったのが、連邦政府からの補助金を受けているすべての教育プログラムで性差別を禁止する、タイトル・ナイン［訳注：1972年に成立したアメリカの公的高等教育機関における男女の機会均等を定めた改正法の通称］の成立だろう。スポーツにおいては、女子チームを増やすこと、また、既存の女子チームの人数枠を増やして男子チームと同じにすることを意味した。タイトル・ナインが完全に効力を発揮するには1990年代までかかったが、その効果は絶大だった。高校でスポーツをする女子生徒の人数が、1972〜1973年の80万人強から、

2018～2019年には3500万人近くまで増加し、大学でバーシティチームに所属する女子学生の人数は、1972～1973年の約3万3000人から、2017～2018年には21万6000人以上にまで増加したのである。

こうして、女子を対象とした大学スポーツの急増に伴い男子チームの選択肢も増えたことで、1982年から2020年のあいだで、大学スポーツをする学生の数は倍増した。パンデミックの数ヶ月前、NCAAは、スポーツをしている学生の数が――過去最大となる――50万人にまで上り、各大学はチームの数をさらに増やそうとしていると報告した。

大学スポーツは大幅に洗練され、大学のアイデンティティの中心となっていった。20年前、アンドリュー・メロン財団は、大学のスカウトは「より激しく、専門的で、緊迫したもの」になったと結論づけている。さらに同財団は、スカウトや奨学金のオファーを受けていない学生アスリートは珍しくなってきており、コーチの入学審査における役割が大きくなっていると警告する。チームの成績など気にも留めていなかったディビジョンⅢの大学さえ、コーチも含め、勝利にこだわるようになった――『USニューズ&ワールドレポート』誌のランキングのせいもあるだろう。このランキングのおかげで、あらゆるレベルの大学において競争が激化した。チームが強いほど、卒業生の母校に対する思い入れは深くなり、多くの寄付金が見込めるようになる。アンドリュー・メロン財団は、大学スポーツがプロ化し、学生アスリートを一般の学生より優遇することで、大学によっては教育目標が低下し、他の学生が活躍する機会を制限する結果を招いていると警鐘を鳴らす。わかりきったことを言うようだが、こうした傾向は加速し続けている。

大学スポーツのプロ化は、他の点からも明らかだ。一昔前の大学では、そのスポーツが好きな教授やスタッフがコーチをしていた。それが今では、大勢のマネジメント専任のスタッフを引き連れたプロのコーチを雇うようになっている。さらに、これまでは高校と同様にトライアウトで選手選抜を行っていたのが、最近は複雑かつお金がかかるスカウトで選手を選抜しているところが多く、小規模なリベラルアーツ大学でさえ、何百、何千ドルもの費用がかかっているという。ディビジョンⅠの大学ともなると、スポーツにかかる費用が、学業にかかる費用を上回るケースが多い。

スポーツ選手にとって厳しい大学生活を送ることが正しいかどうかは、ほとんど話し合われていない。後半の章で詳しく見ていくつもりだが、少しだけ紹介すると、大学時代にディビジョンⅠでアスリートとして活躍していた人とそうでない人の生活レベルを比較した調査では、前者のほうがずっと低いという結果が出ている。

ところがこの現実は、有望なアスリートの前にぶら下げられた金銭面の保証と社会的資本〔訳注：人と人との信頼関係や結びつき〕の下に、いとも簡単に隠れてしまっている。大学スポーツは、プロ化が進めば進むほど、経済的な不安はもちろん、我が子がまともな大学に入れるか不安な親にとって、より一層魅力的に映るようになった。

スカウトのメリット

私がこの新しい現実に気づいたのは、地域の高校でスポーツをしている子たちが、スポーツをしていない子たちより早く有名大学への進学が決まったという噂を耳にするようになったからだった。たまに、サッカーやラクロスで活躍する10年生（ほとんどが女子だ）が、ノースウェスタン大学やデューク大学に「内定」したという話も聞こえてきた。大学進学を控えた子供たちの親のほとんどがそうだと思うが、私は、大学の中で起きている、アスリートと入学選考を取り巻く複雑な陰謀に気づいていなかった。気づいていた点があるとすれば、少しでも大学の現状を知る人にとっては当然かもしれないが、スポーツで活躍している子が他の子より早い時期に、簡単に一流大学に合格しているということだった。

私はコーチとして、別の側面も見ている。一般的に、ランナーが11年生、あるいは12年生より前にスカウトされることはあまりない。11年生になる前に大学から本格的に声がかかった生徒にも、教えるべきことはまだある。ところがサッカーやラクロスでは、ＮＣＡＡがゴーサインを出すや否や――以前は早ければ9年生からだった――大学はより有能な選手を「確保」しようと躍起になった。そして自分のスポーツがオフシーズンに入ると、冬や春に活動するトラック競技に流れてきて、「本命」のスポーツのために、より速く、より強くなるためのトレーニングとして利用する子たちが増えた。１００メートル走の練習をすれば、サッカーならボール扱いが、ラクロスならスティックさばきが速くなるとでも考えているのだろう。トラック競技のコーチとしては、彼女たちが大学進学のための「本命」のスポーツを優先することが私たちの仕事の邪魔にならない限りは、異議を唱えることはなかった。

ところが、もちろん支障はあった。ほとんどの子が、練習や試合の途中で本業のチームの練習に行かなければならない。厳しいスポーツを2つ同時進行でやり、どちらのコーチにも良い顔をし、スケジュールをやりくりし、彼女たちの走りは良くなるどころか、常に太ももやふくらはぎに痛みを抱えているなど、悪い影響を受けていた。ある子は、当然のように夕方のニューヨーク市にあるアルモニー競技場で行われていた陸上競技会から、ニュージャージー州ランドルフであるラクロスのトラベルチームの練習へハシゴしていた［訳注：ニューヨーク市からランドルフまでは車で約1時間］。あるいは、毎回夕方5時半にクロスカントリーの練習を終え、6時から始まるアイスホッケーの練習に参加していた子もいた（その上、その学期はAPクラス［訳注：大学の単位に認められることもある上級レベルの科目］を5つも履修していた）。他にも、屋内トラック競技とフィールドホッケーを掛け持ちしていたため、毎回のように早退や遅刻を詫びる子もいた。彼女たちは、スポーツの才能に恵まれた礼儀正しい子たちで、一流大学に入るために必要だと思うことをしていただけだ。結局3人は、常に疲れ果て、慢性的なストレスを抱えていた代償として、見事に本命のスポーツでスカウトされた。

スポーツでスカウトされる特別枠を含め、大学の入学選考は単純に説明できるものではない。大学スポーツの3つのディビジョンは、奨学金の額（ある場合は）や種類を含め、それぞれスカウトのルールが異なる。とくにディビジョンⅢでは、スカウトそのものの扱いが大学ごとに大きく違っている。そして、さらに複雑なことに、大学は合格者のデータを公表しないため、選考方法は依然として謎のままだ。

とはいえ、スポーツをしている受験生が一般の受験生より2つの重大な点において有利であることは明確である。とくに大きいのは、スカウトされた受験生は一般の受験生に比べ、要求される学力の水準が異なる点だろう。スポーツをしているほうが合格しやすいのだ。さらに、選考にかかる期間も短い。普通の12年生は、春のあいだずっとうんざりして、イライラした気持ちで過ごさなければならないのに対し、スカウトされた生徒は入学前年の秋の終わり［訳注：一般の生徒の進学先が決まるのは3月か4月頃。なお、大学の新年度は8月末頃から始まる］には進学先が決まっている。

スポーツをしている受験生と一般の受験生で求められる学力の差とは、一体どの程度のものなのだろう？　アンドリュー・メロン財団によると、名門大学に通うアスリート学生は、親や親戚に卒業生がいる受験生や、特別枠となっているマイノリティの人種の受験生より、合格率が最大4倍も高かった。にもかかわらず、アイビーリーグ［訳注：ハーバード大学やイエール大学を含む8校のエリート大学のグループ］校のスポーツチームにスカウトされた受験生のほとんどは、SATのスコアが一般の受験生よりずっと低かったという。スポーツの種類によっては、さらに差が大きいものもある。たとえば、アイスホッケーでは、スカウトされた受験生と一般の受験生における点数の差は平均177点、野球では165点、フットボールでは144点だった。

また、2004年に行われた調査によると、GPA［訳注：学校での成績の平均値］やクラス・ランク［訳注：成績の学年順位］まで加味すると、差はさらに開いたという。

また近年の調査からも、こうした傾向はまだ続いていることがわかっている。3人の学者がハーバード大学に対する訴訟から浮かびがった情報を精査したところ、スポーツでスカウトされて入学した学生は、一般受験で入学した学生に比べ、学力が著しく劣っていることが判明した。実際に、スカウトされた受験生は「一般の受験生より合格率が14倍も高く、人数は受験生全体の1％にも満たないにもかかわらず、合格者の10％を占めていた」という。

大学スポーツの権威である社会学者のリック・エクスタインは、スカウトされた受験生にどれほどのメリットがあるかについて、次のようにまとめている。「スポーツの種類、性別、プレーのレベルに関係なく、スカウトされたバーシティチーム選手の学歴（主に共通テストの結果で測られる）は、ほぼ例外なく全学生より劣っていた」

このように、スポーツをしている受験生の入試における優位性は、大学の規模やその大学にあるスポーツチームの数によって、他のすべての受験生に影響を及ぼす。たとえば、ジョージタウン大学では、入学者数1600人中、新1年生アスリートのために158人分の「枠」が設けられている。この枠は、選ばれしアスリートたちのためのものだ。つまり、ジョージタウン大学の入学者の大半――90％強――は、スポーツに関係なく選ばれていることになる。ところがトリニティ大学では、2017年の合格者の半分がスポーツをしている受験生――ついでに言えば、ほとんどが低所得者の多い地域では競技者の少ないフィールドホッケーやレガッタ、スカッシュの選手だった。またアマースト大学では、500人いる入学者の約3分の1がスカウト枠のため、残る340人分の枠は争奪戦となる。このように、学生アスリートのための特別枠が設けられることで、スポーツをしていない受験生のための枠は減り、スポーツをする受験生は大きなチャンスが与えられることとなる。

特別枠の影響は、人種や経済面にも及ぶ。学生アスリート枠が多いほど、大学は入学審査におけるより大きな目標——経済状況および人種の多様性を高める——の達成を、スポーツをしていない受験生で補おうとする。そうなると、郊外の裕福な家庭で育った白人の子供にとって、大学受験での一番の武器はスポーツということになる。一般的な認識とは反するかもしれないが、大学スポーツには白人選手が多すぎる。実際に、大学スポーツ選手の61%は白人選手で、全学生における割合より高い。競技によっては、もっと高い場合もある。たとえば、ラクロスでは85%、サッカーでは66%の選手が白人だ。「大学のスポーツチームについてよくよく考えてみたら、ロッカールームにいるのは白人の裕福な学生たちばかりだ」とセリンゴは書いている。

スカウトされる受験生(とその心配性の親たち)には、入学選考の簡略化というメリットもある。彼らは、アーリー・ディシジョンと呼ばれる、一般的な受験シーズンより早い時期に志望大学を決定する早期出願方法を利用する場合がほとんどだ。これには大学側にも利点がある。同出願方法は合格率に含まれないため、アーリー・ディシジョンを使う受験者が多いほど一般出願枠が減り、倍率が高いように見せかけることができるからだ。

ところが、ほとんどのスポーツをしている受験生は、さらに早い時期から進学先の見当がついている。高校のチームのコーチが、自ら選んだ選手（受験生）の情報を出願期間より前に大学に提出し、選手（受験生）が、同大学が学生アスリートに求める学力基準を満たしていると判断すれば、「合格見込みレター」がもらえるからだ。実質的に合格が約束されたようなものである。スポーツ奨学金がなく、スポーツによる入学の確約をしないディビジョンⅢの大学でも、プレリードと呼ばれる、一般出願期間の前に高校のチームのコーチに推薦された選手が合格の見込みがあるかどうかを知ることができる審査方法がある。『ウォール・ストリート・ジャーナル』紙で教育関連の記事を執筆するメリッサ・コーンとジェニファー・レーヴィッツは、大学入試におけるスポーツ選手への特別扱いは「一般受験生とは別の並行世界《パラレルワールド》ならぬ並行経路《パラレルパスウェイ》のようだ」と表現している。

　受験生にとっての大学スポーツの魅力は、まだ他にもある。奨学金だ。過去数十年で、ＮＣＡＡはスポーツ選手を対象とした奨学金の額を１９９０年代の2・5億ドル（約２９５億円）から２０１９年の36億ドル（約３９００億円）と13・４倍に増額した。６桁もの授業料を捻出するのは苦しいという家庭や、学生ローンを生涯払い続ける不安を抱える受験生にとって、スポーツ奨学金を目指すのは賢いやり方に思えるだろう。そして、多くの親が同じように夢見ている。ＴＤアメリトレード〔訳注：アメリカのオンライン証券会社〕の調査によると、子供にスポーツをさせている家庭の50％が、子供が大学からスポーツ奨学金をもらえるという希望を持っていることがわかった。

高校でスポーツをしている生徒のわずか2％ほどしかスポーツ奨学金をもらえない、それも、競争率の一番高いディビジョンIやIIの大学しか対象ではないなんて、そんなことはどうでも良い。ディビジョンIの選手でさえ、全額支給のスポーツ奨学金をもらえるのは15％に満たず、ほとんどはフットボールかバスケットボールの選手であるという事実も、忘れることにする。あるいは、NCAAに加盟している大学のチームに所属する選手で、スポーツで財政的援助を受けているのは約3分の1しかいないという現実なんて見るものか。目の前にぶら下げられた30億ドルという金額は、途方もない大金だ。とくに低所得家庭にとっては、スポーツ奨学金こそ、大学へと続く一番安くて早い道に見えるだろう。

それがユーススポーツとどう関係あるというのか？　大学のスポーツ奨学金を狙っている家庭では、子供の協力も必要不可欠だ。我が子の大学の選択肢が狭まりつつある不安を抱える、郊外に暮らす白人の中・上流家庭にとっては、ユーススポーツの荒波の中に飛び込むのが最善策のように思えるのかもしれない。「とくに白人の上流家庭の親は、我が子が名門大学に入るにはスポーツしかない、と考えている節がある」とセリンゴは言う。

こうした動機があるから、サイドラインもフィールドの中も深刻で大袈裟なものになるのだろう。大学チームに通用する力をつけるため、子供たちは早くからスポーツを始め、じゅうぶんな練習が必要となる。最高のコーチ、もっともハイレベルなリーグでなければならず、年齢はどんどん低くなっている。ボウディン大学、ブラウン大学、アラバマ大学やデューク大学に入れる可能性が少しでもあるとすれば、小学3年生のトラベルチームに受からなければならない。そして、ゆくゆくはトラベルチームが出場する週末の重要な大会や、3日連続で行われるレガッタの大会に出る必要がある。そういった大会には、大学のコーチが将来有望な選手をスカウトしに来ていて、それまでのあらゆる犠牲が報われるはずだ。

バーシティ・ブルース作戦

大学で活躍できるスポーツ選手を育てるには、親と本人の強い意志が必要だ。練習や試合、トレーニングの複雑を極めるスケジュールを、誰かが管理しなければならない。もし、子供がスポーツに興味を示さなかったら？　あるいは才能がなかったら？　もし、親にこの壮大な目標を達成しようという熱意がなかったら？　もし、あらゆる犠牲を払い、不都合を我慢してまでスポーツをしなくても、スカウトされる受験生と同じメリットを得る方法があったとしたら……。

すべては、起こるべくして起こったのかもしれない。

初めて聞くという人に説明すると、バーシティ・ブルース作戦とは、アメリカ中のあらゆる場所で、罪を犯してでも子供を有名大学に入学させようとした親たちに対するＦＢＩのおとり捜査のコードネームである。この事件では、57人の被告が我が子を有名大学に入れるため、賄賂や詐欺、ゆすり、その他の不正行為に関与していた。ごく簡単に言うと、裕福な親が大学のコーチにお金を渡し、有名大学への入学を約束させていたのである。

計画を思いついたのは、リック・シンガーという男だった。何年ものあいだ、真っ当な大学受験カウンセラーとして働き、それ以前には高校や大学でコーチ経験もあった彼は、大学の入学選考システムに弱点を見つけた。まずは、大学チームのコーチがどの受験生を合格させるか決定するのに大きな影響力を持っていること、そして、そうしたコーチの仕事をチェックする人が少ないことに気づいたのだ。出願書類が山のように届く一流大学の入試担当者たちは、出願者のスポーツの資格に関してはコーチの言葉を信用する。その上、大学はますますアーリー・ディシジョン――スカウトされた受験生のほとんどが利用している――の出願者を好むようになっていた。

シンガーは、我が子を一流大学に入学させるのに必死な親の気持ちを熟知していた。そこで、何人かの親に、ほぼ確実に入学が約束される「通用口《サイドドア》」があると教えたところ、ほとんどの親が飛びついたのである。この「通用口」とは、シンガーが作った偽の財団法人に大金を振り込ませ、それが謀計の協力者である大学のコーチや試験の結果を捏造する業者に渡る仕組みになっていた（通用口は、一般的に受け入れられている謎多き裏口入学《バックドア》――桁違いの金持ちが、大学に数百万ドルもの寄付金を積む――ほどの金額ではないという点で異なった。裏口入学も多額の賄賂が絡むため、違法である）。

コーチは、出願者がスポーツに関する条件を満たしていることを保証する（なかには、プレーしたこともない競技でスカウトされようとしていた出願者もいた）だけで良く、シンガーは、出願願書に嘘のスポーツの資格を書き、親は、賄賂を渡し、計画が成功するよう子供も巻き込み、必要となれば証拠写真を提供した。デヴィン・スローンという父親は、息子に水球の格好をさせ、自宅のプールで撮影した写真を本物らしく加工し、その写真は水球でスカウトされたとして南カリフォルニア大学に提出された息子の願書に添付されていた。

2019年3月にニュースが報じられると、激しい怒りと驚きの声が上がった。事件に関わった中には、有名人や億万長者がいたからである。女優のフェリシティ・ハフマンは、娘のSATスコアを上げるために1万5000ドル［訳注：当時の為替（1ドル140円）で計算すると210万円］を払っていた。また、米資産運用大手ピムコの元CEOの富豪ダグラス・ホッジは、4人の子供たちを大学へ不正入学させるため巨額の賄賂を行っていた。この事件によって、羨望の的であった一流のジョージタウン大学やスタンフォード大学、南カリフォルニア大学は内側から崩壊していった。ハフマンの裁判を担当した裁判官が語ったのは、世間一般が持っている見解と同じだった。「そもそも金と名声に歪められたシステム自体に大きな憤りを感じざるを得ない」

道徳心に欠けた俳優の嘆かわしい行いを晒したバーシティ・ブルース作戦は、多くの関心を集めた。登場人物のわかりやすい特権と恥知らずな犯行内容から、非難しやすかったのだろう。同時に、富豪や有力者にも、一般人と同じように格好悪い面があることも判明した。彼らもやはり、一流大学に憧れ、受験に躍起になり、我が子が有利になる方法を探すのに必死なのだ。彼らは、子供たちがラクロスやテニスの経験を積み、州外のトーナメントやトレーニングのためにあちこちへ運転して回るのではなく、それと同じ結果が得られる近道を選んでいたのである。

この壮大な悪だくみは、大学スポーツと入学選考との関係性に容赦ない光をあてた。「バーシティ・ブルース作戦のスキャンダルは、悪徳な仲介人とそれを雇った権力を持つ親に責任があるような印象を与えたが、もし、大学がスカウトしたスポーツ選手だけを優遇する裏口を作っていなければ、スキャンダルそのものが起こらなかったはずだ」とエクスタインは言う。

スポーツの目的

ある意味、つじつまが合う。過去25年間における大学の変化——法外な授業料、スポーツチームの増加、さらにはスポーツをしている受験生を優遇する入学選考——に加え、一流大学の価値がより上がったことで、アメリカ中のフィールドや体育館の様子も大きく変わった。子供たちはKedsのスニーカー〔訳注：Kedsは20世紀初頭からあるスニーカーブランド。世界中で長く愛され、定番スニーカーとして知られている〕で走り回ったり、フリスビーで遊んだり、その場に居合わせたメンバーで作った即席チームでバスケットボールの試合を楽しむことをしなくなった。それどころか、ユニフォームを着て、クリップボードを持ったコーチの話に真剣に耳を傾け、仲間たちと差をつけようと励んでいる。彼らのスポーツには目的がある。そして多くの家庭にとって、その目的とは取引——スポーツに励むのと引き換えに、大学に入ることができる——だ。

とくに（遅くとも）11年生、大学のコーチが若い才能を探しているこの時期までに、高校生アスリートは実力を発揮できるようになっていなければならない。走ることの素晴らしさにはかり気を取られていた新人コーチ（私）のミスで大会にエントリーしそびれたとき、マリーの両親が激怒したのには、こうした理由があったのだ。あるいは、住んでいる地域によっては、幼い子供を持つ友人同士で頻繁にトライアウトや大会やチームの話になるのも、これが原因だ。もう、逃れられない。

私たちが知らないところで、ユーススポーツは別の、もっと大きな目的のための手段となっていたのである。

PART 02

現代の子供のスポーツにおける6つのパラドックス

チームスポーツに励む子供には、さまざまなメリットがある

私自身も複数のスポーツを経験し、良かったと思えることがたくさんある。今でも、ほとんどの日に5マイル（約8㎞）のランニングに出かけるか、ジムでトレーナーに厳しく鍛えてもらっている。子供の頃にスポーツをしていたからこそ、私たち夫婦は3人の子供たちをソファから引きずり下ろし、結果はまちまちだったが、スポーツの世界に放り込んだのだ。健康！ 忍耐！ 友情！ はるか昔にクロスカントリーのコーチを始めたのも、健康のためだった。それに、ほんの一握りでも良いから、次世代の若者たちに走ることの素晴らしさや、長いあいだ私自身の支えとなっている日々の習慣を共有したかったのである。

ところが、ユーススポーツに起きた数々の変化によって、その思いは脅かされることとなった。スポーツ医療の現場で働く小児科医のヘザー・バーグソンは、子供のスポーツがもたらす新たな夢や希望の影響を、膝

前十字靭帯損傷というかたちで見るようになったと話す。「ユーススポーツの良さが失われるかもしれない。私たちは、台無しにしてしまった」

スポーツそのものが悪いのではない。子供たちへの伝え方が、大きな犠牲を生んでいるのだ。私たちが許してしまった、さまざまな思惑や欲望を助長する仕組み――その場しのぎで、分散されていて、責任者不在――が、スポーツに励む子供を持つ親を奴隷状態にしている。一方で、現代の度を越したスポーツ事情に費やせる経済力も時間もない、低所得家庭の子供たちの多くは、状況についていけないまでも、スポーツ本来の楽しみ方――適度で、大人の過度な干渉がない――ができている。「今のユーススポーツは、良くて機能不全、最悪な言い方をすれば、壊れてしまっている」と、アスペン研究所のスポーツと社会プログラムでリーダーを務めるトム・ファレイは言う。

第2部では、この歪んだシステムが生み出した6つのパラドックスについて見ていきたい。

04

The Myth of Character Building

人格形成という神話

ある夏、エネルギッシュでじっとしているのが嫌いだった母は、私たちきょうだいを地元の公共のテニスコートに連れ出した。母を含め、誰もテニスのやり方を知らなかったにもかかわらず、テニスをするという彼女の決意は固かった。サマーキャンプに入っていない——お金がかかりすぎるからだった——とはいえ、5人の子供たちが何もせずに家の中でダラダラと『恋愛専科——アメリカ式愛のテクニック』［訳注：1969～1974年にアメリカで放映されていたラブコメドラマ］に夢中になり、エアコンをつけてくれとごねるのを見かねて、行動を起こすことにしたのだろう。母は、テニスをするよう子供たちを説き伏せた。そして夏が終わるまで、私たちを一度に何人かずつ高校の隣にあった緑色の硬いコートに連れて行き、テニスの基本を教えたのだった。

そこはニュージャージー州のマディソンという、白人の中流家庭が多く住む郊外の町で、ウォール街のビジネスパーソンが住むにはぎりぎり遠かったが、ニューヨーク市にほど近いため、会社経営者や電気工事士、教師が、ほど良いバランスで暮らしていた。フットボールが絶対的人気を誇り、高校のフットボールチームのヘッドコーチは、その厳しさゆえ（一部の人たちから）愛され、また、技術の向上やスポーツマンシップを重視するテニスやゴルフなど上品なスポーツのファンも多い土地柄だった。

私のきょうだいは、女の子が4人と男の子が1人で、私が末っ子だ。一番上の姉と兄はテニスがまるで向いていないようだった。強く打ちすぎたボールがコートを囲うフェンスを飛び越え、何人かがかりで、触ると肌がかぶれて危険なツタウルシがたくさん生えている林の中を探しに行かなければならなかったり、逆に弱く打ちすぎたボールがネットに引っかかるか、別のコートのほうへ転がっていってしまったり。「プレー」の95％は、ボールの回収、同じくテニスをしに来ていた他の人たちに謝る、またもや変な方角へボールを飛ばしてしまったラケットに悪態をつく、といったことに費やされた。ところが、あとの3人と母は頑張って続け、少しずつラリーができるようになっていった。そして最初の夏、その次の夏が終わる頃には、冬のあいだに両親がお金を出してレッスンを受けさせてくれた甲斐もあって、それなりに恥ずかしくない試合ができるようになっていた。子供時代に経験したソフトボールやランニングなどその他のスポーツと同じように、テニスは、スポーツ以外のことでは学べないことを教えてくれ、私を成長させてくれた。

多くの親がそうであるように、私の両親も、スポーツは己を知り、人格を形成するためのものとして考えていたようだ。子供たちの小さな活躍（テニスコートで育まれる友情も含め）を喜びつつ、それ以上に、ストレスや困難を受け止め、跳ね返す力として知られるレジリエンスや自制心、人間関係を学ぶことを願っていたのである。父は、ダラダラして過ごすのは道徳の欠如につながると信じ、思春期の若者には目的が必要だという考えも持っていた。表現の仕方は少し違うかもしれないが、私が知っているユーススポーツに熱心な大人たちも、似たようなことを思っているはずだ。彼らが子供にスポーツをさせようとするのは、私と同じく、スポーツは子供の発達にとって重要な役割を果たすと信じているからだろう。

それは、コーチたちも一緒だ。「もし私の生活が、選手が相手チームのゴールにボールを投げ入れることにかかっていたとしたら、私は自分の存在を正当化するのが難しくなるよ」と、水球のコーチでスポーツ倫理学者のジャック・ボーウェンは言う。すべてのトレーニング、本人や親、コーチが費やす時間や努力は、勝つためだけのものではない。

こうした考え方には、正当な理由がある。児童心理学者や小児発達の専門家が、ユーススポーツは教育に良いと口を揃えるだけでなく、過去や現代の哲学者も、スポーツは人の成長に必要不可欠だと言い続けてきた。「スポーツは、より高い徳を学ぶきっかけになり得る」とボーウェンは言う。ほとんどの子供は自分の意思でチームに入るため、技術を磨き、学ぼうとする意欲が高い。「スポーツは、独自の方法で道徳を身につけさせてくれる」

私自身も、これまでにコーチした何百人というランナーたちの成長を目撃してきた——だんだんと自分の体に慣れ、練習や試合を通して確かな誇りを手に入れ、自己認識の芽生えが見られることもあった。ところが、このような成長は必ずしも見られるわけではない。スポーツとは本質的に、健全な、価値あるものだと信じたい気持ちはあるものの、スポーツを通じて子供が何を学ぶかは環境次第だ。そして、その環境は親世代のそれとは異なってきている。ユーススポーツの生態系——私たち親は、その中心にいる——は、お金にまみれ、さまざまな要因で過剰に盛り上げられ、大学の授業料や入学選考の駆け引きに使われるようになったことで変化し、子供たちの人格を形成するどころか、損なわせているかもしれない。

スポーツの価値と神話

スポーツをするとき、私たちは、スポーツにどのような意味があり、自分たちに何をしてくれるかを説いた、いくつかの神話を信じている。そのことについて、ジェイ・コークリーと長時間語り合ったのは、彼がコロラド大学の教授を退職してすぐの2017年秋のことだった。ジェイはずっと、彼が「偉大なるスポーツ神話」と名付けた、スポーツは本質的には善良で、いつでも個人や集団の健康を助長し、スポーツをする者はその善良さを吸収する、という多くの人から信じられてきた神話に関心を持ち続けてきた。これらの神話は、競争することの価値や成功は相応しき者だけが手に入れられる、などのすでに定着している文化的メッセージを補強してくれる。そのため、しっかりと検証されていない、何やら怪しげな説ばかりであるにもかかわらず、異議を唱えようとする人が少ない。「私たちは、スポーツは人格を形成し、チームワークを築くと思っているが、それを裏づける研究は1つもないんだ」とコークリーは言った。

ハーバード大学主導の「優しさを当たり前にする」プロジェクト（子供の道徳心や社会性を家庭や学校で育むことを目的とした国家的プロジェクト）を運営する子供・家族セラピスト、リチャード・ワイスボードにも話を聞いてみた。すると彼は、私たち大人が信じているスポーツにまつわる神話の中でもっとも致命的なのが、スポーツは子供の本質を明らかにする、という誤った認識だと言った。

この認識が正しいとすれば、決勝戦の9回裏で強敵のピッチャーを睨みつける男の子には、素質がある――精神力があり、プレッシャーや逆境に強い――ということになる。ところが実際には、特定の環境で、たった1つの試合でそうできただけなのであって、教室や家族、友達と過ごしているときも同じことができるかはわからない。その逆も同じで、接戦でミスをした、あるいは、腹が立ったからという理由だけでスポーツを辞めてしまった子供が、別の場所では自信に溢れ、粘り強さを見せているかもしれない。実際には、ワイスボードが言うように「スポーツは、その人のもっとも重要な人間性を明らかにするものではない」のである。

コーチや親が重視しているのは、アメリカの完全に異なる2つの価値観のどちらかである場合が多い。1つ目は、根性やレジリエンス、勇気、犠牲――とくに労働階級や低所得層が重視する「戦士気質」が含まれる、とワイスボードは著書の『The Parents We Mean to Be（私たちがなりたかった親）』（未邦訳）で書いている――などが含まれる。スポーツは、これらの気質を明らかにするとし、練習や試合でそれが確認できた子供は称賛された。この神話の信者たちは、ユーススポーツの最大の目的は子供に逆境を経験させ、上手に乗り越える力をつけさせることだと信じている。

一方で、裕福な（多くは郊外に住む）人たちは、もう1つの神話を信じている可能性が高い。彼らは、ユーススポーツとは協調性や自己肯定感、共感力を伝える方法の1つだと考えているため、他人と協力して楽しむことを子供たちに教えるものとして推奨されている。

ほとんどのコミュニティやチームは、相反するように思えるこの2つの神話を少しずつ混ぜたような価値観を持つ。前者の「スポーツ根性論者」は、後者の「スポーツは楽しむべき論者」が参加賞を配ることを非難し（ひ弱め！）、スポーツは楽しむべき論者は、スポーツ根性論者がスポーツを大袈裟に扱いすぎていると冷ややかに批判している（筋肉馬鹿め！）。客観的な立場からすれば、子供がどれほどスポーツの才能に恵まれているか、あるいは、自分たちがどれほどお金や労力を注いでいるかによって親が勝手にそう主張しているだけで、どちらの価値観にも柔軟性はあるように思える。

どちらの価値観も、子供の発達を助長する、あるいは妨げる可能性を持っている、とワイスボードは書く。頑張った者には褒美を与え、努力することを当然とし、根拠のない称賛はせず、困難は乗り越えられるという強い考えを持つ厳しいコーチは、子供の精神的な成長を助長する可能性がある。ところが、たとえば試合の重要な場面で失敗した子供を、弱いやつだと見限ってしまうような極端なコーチでは、子供は傷つき、体調を崩す場合もあるかもしれない。逆に、根性よりチームワークや楽しむことを優先するスポーツは、プレッシャーや緊迫感が少なく、ごく平均的な運動神経の子供を含め、さまざまなタイプの子供が友達を作り、楽しむことができる。その反面、「スポーツは楽しむべき」環境にいる子供たちで、家では「勝ち負けは関係ない」と言っているのに、いざ試合になると審判に怒鳴ったり、我が子に大声で指示を出したりする親の態度に混乱している子供たちも多いだろう。あるいは真の厳しい競争から得られる深い達成感や人格形成の可能性を逃している、という可能性も考えられる。

経験上、スポーツは、厳しさも楽しさも味わえるものだと思っている。実際に、私は走ることを通して、楽しみ――成長も――は困難から生まれることを教わった。

スポーツを通して成長する

私がソフトボールを始めたのは6歳の頃だ。最初は少し斜めになっている庭で姉のキャシーとボールを投げ合っていたのが、やがて家の前の通りで父が高く上げてくれるフライボールをキャッチするようになり、年齢が足りるようになるとすぐに町のチームに入った。1970年代当時はタイトル・ナインが成立したばかりで、女の子は6年生からチームに所属できた。チーム名はホーム・ライフという今はなき保険会社の名前からつけられ、私たち中学生は、私の家から角を曲がったところにあったデコボコのグラウンドで、週に2回練習していた。そして、毎週日曜日は、レモン色のユニフォームを着て7イニング制の試合をした。

コーチは私の母だった。5人の子供たちを食べさせていくため、すでにスケジュールはパンパンで、小さなコンサルタント業をどうにか成り立たせつつ、日によっては夜も、当時手伝っていた複数の非営利団体のミーティングに参加していた母にとって、大変なことだったはずだ。それでもコーチを引き受けたのは、『新しい女性の創造』〔訳注：1963年にアメリカで出版された、女性の新しい生き方を示したベストセラー。邦訳版は大和書房より刊行〕の影響だったのだろう。夕飯時にニクソン元大統領を批判したかと思えば、父に食べ終わった食器を流しに運ぶよう注意するようになっていた。理由を聞いたことはないが、息が詰まる台所から抜け出し、4人の娘たちに女性のリーダーとしての背中を見せたかったのかもしれない。そのシーズンで私が唯一覚えているのは、その後二度と打つことはなかった満塁ホームランを打ったことだ。

その後、高校のチームでのコーチは、元女子リーグの選手だったという、ものすごく小柄なイタリア人の女性だった。マーラコーチのソフトボールに対する情熱はすさまじく、私たちも同じく情熱的になることが求められた。月曜日から土曜日まで練習し、雨が酷い日は体育館の硬い床の上で守備の練習をし、小雨のときは教員用の駐車場に、内野に見立てたスペースを作って練習した。試合を想定した練習を毎日行い、戦略や技術のトレーニングを積み、ソフトボールを何よりも優先するよう命じられた。チャンピオンになりたければ、学校や家族、友達よりソフトボールを優先させ、それ以外は犠牲にし、ソフトボールに人生を捧げ、どんなに苦しくても耐えろ、と言うのである。

私たちのチームには、才能がある選手や経験豊富な選手ばかりが在籍していた。ところが、彼女たちは練習ではすごいプレーができるのに、なぜか大切な試合になるとボロボロだった。負けると、コーチは全員をロッカールームに集め、私たちが犯した数々の不注意によるミスについて、長々と説教をした。

「あのプレーの練習を何度したと思っているの？」「1塁への送球はバックアップしなきゃいけないでしょう！」「盗塁されたとき、3塁に走者がいるのに2塁に送球するなんて、何を考えていたの？」

コーチは腕を振り上げ、何人かの選手を名指ししつつ、大半は私たちの不運を嘆いていた。彼女は怒り、戸惑うと同時に、説明がつかない試合中の不幸を、コーチである自分の力不足と解釈していたようだった。私たちはコーチを尊敬していたため、彼女の説教にも反論はしなかった。コーチと同じく、私たちにも失敗する理由がわからなかったのだ。そして、残念な結果に終わったシーズンの最後に彼女がコーチを辞めてしまうと、私たちは自分たちを責めた。

次のシーズンは、新しいコーチがやってきた。若い元野球選手で、おでこに豊かな金髪がかかり、顔全体を覆ってしまいそうなほど大きな鼻をしていた。彼も怒鳴ったが、前のコーチとは違い、個人ではなく全体に対してだった。すると、前年にはなかった絆のようなものが生まれ、接戦でパニックになることが少なくなっていったのである。

ただし、このシーズン中盤については、私の家族が見舞われた悲劇のせいで、ほとんど記憶に残っていない。

ある4月の曇った木曜日の午後、チームはフィールドに散らばり、コーチがランダムに打つゴロやフライを待っていた。私がいたショートの位置からは、フィールドの横の道がよく見えたため、1塁線側の駐車スペースにAMCペーサーが停まるのが見えると、すぐに父の車だとわかった。父が来ることはわかっていたので、木曜日の夕方に、お父さんがこんなところで何をしているのだろう？　とは少しも思わなかった。その日の朝、姉が病院に救急搬送されていたからだ。詳しい内容は伏せるが、私たち家族は、それから先ずっと彼女の病気と付き合っていくことになる。

　父は、フィールドを囲むフェンスの前まで歩いてくると、私に合図した。コーチに向かって父を指さすと、彼は頷いてみせた。行け。父は、会社から直接来たかのように、スーツを着ていた。片手をズボンのポケットに突っ込み、反対の手で錆びたフェンスの金網を掴んでいる。モーリスタウン記念病院のＩＣＵにいる姉のことは、母がついているから大丈夫であることと、練習は早退せずにあとで来るようにと伝えに来た。父は、崩れ落ちたり、泣いたりするようなタイプではなかったが、疲れ果て、精神的にも不安定に見え、家族が自分の力ではどうにもできない悲劇に襲われた事実に打ちひしがれていた。優しげな茶色い瞳は、いつもに増して柔らかく見えた。

　私はフィールドに引き返し、ショートの練習に戻った。その後は、誰もが普段以上に静かで、私の状況を思いやってくれているようだった。チームの誰もが確実に知っていたはずなのに、「大変ね」と声をかけたり、「何があったの？」と聞いたりする子はいなかった。ただ塁から塁へと送球し、脚のあいだをすり抜けようとするボールを土の上からすくい取ったり、コーチが本塁ベースに向かって軽く放るボールを目がけてバットを振ったりしていた。そうした動きのリズムも、チームのみんなとの目に見えない強い結びつきが感じられるのも心地が良かった。チームメイトであり友達でもある――彼女たちは何も言わず、ただ私に寄り添ってくれていた。

そしてシーズンが進むと、チームは州大会の決勝戦に進出し圧勝した。私たちは、フィールドの上で大いに盛り上がってから空っぽになった学校の駐車場に戻り、家路についた。州のチャンピオンだ！　我が校初の快挙！　月曜日、まだ優勝の興奮さめやらぬまま校内を悠然と歩き、ロッカーやカフェテリアのテーブルにたむろする生徒たちや退屈そうに教室のドアの前に立っている先生たちを見ては、何か言われるのを待った。カフェテリアでは、優勝したことを知る友人たちが私を見て「おめでとう」と一声かけると、すぐにまた食事に戻った。それに比べ、ソフトボールチームの仲間たちは違っていた。

「あのライナーに飛び込んでダブルプレーを取ったの、すごくなかった？」「デブが3塁打を2回も打つなんてね！」

私たちの中では試合はまだ終わっておらず、このときも勝利を生々しく思い出しては興奮していた。あれから40数年経った今も、バッターボックスまで大股で歩き、センターヒットを放ち、ベンチを沸かせたのをよく覚えている。

ところが、いつまでも浮かれ続けるのは、本人たちにさえ難しかった。翌週末、キャプテンがバーベキューパーティーを主催してくれることになり、誰かの家に集まった。とくに仲良い者同士に分かれ、決勝戦直後と同じように居間のソファでお互いの上に重なり、じゃれ合う子たちもいた。その後、全員でバーガーとサラダを持ってテーブルにつき、お喋りに花を咲かせた。しかし、優勝から1週間経ち、練習がない日が5日続いていたため、私たちの絆はすでに薄まっているように感じられた。パーティーから帰るとき、私は彼女たちとの固い仲間意識が失われたショックで腹痛になってしまった。解散は避けられないことや、あのような情熱を記憶だけで維持するのは無理なことを学んだ。

私にとって最後のソフトボールのシーズンは、最悪だった。州大会で優勝したメンバーの大半が卒業し、代わりに入ってきた子たちは経験も技術もなかった。さらに、何を思ったのか高校が前年度のコーチを解雇し、常にニコニコしている、何に対しても適当で呑気な体育教師を後任に据えたのである。練習は、コーチが内野に10数本ノックを打ち、何人かにバッティングをさせ、4時15分で終了した。彼はチームが酷い状態であることなど気にも留めず、私たちが練習に顔を出しただけで偉いと称え、半分も努力していなくても褒めた。あれほど優しい人はいないと思うのと同時に、どうしようもないコーチだった。記憶が正しければ、あのシーズンは全敗したはずだ。

今になると、子供の頃のテニスやソフトボールの経験が、自分の人格形成に最大限に役立ったと断言できる。私の人生に欠けていた、過酷な（ただし、最終的にはたいしたことのない）状況――満塁、2アウト、2ストライク――に放り込まれたことで、耐えられないと思ったプレッシャーにも耐えられるようになり、何とかなることを学んだ。さらに、変わり続けるコーチやチームメイトと共に励む中で、他人と仲良くなり、協力し合うことも教わった。とくに大きかったのが、テニスとソフトボールに真剣に取り組む中で、自分を深く理解できたことだ。

私は自意識が高く、自分の世界に閉じこもりがちで、不安になりやすく、自責の念に駆られやすい子供だった。そういったハンデがあっても、自分は他人より優れた身体能力を持つスポーツ選手だと思えるようになっていった。それは私にとって未知であった「自信」というものの始まりであり、その後はさらに成長し、他のスポーツをするようになると、より大きく膨らんだ。

スポーツは人格形成に役立つ？

スポーツが人格形成に役立つという完璧な証拠はない。スポーツと人格形成の関連に関するメタ分析の結果からも明らかだ。「40年にわたり、20人以上の研究者が、小さな子供や高校生、大学生、オリンピックレベルのアスリートを含め、何万人ものスポーツをする人としない人の両方を調査してきたが、とくにスポーツマンシップや道徳的推論能力を育てるといった意味で、スポーツが人格を形成する活動であるという見解を支持する結果は出ていない」

コーチによっては、互いに助け合うチーム文化を作り、選手たちに良い習慣を促すことが確かに可能だ。「だからといって、それが教室や職場、家でも発揮できるとは限らない」とジェイ・コークリーは言う。

さらに、スポーツのチームだけが、他人と協力し合うことを学ぶ場ではない。また、どの経験が人を規律正しい、あるいは協力的な人間にしたかを特定するのは不可能だ。「私は、大学以前もその先もずっとスポーツを続けてきたが、それ以外にも今の自分を作り上げただろう経験をいくつもしてきた」とコークリーは言う。ただ純粋に、子供の人格にスポーツが与える影響を、それ以外の経験から切り離して評価できるだけのデータはまだない。

とはいえ、子供はスポーツから何も学べない、コーチが子供の成長に長期的な影響を与えることはできない、というわけでもない。ワイスボードが見たところ、子供はスポーツを通して「発見」はするものの、「何を」吸収するかは状況次第だという。コーチが選手を侮辱したり、競わせてばかりいたり、子供たちの気持ちを蔑《ないがし》ろにしたり、レフェリーに生意気な口答えをするのを容認したり、親への対応を間違えたりすると、子供たちはマイナスなことばかり学ぶことになる。「そうした状況では、子供たちにとってスポーツが有害となる可能性がある」とワイスボードは言う。反対に、コーチがチームやレフェリーに対して公平に、敬意を持って接していたり、相手チームを含め、どちらのチームの選手に対しても共感できるよう、また、負けを受け入れられるような指導をしていたり、対戦相手に感謝し、敬意を払うよう教えられていれば、もちろんスポーツが良い人格を育てることはできるだろう。つまり、すべては状況次第である。

証拠がないため、世間では哲学者や児童発達の専門家、普通の大人たちが、スポーツが自分の人生を形成したとする持論や証言を展開している。

「高校スポーツでの経験が私を立派な大人にしてくれた」とメールに書いてきたのは、マギー・リンチという24歳の女性だ。

大学を卒業したばかりのエイダン・コンリーは、高校時代にフットボールとラクロスをしていたといい、「絶対に諦めないこと、それと外野からの雑音を無視することを学んだ」と言った。また、27歳のジャッキー・ヤングは、10代の頃にやっていたバレーボールとソフトボール、バスケットボールを通して、他人と協力し合うことや集団に対する自分の責任を理解することを学んだと話した（授業などで行うグループ活動では異なる感想を持ったという。「自分が利用されているように感じた」そうだ）。

記憶はコントロール実験〔訳注：ある条件の効果を調べるため、他の条件をまったく同じにして、その条件のみを除いて行う実験〕ではないとはいえ、これほど多くの、説得力に富む報告があるというのは驚きである。実際に、大人になるまでにスポーツをしていた人は、競技場やチームバスの中で起きた印象的な出来事を瞬時に思い出せるという。

また、違ったかたちでのスポーツを通じた成長もある。競技スポーツでは、自分や他人の強烈な感情と向き合わざるを得ないため、競技中に生じる怒りや悲しみ、羞恥心、喜びといった感情に対処できるようになる。さらに、健全なスポーツ環境なら、自分の攻撃性をコントロールする方法も学べるはずだ。つまるところ、試合とはチームや個人が互いに競い合い、相手を負かす――必要があれば攻撃的に――のが目的である。とはいえ、終われば誰しもが同じ人間同士、ともすれば友人同士に戻り、攻撃性は消されなければならない。「相手に対する敵意は、試合によって作られたフィクションの一種でしかなく、相手自身とはまったく無関係である――つまり、自分たちが無理に敵を作り出していただけ――と気づくこと以上に、他人を傷つけることへの強力な抑止力は思いつかない」とワイスボードは書いている。

正しい指導者に恵まれれば、対戦相手の技術を認められたり、弱い選手のミスを許せたり、完璧ではないレフェリーにも敬意を払えるようになるなど、スポーツを通じて他の道徳的美徳も身につく。ワイスボードは、これらの「努力を要する道徳心」は共感力を育て、子供は自分がどれほど強い感情を持っていたとしても、それが最優先ではないこと（他人の感情や経験も同じように重要であること）を学ぶ、と続けている。

また、哲学教授のドリュー・ハイランドは、スポーツに真剣に取り組むことで、2つの大きな内面的成長のきっかけを作れると言う。「深く情熱的な献身と自己認識の経験」。ハイランドは、自身のバスケットボール経験を引き合いに出し、スポーツからいかに大きな影響を受けたかを話してくれた。「小学校から大学までの教育機関でした経験で、バスケットボールでの経験以上に、自己認識を育ててくれたものはなかった。どの授業やコースよりも、自分の能力や限界、妥協することや自分の意見を主張することを教えてくれた」

スポーツが人格形成に役立つことがもっともわかりやすい例が、元高校のフットボール選手で、バージニア大学の英語学部教授を務めるマーク・エドモンドソンだ。彼は、2012年に高等教育の専門紙『ザ・クロニクル・オブ・ハイヤー・エデュケーション』で発表したスポーツと人格に関する論文の中で、フットボールが戦士気質のコミュニティで重視されている、道徳的な成長を促すことについて解説している。

エドモンドソンは、身体的にこそ恵まれていなかったが――「ウエスト回りはぷよぷよで、近視だし、とくに足が速いわけでもなく、機敏さは微塵もなかった」――夏の暑い時期の1日

2回の過酷な練習やコーチの定期的なしごきにも負けることなく、フットボールを続けた。周囲の予想を裏切り、他の才能ある選手たちよりも粘り強く、一定の敬意を得た。「私は、それまでよりタフで、大胆な人間に成長した」と彼は書いている。

エドモンドソンは、悩みだった自意識過剰に打ち勝ち、他人から押しつけられる基準ではなく、自分自身の基準で己を評価できるようになった。普段の練習や、来る日も来る日も繰り返される厳しいトレーニングによって、そうした長期的な変化がもたらされたという。さらに、フットボールで培われたレジリエンスと粘り強さのおかげで、大学院での長い過酷な時期や、それに続く厳しい就職活動の時期も乗り越えることができた。

ところが、悪影響もあった。日常的に行われる組織的な暴力のせいで野蛮になり、フットボールのヒエラルキー的な性質の影響で、権力や他人を支配することに興味を示すようになっていた。エドモンドソンは、物理的に支配するという考え方に慣れてしまったこと、また、そういったマインドセットを手放すのは難しいことに気づいたと言い、「相手の口にパンチを食らわすのが一度でも選択肢に含まれるようになると——大人になってから何度かやると——やめるのは不可能に近い」と続けた。彼には、自分がいる環境が、いかに同性愛者を差別し、筋肉至上主義だった結果、優しさを敵視しているかがわかったという。

こうした彼の経験を裏づける研究がいくつかある。たとえば、レスリングやフットボールをする子供は、スポーツをしない子供より暴力的である確率が40％高いという。この研究を行ったデレック・クリーガーは、「選手たちは競技で暴力性を評価されるため、競技の外でも暴力的であることが推奨されている」と説明する。また、1600人の男子高校生のアスリートに調査を行ったところ、フットボールとバスケットボールをしている生徒は、他のスポーツをしている生徒に比べ、恋人に暴力をふるう確率が2倍高いことが判明した。さらに、高校生アスリートの飲酒に関する研究のほとんどで、彼らと飲酒との関連性があることが認められたが、どちらが「原因」かは明らかになっていない。また、この相関関係は、高所得者が住む地域でより強くなることがわかっている。

私たちが子供をフィールドに送迎するのは、親が私たちにしてくれたのと同じ理由――スポーツが人格形成に役立つと信じている――からだ。ところが、それが事実であるという証拠が足りていないどころか、現代の子供たちの環境では逆効果になる可能性が高い。コークリーは、過去20年間でユーススポーツに起きた変化は、人格形成の妨げになっていると話す。「子供と親のどちらにとっても、スポーツはどんどん残酷になり、競争は激化している」「スポーツ以外の活動もしていたおかげで、現代のユーススポーツのシステムを生き延びた子供たちもいる。スポーツをしていたにもかかわらず、まあまあ立派な23歳の大人になれた」とコークリーは続けた。

スポーツが人格形成に役立つという総意があったとして、子供がスポーツから何を得るかは、変化を続けながら複雑に絡み合う数々の要因によって、まったく異なる。地域の価値観、親のスポーツに対する姿勢、コーチの態度や指導法、子供自身の気質や体調、その他多くのよくわからない要因によって、子供がスポーツを通じて何を学ぶかは決まる。スポーツとは、私たちが勝手に意味を注ぎ込んでいる、空っぽの容器のようなものなのである。

02
05

The Parent Trap

罠にかかったパパとママ

子供のスポーツへの親の取り組みや態度は、子供が親から学ぶことの中心となる。学ぶ喜びを説く一方で成績にこだわるのと同じく、私たち親は、スポーツでも相反するメッセージを発している場合が多い。

チームワークだ、自己鍛錬だと力説するくせに、スポーツにおける結果、とくに最終スコアにこだわる。コーチ時代、こうした現象を何度も見てきたが、とくに印象に残っているのが、俊足なのにやる気がない娘に対し、レースで20着以内に入れたらiPodを買う約束をしていた父親だ。また、それ以上に頻繁に目撃したのが、レースが終わるや否や「タイムはどうだった?」と娘に聞く母親たちの姿である。

はっきり言って、私も彼らと変わらなかった。ポール(息子)のバスケットボールの試合を見に行けなかったとき、彼が帰宅してすぐにしていた質問が、「勝った?」と「何点入れた?」の2つだった(それから急いで「楽しかった?」と付け加えていた)。子供はこうした偽善に気づいていて、お父さんとお母さんは——少なくとも子供に対して——完全に正直ではないこと、さらに、おそらく自分たち自身に対しても正直ではないことを学ぶのだ。

ワイスボードが子供の学校の成績に固執する親について書いていたことは、スポーツにも当てはまる。「だんだんと毒性が強まる伝染病のようだ——親たちは互いに悪影響を与え、より悪化させている」

ここでのパラドックスは、私たち親が表しているのが、スポーツ愛でも生涯続く健康への深い感謝でもない、ということだ。

目の前の勝利や目に見える成功に必死なのは、子供や自分のステータスに対する不安の表れである。これは、私たちだけのせいではない。ユーススポーツ産業が拡大し、私たちに対する期待も高くなった。これほど大きな文化的な力に抗うには、相当な気骨がなければ無理だろう。ところが、子供の勝ち負けに執着し、彼らのスポーツの言いなりになることで、大人とは「できるだけなるのを遅らせたい、あるいは、可能であればならないで済ませたい、暗い目的地」であるというメッセージを送ってしまっているのである。また、コーチを激しく罵ったり、彼らの能力を非難したりするのは、真面目に頑張っている大人は尊敬に値しないピエロだと言っているようなものだ。また、子供のスポーツにおける成長が、きょうだいや配偶者を含め、他のすべてのものより重視されている場合では、家族が一緒に過ごすことさえ優先すべきではない、と言っているのと同じである。実際に、私たちは子供の試合が、ただでさえ少ない家族の時間を少しずつ削ることを許している。

親が子供に見せるお手本

その日の朝は6月半ばにしては酷暑で、太陽の熱と湿気が合わさり、屋外で過ごすのは恐ろしくさえ感じられた。芝生は目に見えて伸びているようで、まるで腐ったバナナの上に群がるコバエのように、どこからともなく蚊やブヨが現れた。空気中に、芝と泥のにおいが漂っている。嫌な状況だ——とくに家から車で40分かかるところで開催される週末のラクロスの大会には——と私は思った。

試合が行われるフィールド、と言うよりフィールド「たち」とするべきかもしれない。どこまでも続く芝生の広場がゴールや杭、あるいは芝生用のペイントで引かれた白い線によって区切られている。私は、ポールのチームを探した。見つけるのは、かなり大変だ。地平線を見渡すかぎり、揃いの色に身を包んだ何十人という男の子たちが、人工芝に作られたフィールドに立ち、それを大人たちが横で見ている。遠くからだと、誰もが同じに見えた。ほとんどが白人の、成熟した大人と青年の狭間にいるような男の子たちは、ヘルメットや防具のせいで見分けがつかない。しばらくのあいだ、いくつかのフィールドを覗きながら歩き回っていると、汗だくになった。そして、ようやく息子たちを見つけて近づくと、やっと様子がわかった。

男の子たちは、それぞれのスポーツチェアの上でくつろいでおり、両脚を前に長く伸ばして、ナイロン製の背もたれ部分に背骨が浮き上がるほど深く座っていた。ヘルメットを外し、膝の上にはゲータレードのペットボトル、半分に切ったベーグルとフルーツがたくさん盛りつけられた紙皿が乗っている。照りつける太陽から守られたところで、チームメイトや友達とスポーツについて語り合う姿は、とてもリラックスしていて楽しそうだ——まるで水を得た魚のようである。

観戦に来ていた母親や父親の何人かは、日差しから守られているテントの外に立ち、目の上に手をかざして日陰になっている場所を探しているようだった。その他の親は、赤いチェックのクロスがかけられた長テーブルのうしろに集まり、何やら軍隊の料理人のような作業をしている。男性陣はベーグルを半分にスライスし、オレンジの皮を剥き、パイナップルを切り分け、女性陣はデリのサンドイッチやグラノラバー、飲み物を取りやすいよう、かつ見た目も美しく並べている。食べ物や飲み物は、若い戦士たちが次のライバルとの戦いに向けて存分に体を休め、気分転換できるよう親たちが買ってきたものだ。一方の大人たちは、自分のことは自分でしなくてはならない。

スケジュールを把握している人がなく、気前の良い高校時代のコーチに紹介され、夏のアルバイトとしてコーチを引き受けた若い大学生たちは見当たらない。どこか遠くでキャッチボールでもしているのだろう。みんなで待った。私は、テントからそう離れていないところに芝生が乾いている場所を見つけ、そこに座っていた。照りつける太陽に頭皮を焼かれ、湿気が多く、汗だくで、どうしようもなく暑い。そして、しばらくして立ち上がると、自分が差し入れに持ってきたチョコレートドーナツをつまんだ。親は体に良い食べ物を持ってくるよう言われていたのだが、スーパーに寄る時間がなかったのだ。明るいオレンジ色のドーナツの箱は、新鮮な果物と水のペットボトルのあいだに置かれ、場違いに見えた――まるで、高級デパートのティーセットに紛れ込んだ発泡スチロールのコップのようである。

自分が何に対してイライラしているのか、よくわからなかった。子供たちは言われた通りに――暑い日に試合のために早くから集合し、レフェリーがホイッスルを鳴らしたら一生懸命プレーする――していただけだ。そして私たち大人は（人にもよるが）、彼らが良い結果を出せるよう、できる限りのサポートをしていた。子供たちは、しっかりと水分補給し、正しい種類のカロリーを摂取し、試合の合間には太陽を避けて休息をとる必要があった。ところが、彼らはまだ運転できる年齢に達していない。せっかく自分たちが彼らを心地良く過ごせるようにしてあげられるのに、わざわざ惨めな、暑い思いをさせる親がいるだろうか？

当時も今も、自ら進んで我が子を助ける親を非難するのは不粋だと思っている。とはいえ、あのときに自分たちが見せていたお手本の多くは、間違っていた気がする。意図的かどうかに関係なく、私たち親が常にその場にいたことで、その大会――正直に言えば、すべての大会や試合――が、ものすごく重大だと伝えていたようなものだ。私たちは、「スポーツは楽しいのが一番！　チームワークと自己鍛錬を学びなさい！」と口では言いながら、実際には、「あなたのスポーツでの成功は私たちにとっても重大な問題だから、すべてが計画通りにいくようここにいるからね」と伝えてしまっていたのである。リチャード・ワイスボードに言わせると、親や周りの大人たちは、幼いスポーツ選手をもてはやすことで――すでに10代の子供たちの多くが信じているように——スポーツ選手は思春期の若者にとってのピラミッドの頂点であり、吹奏楽部や演劇部の根暗な子供たちより優れた存在であるという価値観に貢献してしまっているという。そのせいで、とくにスポーツの才能に恵まれ、自分がスポーツで成功するために親がどれだけ貢献していて、自分がいかに重要な存在か理解している子供ほど、傲慢に育っている。

あの日、枯れた芝生の上に座り、親が10代の男の子——女の子でも——を溺愛する姿は、子供たちから見て、大人の人生は空虚で惨めに映るのではないか、という考えが頭から離れなかった。子供のおかげで今週末も予定がある！ 暑くて、くさくて、息苦しい、木陰もないところにいる私のことなんて気にしないで。息子がゴロを取る、シュートを食い止める、すごいパスを出すところさえ見られれば、待った甲斐もあるというものだから。それ以外の用事——ランニング、病気の父親のお見舞い、友達と会う——は、我が子のラクロスの試合に比べれば、何の価値もない。子供がスポーツをする姿、ただテントの下でホッケースティックを大事そうに抱えている姿や友達と氷を投げ合う姿を眺めているだけで、すべてが帳消しになる。大会を欠席したり、体に良い差し入れを持ってこなかったり、「親も子供たちと同じくらい日陰で過ごせるべきじゃないかしら。そもそも、これ全部する必要がある？」など、少しでも不平を言ったりしようものなら、異端者のレッテルを貼られるだろう。そんなことをする・言うのは、身勝手というものだ。

「子供がスポーツをするのを、親はじっと大人しく見守っている印象だ」と児童心理学者で本の執筆もするマデリーン・レヴィンは言い、「大人は惨めな生き物であるという見本になっている。にもかかわらず、彼らが大人の世界に足を踏み入れるのに8年や10年遅れると、酷いショックを受ける」と続けた。

威圧的な親

どのレベルのどのコーチでも構わないので、仕事で大変なことは何かと尋ねれば、熱心すぎる、過干渉な、あるいは不愉快な親の話の1つや2つは聞かせてくれるはずだ。そういう親のせいで辞めてしまうコーチもいる。高校のコーチの82%が、親の態度はだんだんと悪化してきていると感じており、さらに58%は親が原因で辞めようか迷ったことがあると言い、60%は前のシーズン中に、態度を改めてほしいと親に伝えたと回答している。

タウナスさんに初めて会ったときの印象は、フェレット——ペットショップでは、細身でエネルギーに溢れ、フレンドリーなのに、家へ連れて帰ると、歯が鋭く、ずる賢くなる——みたい、だった。満面の笑みで、彼自身が最近行っているトレーニングや、参加したレースについて熱心に話してくれた。ところが、すぐに正しいトレーニング法について一人演説をぶつようになり、私が何年もコーチとして指導に携わり、何十年とレースや大会に参加してきたスポーツについて啓発してくるようになった。彼曰《いわ》く、重要なのは距離で、走れば走るほど上達するという。女の子も男の子と同じ距離を走れるはずで——良いかい、トレーニングはインプットとアウトプットにかかっているんだ――それを否定するのは男女差別だ、とも言った。思春期前の女の子が、9年生になる前の夏に週2回のハードなトレーニングに加え、400マイル（約640㎞）以上走るのはまったく問題ないことだ。なぜなら、彼の娘のケイトがそうやって成功したからだ！　さらに、州内の別の地域に住む女の子たちで、もっと走っている子たちを知っている、と彼は続けた。

「そのやり方は、失敗します」

10代の子供の指導経験からわかっていること――女の子を走らせすぎると初潮が遅れたり、摂食障害になったり、疲労骨折を起こしたり、やる気を低下させたりする場合がある――を伝えてからと思っていたが、つい言ってしまった。思春期に入るまでは他の子より秀でていた女の子が、体が成熟するにつれ、競技そのものや体重と格闘する姿を何度も見てきた。手遅れ（何の？）になる前に、いま急いで個人記録を出そうと躍起になるのは、競技を長く続けさせる上で間違ったやり方だ。タウナスさんは、自分は誰よりもよく理解しているつもりらしく、まるでイーディス・ワートンの『The Custom of the Country（国の風習）』（未邦訳）に出てくる、反対意見が出ると「みんなが私の言う通りにさえすれば、私だって理不尽なことを言わずにすむのに」と心の中で呟くダークヒロイン、アンディーン・スプラッグの男性版だった。

初対面のケイトは、まるで10歳の子供に見えた。体重は40㎏もなく、パイプクリーナーのように細い体は、高校生になる10代の少女というより、小さな子供だった。ところが、その小柄な体型にもかかわらず、堂々とした雰囲気があり、小さな肩を後ろに反らせ、顎を上げて、ウォーミングアップで走るときも他の子たちの前を走った。彼女の年頃の女の子で、あれほど自信を感じさせる子は珍しく、「あんた、何もわかっていないじゃない」とでも言うような態度を取られさえしなければ、彼女と関わるのはもっと楽しかったはずだ。自分の父親が、コーチである私の保守的な指導方法を認めていないのがわかっていたのだろう。たまに、彼女から向けられる軽蔑の眼差しに胸が痛んだが、それ以上に悲しく、ばかばかしいと感じた――子供の前でも平気で教師やコーチの悪口を言う親のせいで起こる、当然の結果である。彼女は悪くない。

タウナスさんは、どのレースにも必ずやって来た。私たちのバスより先に着いていることが多く、急いで私に走り寄ると、相手チームの情報、天気予報、コースの状態（「約3・6㎞地点に大きな木の根が張り出していた」といった具合に）、我がチームの5番（ケイト）にとって適正なペースやゴールに向かう上り坂のアプローチの仕方を含め、その他にも私が知っておいたほうが良いと思うことを報告してきた。また、彼が手ぶらだったことはなく、常にケイトがレース前に座るための小さな折りたたみイスを持参していた。そして、いつでも何にでも応じる準備をして、彼女の近くに控えていた。バナナはいるか？　エナジーバーは？　冷たい水は？　父親が地面に膝をついて彼女のランニングシューズの紐を二重結びするのを、ケイトは当たり前のように受け入れた。

心理学者によると、10代の子供の最初の発達課題は、両親とは異なるアイデンティティの形成だという。ところが、その他の過保護な親と同様、タウナスさんもそれを阻止しようと心に決めているかのようだった。彼はケイトのスポーツ人生に完全に巻き込まれており、彼女が何かを達成すると、まるで自分が達成したかのように感じ、逆に失敗すると、本人と同じように落ち込んだ。

さらに、娘のスポーツ選手としての輝かしい将来を邪魔するものは、彼から見て才能や意欲、思慮深さに欠けると感じるコーチも含め、何であれ許さなかった。少しでも意見が合わなければ口論し、僅かなミスでも抗議する。自分が思った通りになるよう威圧的に振る舞い、必要があれば騒ぐことも厭わなかった。私の経験では、親がコーチに口を出すのは、我が子が後れを取っていると感じている場合が多く、そういうときは嬉々としてコーチを苦しめた。ただし、チームが勝っていて、我が子がプレーしていれば、彼らは静かだ。そのためなら、子供がくたくたになるまで特訓させたり、まるで債券トレーダーのように大声で怒鳴りつけたりしても、この親たちは見て見ぬふりをした。

軽食地獄

コーチになってから、そして、のちに軽食についての詳細な連絡メールを受け取る側になってからというもの、いくつかの食事に関する新たなトレンドが出現した。1つ目は、より栄養があるものを食べよう、という動きだ。果物やレーズン、水、プレッツェルはセーフ。ポテトチップスやオレオクッキー、カップケーキ、ドーナツはアウト。体に良い軽食が健康的で引き締まった体になる食習慣を促す、というのは理解できる。ただし、人参スティックやライスケーキ[訳注：

ポン菓子を円盤状に固めたスナック菓子」が楽しい空間を演出するかと聞かれれば、残念なトレンドだと言わざるを得ない——ユーススポーツは深刻なビジネスであり、子供たちが気軽に楽しむためのものではないことを再認識させられる。

2つ目のトレンドは、親の役割の1つである補食係にさらなる負担をかける、スポーツ組織の専門化である。イベントの告知や役割分担を簡単に管理できるSignUpGeniusというアプリや、昔ながらのメールのおかげで、いつ、何を、どのくらい持って行かなければならないかが明確に決められ、親は逃げられなくなってしまった。チーム全体の補食係となったからには、我が子1人分の市販のチョコレートチップクッキーとしけた全粒粉クラッカーだけ用意すれば良い、というわけにはいかない。このようにして、親も子もチームに対して同等の責任を担わされるようになった。

最後は、私が軽食地獄と呼ぶ、高校以降も親に与えられる役割だ。

大学チームによっては、補食係になった親は、アウェーでの試合を終えた選手たちが持ち帰られる食べ物の準備や、ホームでの試合後に行われる、コーチや選手、保護者、卒業生のためのパーティーでホスト役も任されている。1日のレースのために、大学のボートチームの保護者に送られた「推奨される食べ物・飲み物」リストを修正なしで紹介する。

・全粒粉パン、またはエゼキエルパン［訳注：6種類の穀物を発芽させて作られたパン］（4つ）

・ベーグル（14個）とクリームチーズ（2箱）
・サラダ（どんな種類のものでも良い）
・ピーナッツバターとアーモンドバター
・プレーンのグリークヨーグルト
・トッピング用のグラノラとベリー類
・ヨーグルト（小さなパックに分かれているもの）
・果物――りんご、オレンジ、バナナ
・フルーツサラダ
・チーズスティック
・ゲータレード
・コーヒー（コーチと保護者用）
・ペットボトルの水
・皿と小さめのボウル、プラスチック製の食器、紙ナプキン
・ペーパータオルとビニール製のテーブルクロス（3枚）
・コーヒーカップ、クリーム、砂糖

軽食地獄は、チームで夕食を共にするチームディナーとも密接に関係している。少なくと

も、ある特定のスポーツ、あるいは地域によっては、試合の前日の夜に誰かの家に集まり、「気合を入れる」ために食事をするのが習慣となっている。食事代は、ホストをする家族が持つ。短期間だったとはいえ、息子が高校のラクロスチームに入っていたときに、実際に経験したことがある。仕事を1日休み、お腹を空かせた男の子たちのためにトレイ4つ分のラザニアやサラダ、ロールサンド、手づくりのクッキーを用意する母親（大体が母親だ）もいたし、18人は食べられそうな量の食事をテイクアウトする人もいた。試合は週に1、2回ペースであるため、子供たちにとってはルーティン化し、シーズン後半にもなると、息子はホストの家に入ってわずか20分——食堂より速い！——で出てきて、宿題をしに自分の家に帰ってくるようになっていた。チームディナーは、心優しい親が親切で用意してくれる特別な会などではなく、追加でやらなければならなくなった仕事の1つだった。

食べ物に関連する変化など取るに足らないのでは、と思うかもしれない。子供のスポーツを大局的に見れば、そうなのだろう。ところが、軽食地獄や行き過ぎたチームディナーは、ユーススポーツの環境が歪んでいるという確かな証拠なのである。親が子供の活動にどれほどお金を使っているか、また、親が子供のスポーツにどれほど入り込んでいるかがわかるはずだ。さらに、私たち親にとっていかにスポーツが重要で、それぞれの試合やレースが大切かを明らかにしている。その上、親の懐事情や願いに関係なく、大人を子供のスポーツに縛りつける。注文の多い補食や食事を準備し、子供の食生活や水分補給に大騒ぎするのは、親のスポーツに対する献身の証明のようなものだ。その他のユーススポーツに関連するあれやこれやと同じく、より食べ物にこだわっているのも、やはり子供ではなく大人なのである。

家庭崩壊

ケリーは、1年を通してクラブチームで活動する2人の子供を持つ母親だ。背が高く、見た目は年齢より若い女性といった感じだが、苦労してきた人特有の、疲れ切っていてやや放心したような表情をしていた。子供たちのスケジュールやそれ以外の用事のやりくりについて話しながら、「どうしようもない日もある」と言った。息子はラクロス、娘はサッカーのクラブチームに所属し、2人とも練習や試合の送迎を必要としていた。どちらの練習場も家から車で40分離れたところにあり、娘が所属するエリートチームは高校のチームとの両立を禁止しているため、シーズン中は毎日学校から練習に送迎――車での移動時間がプラス30分になる――しなければならない。

「去年、フルタイムの仕事を始めたけど、スポーツの練習が大変すぎて、今はパートタイムで働いているの。スポーツのスケジュールをやりくりすること自体がフルタイムの仕事みたいなものだから」と彼女は話した。過密な運転スケジュールとその合間のほんの僅かな休憩では、誰だって疲れるだろう。

前年の夏、彼女たち夫婦は毎週末をバラバラに過ごした。夫は息子のチームと過ごし、ケリーは娘のチームと過ごしたからだ。「ほとんどの人が、私が既婚者だと知らなかったくらい！」

と彼女は言った。結局、その夏は家族旅行を楽しめるような、4人揃っての休みは1週間もなかった。

ユーススポーツと家族に関する研究がいくつかある。それによると、ケリーのケースは珍しくない。子供のスポーツによってかかる金銭的、あるいは時間的負担の大きさに不満を募らせている親は多い。子供に怒りと苛立ちを感じ、熱心さが足りないように見られることに罪悪感を覚え、ユーススポーツ全体を不愉快に思っている。研究によると、親たちは「精神的にも肉体的にも疲弊し、スポーツが少しでも休みのときは、ホッと胸をなでおろしている」ことがわかった。

子供の競技スポーツが結婚生活に与える影響について調べた研究は少ない。データが不足していることを受け、ユタ州立大学のスポーツと家族研究所のトラビス・ドルシュは、スノーボードのアメリカ代表チームで起きているのと同じことが、他のスポーツにも当てはまるのではないかと推測する。「スキー選手がいても壊れていない家族は、かなり珍しい」と彼は言う。スノーボードでは、トレーニングのため両親が数ヶ月単位で離れて生活するのが普通だ。そのせいで、ほとんどの夫婦が離婚している。結婚生活において、子供のスポーツの過密スケジュールによる影響は不可避と言えそうだ。経験上、子供のトラベルスポーツに熱中する親たちは、週末もほとんどお互いの顔を見ないことを、まるでたいした問題ではないかのように話す。彼らは、子育てに分割統治法を採用しているため、自分たちのオフは、それぞれが担当する子供のスポーツに充てているのである。

また、スポーツをする子供のきょうだいにとっても、とくにスポーツ以外のことに興味が向いている場合は、スポーツをしている子供のために払われる犠牲の影響は大きい。子供は、よくわかっていないように見えて、親が大事なものにはお金と時間をかけることを理解しているだけでなく、親の関心やお金の使い道が平等ではないことを敏感に検知するレーダーを持っている。ある読書好きのお兄ちゃんは、父親が弟に野球用品を買うためならすぐに財布を開き、願わくはコーチをしたがっていることに気づいているのだ。それでは、彼らきょうだいが怒るのも仕方ないだろう。

さらに両親が自分のきょうだいばかりを厳しく育てる様子は、きょうだい関係に別の悪影響を与える。社会学者のアネット・ラローは、複数のスポーツをハシゴするような忙しいスケジュールに追われる子供ほど、そうでない子供に比べ、きょうだいとの仲が険悪であることを発見した。「私たちが観察した中流家庭の子供たちは、きょうだいに対して競争心が強く、敵意を持ち、親戚とのつながりが薄い傾向にあった」とラローは書いている。そのような家庭では、きょうだい同士で遠慮のない攻撃的な言葉が使われていたり、軽い口調とはいえ、姉妹や兄弟を「憎んでいる」というような発言が聞かれたりした。これらは、スポーツ以外の活動を複数している場合にも当てはまるが、家族にもっとも負担が大きいのはスポーツである場合がほとんどだ。

では、上の子供の試合に連れ回される下の子供たちはどうだろう？　それはそれで、後味の悪いことが起きている。約5年間、兄のアイスホッケーの試合のため、ほとんどの週末を家族が乗っていた車の中で過ごしたという作家のサラ・ミラーに聞いてみた。

「アスリート一家に生まれたもののスポーツが苦手だという子の誰もが、きょうだいが練習している近くにある広いスペースで毎回何時間もほったらかしにされ、自分が生まれた理由を考えながら過ごしたことがあるはずだ」と彼女は書いている。ミラーは、そうして来る日も来る日も独りぼっちで、どうにか退屈を紛らわせようとした結果、文章を書くようになったという。

「両親は、ちびっ子アイスホッケーのチームに入っていた兄を、ファベルジェ・エッグ［訳注：金細工師ファベルジェによる宝飾を施したイースター・エッグで、世界でも貴重で高価な芸術作品の1つ］のように扱う一方で、私は存在すら無視されていた」

上の子のスポーツに対する熱量は、下の子のスポーツに対する姿勢にも影響する。ドルシュは、親が上の子のスポーツにお金と時間を惜しまない家庭において、年齢が近い同性の下の子が次のいずれかのパターンに当てはまる場合が多いことに気づいた。上の子と自分を差別化する――「自分は違うことをして、お母さんとお父さんの注意を引くんだ」――か、上の子で効果があったのだから、と真似をするか。あるいは、もう1つ考えられるパターンがあり、私たち家族に当てはまっていた。スポーツに関心がなかったり、スポーツをしているきょうだいに対する親の扱いが不公平だと感じたりしている子供が、スポーツをしている子供に意地悪を繰り返すのだ。これについては、あまり彼らを責められない。なぜなら、ハリス・ポール社がクラブチームに関連した親の支出について行った調査の結果が正確なら、77%の親が、子供のスポーツのために家族行事の支出を減らしていたからだ。それでは、スポーツをしない子供にとっては不公平である。

とくに家族へのダメージは計り知れない。「旅行や全員揃っての夕食、絆を深める機会が減っている」とドルシュは言う。週末にメリーランド州で行われるラクロス大会に出場することで、いとこの誕生日祝いができないかもしれない。バレーボールやバスケットボールに夏のすべてを捧げることで、家族旅行や夏のアルバイトを諦めなければならないかもしれない。週に3回、筋トレの特別セッションや夜遅い練習があるからといって、夕飯に車の中でマクドナルドのチキンナゲットを食べる――これは、家族にとって良いことだろうか？　子供の運動能力を伸ばすことが最優先になると、何かしらが壊れる。多くの場合、その犠牲になるのが家族だ。

02
06
Body Slam

ボディスラム級のダメージ

数々の運動やスポーツに関する研究からわかっているのは、何歳であっても適度に体を動かしたほうが良いということだろう。走る、歩く、ピルエット［訳注：片脚を軸に回転すること］をする、ダンベルを持ち上げる、テニスボールを打つ、ホッケーのパックを打つ、泳ぐ、家にあるバスケットゴールやコートに行ってドリブルやシュートをする、広場や家の近所でフットボールを投げる――他にもいろいろとあるが、このように体を動かすことは、より健康な体と健全な心につながる。また、他人と一緒にするスポーツはさらに良い――体と社会の両方の健康にとって、より大きなメリットがある――ことがわかっている。さまざまな動きをし、心拍数を上げ、時には無理矢理にでも体を動かすのは良いことだ。以上。これは、私自身にも経験がある、当たり前の話である。

スポーツは、人を成長させ、深い絆を生むだけでなく、中学校や高校を通してスポーツをしていた子供は、そうでない子供と比べ、大人になってからも活発――長く健康でいるために欠かせない要素の1つ――である場合が多い。つまり、早い時期からスポーツをすることは、将来の活力や健康への投資にもなる。

とくに、複数の競技に取り組んでいる10代の子供は、青年期に生じる混乱や衝動に上手く対処できるようになるという。自己肯定感が高く、充実した社会生活を送り、学業でもスポーツをしていない同級生より優秀だ。また、チームスポーツは、崩壊している・完全に機能を失っている家庭の子供にとって、さらに良い効果が期待できることもわかっている。家庭での危険から逃れるためのシェルター代わりとなる以外にも、家族の問題から一時的に離れ、人生の進路を決める、あるいはリセットする良い経験になるという。

より良い、より良い、より良い――10代のスポーツをする子供としない子供の将来を比較するとき、この表現を避けては語れない。

ところが、今のスポーツのやり方では、こうした健康効果が損なわれているのである。早くから1つの競技に限定し、1年を通して活動し、すでにパンパンのスケジュールに、さらなる試合やトレーニングを追加する――中流家庭と上流家庭の子供たちにとっての当たり前だ――ことで、若者の体と心を傷つけている場合があるからだ。

親やコーチは、決して子供に大きなダメージを与えようとしているわけではない。ただ、ユーススポーツの激しさとその性質上、結果的にそうなってしまっているのである。スポーツ医学を専門とする小児科医のヘザー・バーグソン医師は、子供の疲労骨折率が「流行り病《エピデミック》」状態になっていると話す。また、アメリカを代表する医療機関であるメイヨー・クリニックの医学部で教授を務めるネハ・ラウカ医師は、早い時期から1つのスポーツに特化することを、「アメリカの公衆衛生の惨事」と表現している。

勝つことを称賛し、いじめに耐え、過度のトレーニングを常態化させるユーススポーツの仕組み――ほとんどは親も一緒になって加勢し、共犯者になっている――は、翻弄される子供たちの一部に、消えない心の傷を負わせる。「誰もが（ユーススポーツは）危険で健康にも良くないとわかっているのに、なくならない」とバーグソンは言う。

これは、パラドックスだ。スポーツは子供にとって良いはずなのに、行き過ぎてしまった結果、怪我や絶望が増えた。また、裕福な家庭の子供たちがやりすぎているのに対し、貧しい家庭の子供たちはやれなさすぎている。

ランナーへの道

金属フィルターにコーヒーを入れ、朝7時に出来上がるようセットする。明日の天気を確認し、それに合う服を選ぶ。短パンとブラジャー、Tシャツ、ナイキの靴、靴下をベッドの横に置き、寝起きでぼんやりした、カフェインを飲む前の頭の状態でもすぐに着替えられるようにする。明日は火曜日だ。朝8時半から騒がしい女同士で集まり、陸上トラックがあるタットロックフィールドで、いつものスピードトレーニングをする予定だ。いずれ参加するつもりの約16㎞のレースに向け、ウォームアップとクールダウンとして約3・2㎞ずつ、10㎞のレースと同じペースで800mと1000mをそれぞれ何セットかずつ、合計で約14・4㎞走ることになっている。ちなみに、その前々週の日曜日に長距離走（約20・8㎞）、翌月曜日に楽勝の約9・6

㎞走と、金曜日に「適度にハード」な約11・2㎞のテンポ走を、私たちが住む坂がとても多い町でしたあとに、である。すべて計画されている。

私くらい長いあいだ走っていると、いつ、どこで、どのくらいの距離を、どのくらいのスピードで、誰と、を含めた、その日のランニングメニューについて考えるのが最優先ではないときを思い出すのは不可能に近い。私が知っている本格的なランナーたちは、誰もが実際に走る前にすべて計画済みだ。さらに、ランニングの妨げになりそうな出来事――トレーニングの日に早朝フライトに乗る予定があるとか、マラソントレーニングの途中で3日間凍るような冷たい雨が降る予報が出ているとか――があっても、調整する努力をする。とくにランナーではない人にとって、このように計画通りに走ろうとするのは面倒かもしれない。それだけ、スポーツは私たちのアイデンティティや幸福にとって中心的な存在なのである。

14歳で始めたときは、ランニングにこのような潔癖症的な側面があるとは知らなかった。きっかけは、ニューヨーク州のイサカで大学生活を送るようになってからランニングに目覚めた姉のキャシー（エネルギーに溢れる彼女らしい！）に勧められたことだった。彼女が帰省している夏のあいだ、日曜日になると姉妹でキッチンをうろつき、これからやろうとしている気が進まない用事（ランニング）の代わりにできることを探し、それ以上ぐずぐずしていられなくなると、外へ出た。淡々と前を行くキャシーに必死でついて走っていると、分厚い綿のTシャツはだんだんと重たくなっていった。そして平日は、日陰が多い近所の道を抜けて給水塔を過ぎ、昔通っていた小学校の近くの交差点へ向かい、ドリュー大学の裏門の近くの道を1人で走った。

やる気があるのにもかかわらず、朝10時より前に家を出られた試しはなく、出発する頃には前日の夜の冷たい空気の気配は息苦しくなるような湿気に変わっていた。まったくロマンの欠片もない。

いつから自分をランナーとして――走るのが好きなだけでなく、自分のアイデンティティとして――認識するようになったかは覚えていない。変化は少しずつ、気づかぬうちに起きていたのだろう。大学生になり、高校でやっていたスポーツを辞めたとき、走ることは、若者が感じる重圧に対する防波堤となっていた。男子学生の数が圧倒的に多く、堅固な学生組織がある難関大学は、女子学生にとってストレスの多い環境だった。

大学時代、私はとくに速いランナーというわけではなかった。大学に入ってようやくインターバルトレーニングや坂道トレーニング、長距離走などランニングの上達に役立つ練習を開始したほどで、それまでの「トレーニング」では、走りやすいペースで9㎞やそこらを走るくらいだったのである。20歳で初めてインターバルトレーニング――たっぷりの休憩を挟みながら400mを6本走る――をしたときは、激しい運動（私がコーチする9年生のランナーたちが軽々とこなせるメニュー）をしたせいで、心臓か肺が破裂するのではないかと思ったほどだ。それでも未経験者だった上に、途中でコーチが変わったりしたにもかかわらず、私は人数が少なかった当時のチームの中で一番に速かった。ある1つ年下の背が高い女の子で、いつも勢い良くスタートしては私の前を走る子がいたのだが、途中で必ず私にリードを取っていることを確認するかのように振り返るので、それが挑発行為に見え、私はかえって加速したものである。

卒業後は、勉強を続けるためイギリスのオックスフォード大学へ進み、そこでもクロスカントリーチームに入った。当時のイギリスには、私がチームに入るための基準を満たしているかどうかを判定するNCAAのような組織がなく、また、そんなことを聞こうとは夢にも思わなかった。オックスフォードの大学スポーツのシステムは、アメリカとはまったく異なっていた。イギリスのクロスカントリーやトラック競技──彼らは、陸上競技のイベントを「アスレティックス」と呼ぶ──には、練習や大会を管理するコーチがおらず、キャプテンがチームをまとめ、練習を仕切り、選手たちはそれに従うという仕組みになっていた。アメリカ人は私だけで、あれこれ指示をする権力を持った大人がいない、ということが信じられなかった。そして、さらに驚いたのは、まるで自らが発する音波の反響で周囲を探知するコウモリのように、彼らが指示をされなくても列を作れることだった。

オックスフォードのクロスカントリー走は、オリエンテーリングと障害物競走を合わせたような内容だった。足首まで埋まってしまう深い泥の中を、係員やオレンジ色のカラーコーンなしで苦労して進む中距離レースといったところだろうか。秋は数えるほどのレースしかなく、参加チームは自分たちともう1、2チームのみで、完全に学生主体で行われた。レース後はゴール近くにある冷たいシャワーで脚についた泥を落とし、相手チームと紅茶とビスケットを楽しむ。そんなところにも、私はイギリスらしさを感じていた──余計なものはなく、礼儀と伝統が深く染み込んでいる。

オックスフォードでは、人生を謳歌し、壮大な計画を立てたり、魅力的で知識豊富な人たちと親しく付き合ったりしている予定だったはずが、実際には寂しいことのほうが多かった。最初の練習で、チームのイギリス女子たちにまとわりつき、長年かけて身につけたアメリカ流の社交術を駆使したが効果はなく、彼女たちのよそよそしさは変わらなかった。「アメリカでは友達になってから深く知り合うけれど、イギリスでは深く知り合ってから友達になるの」と、その後友人となったイギリス人の女性が教えてくれた。それでも、共に靴を一足も失なわずに沼地を抜けようと奮闘したり、街の中心に近いポート・メドウという生い茂った牧草地を長時間走り回ったりするあいだに、だんだんとチームメイトたちは、私にとっての異国での心強い味方になっていった。

今、私の家の冷蔵庫には、いたずらっぽい笑みを浮かべた1950年代風の女性のイラストの上に、「トレッドミルから落ちて床に顔をぶつけたというドジ話以外で、あなたのトレーニングの話を聞きたい人なんていないわよ」という似つかわしくないセリフが書いてあるマグネットがついている。そういうことなので、これより先については詳しく説明しないでおく。要約すると、オックスフォードのあとはボストンへ行き、いくつかのクラブチームで約1・6㎞を4分56秒、5㎞を16分44秒、約16㎞を58分58秒、さらに、マラソンを2時間49分で走り、1992年には4分の差でオリンピック選考会を逃した。他にも、賞品にヨーロッパ行きの航空券や4つ星ホテルの宿泊券をもらったり、貯めていた賞金を新婚旅行代に使ったりもした。

私は楽しんでいた。着古した適当なウェアでロードレースに紛れ込み、新品のタンクトップに精巧な腕時計をつけたランナーをこてんぱんに負かしたり（元プロロードレーサーのランス・アームストロングの言葉を借りるなら、大切なのはギアじゃない！）、ただ町の中を走る場合でも、息を切らした中年男が女にだけは抜かれるまいと必死になっているのを軽々追い抜いたりするのは、ものすごく楽しかった。「心臓発作を起こさないようにね！」と大きな声で言ってやりたかった。レースで勝つ喜びや、自分は優れている（場合によっては、その場のすべての女性よりも）という自覚が、トレーニングの中毒にさせた。それと同時に、良い記録や成績を出しても、ランニングに興味のない人たちには、ほぼ伝わらなかった。レースに勝つか自己最高記録を更新したときに、実家の両親も自分と同じくらい喜ぶはずだと思い、自信満々に電話をかけることがあったが、「素晴らしいじゃない」と（本当は何がすごいのかわからない）母が優しい声で精いっぱいに褒めてくれただけだった。そういえば、そんな母の母（祖母）にも、アイオワ州のとうもろこし畑の周りを走りに出る際には、「どこに行くって？」と言われたのだった。

自分にとってランニングが大事である理由を説明するのは難しかった。とはいえ、心の中ではわかっていた。たとえ世界のほとんどが気に留めなくても、ひたすら速く走り、勝つのは、理屈抜きで爽快だった。もちろん、若くてもっと速かった頃は、それだけが走る理由ではなかった。ランニングは私を支え、強くし、悩みを癒やし、良い習慣を定着させてくれた。だから続けてきたのだ。１マイルごとのペースが遅くなり、体が思うように動かなくなってきた今も、私は同じ理由に突き動かされ、走り続けている。

運動が体と脳に与える影響

運動は、私たちの心身の不調に効く栄養ドリンクであり、健康に良いティンクチャー〔訳注：ハーブをアルコールに漬けて有効成分を抽出したもの〕である。私が子供の頃からそうだったし、今も変わらずそうだ。スポーツは、私に活気と心身の安定を与えてくれる。子供の頃はそれに守られ、10代の頃ははけ口となり、大人に成長する過程では自信とは何かを覗かせてくれた。

運動の健康効果に関する研究が、私の経験を裏づけている。キックやジャンプ、スローイングといった動作を学ぶだけで、幼児期から青年期の子供の心臓血管の健康を良くする効果が得られ、幼少期に屋外スポーツをするとBMIの増加率が抑えられるなど、スポーツをして育った子供は、成人以降の心疾患や糖尿病につながるメタボリックシンドロームになりにくくなるという。さらに、年齢に関係なく、運動は健康に必要不可欠である睡眠の質を良くする。また、研究を行ったチームの1つは、「その後の人生における運動量の唯一最大の予測因子は、高校でバーシティスポーツをしていたかどうかである」とし、「これは、自己申告による医療機関の受診の少なさにも関連していた」との結論を出している。

運動は、脳機能も改善する。2019年のある研究によると、運動は「流動性知能」、「認知の柔軟性」、「処理速度」の3つの重要な点において、若者の認知機能を高めることがわかった。幼い子供では、実行機能を育てることで雑念を防ぎ、頭の切り替えを良くする。また、定期的な運動は、脳が音を処理する仕組みを変える。とくに学生アスリートは、音を聞き取り、背景雑音を無視する能力が高いことがわかっている。そして、これらと同じく重要なのが、運動は「自己管理」能力――自分自身の行動をコントロールする能力――も高める、ということだろう。さらに、高齢者では単語を記憶する能力が上がるという。マウスを使った数多くの実験から、走ることで脳の学習と記憶を司る領域に新しい神経細胞が形成されることが判明した。これについては、ウエイトトレーニングでも同様の効果――思考力を高め、認知機能の低下を遅らせる――が期待できるという（少なくともマウスでは）。『脳の外で考える――最新科学でわかった思考力を研ぎ澄ます技法』（ダイヤモンド社）で、著者のアニー・マーフィー・ポールは、さまざまなレベルの動きをすることで、記憶力や問題解決能力、創造性を高められるため、学生の学力を上げたければ、「体を動かす休み時間をもっと増やすべき」と書いている。

この他にも、成人女性で12歳の頃にスポーツをしていた人は、していなかった人に比べて骨密度が高く、その後の人生で骨粗しょう症になりにくい傾向がある、などのメリットがある。さらに、定期的に運動している女性は、乳がんのリスクも25～30％下がるという。

健康の三位一体

オーストラリアの哲学者のデーモン・ヤングが、著書『How to Think About Exercise（運動の考え方）』（未邦訳）の中で、物理的な努力と競争が複雑な世界を単純化する仕組みについて説明している。私たちの日常は、不確かなものやカオスで溢れ、私たちは永遠に自分探しをしている。ところが、厳しいルールや行動制限があるスポーツには、他ではあまり見られない明確な部分が多い。

「運動は、私たちを混乱――自分の居場所がわからない不安――から解放してくれるかもしれない」

若い頃、変化し続ける、曖昧な社会の動態に戸惑っていたヤングは、とくに才能があったわけではなかったが、テニスが癒やしだったという。上手い、下手に関係なく、スポーツにはルールと明確な目的があるため、一時的に不安から逃がしてくれる。

私がずっとランニングを続けているのも、似たような理由からだ。ランニングは、他のどのスポーツより、運動に関するあらゆる研究が明らかにする、健康の三位一体を私に与えてくれた。外へ出て、ストップウォッチのスタートボタンを押し、歩きから軽いジョギング、そして、さらにペースを上げたところで頭の中のスイッチがオンになり、古くなったエンジンがかかると、脳が動き出す音が聞こえてくる。突然、思考やアイデアが青空に浮かび上がり、苦戦していた執筆中の段落に対する答えが降ってわいたように現れる。ランニングをしながら心配事をするのは、ほぼ不可能だ。ここ数年はとくに多くなった、気分が沈みがちなときでも、良いランニング（走ったあと体調が良くなる、良いペースで走れた、など）は心にも太陽の光を当ててくれる。

それに、体が怠かったり痛かったりすると、己の肉体をより感じることができる。1日の大半をパソコンに記号を打ち込んで過ごしていると、頭――体とは別もの――こそが自分自身なのだと勘違いしてしまいがちだ。ランニングは、そうした心と体のあいだにある壁を取り除いてくれる。悪いランニング（必要以上に疲れる、思っていたペースで走れない、など）は、どれほど頭脳明晰な人にも、否応なく肉体の存在を思い出させる。おいおい、私（肉体）を忘れないでくれよ！　長いあいだ動かしていなかった体がギシギシと軋み、唸り声を上げ、存在を知らせてくるのである。軽快な走りと同じように、苦しくてたまらない走りもまた、あなたを、あなたが宿る肉体と結びつけてくれるだろう。

さらに、レースはまったく違った方法で頭を冴えさせる。ピストルが鳴ったら、なるべく多くのランナーに勝つため、できるだけ速く、できるだけ長く走らなければならない。そのため、普段ならくよくよと考えてしまうような、自分の存在意義や小さな心配事――私の人生、これで良いのだろうか？　プラスチック製品を使い過ぎていないだろうか？　自分はあの人の良い友達になれているだろうか？――で頭を悩ませるのが難しくなる。正しい走りができているか、などと自意識に苦しむ暇もない。レースの日に大事なのは、意志だけだ。そこには、人生で他に例を見ない厳しさがある。

これらの肉体的なハードルを乗り越え、走るのをやめたい気持ちに耐え、重力や自分より高い技術を持つ対戦相手にも負けずに頑張った先に隠れているご褒美が「冷静さ」だ。この不慣れな感覚は、レースを走るごとに、そして、速くなるごとに私の意識の中に忍び入ってきた。それに伴って、自分の体に自信が持てるようになった。とくにレース中の自分の体には素晴らしい能力がある、という感覚だ。ピストルが鳴ったら、動かなければならない。遅くても、ビリでも、あなたは自分の内なるモーターに火をつけ、前に進んでいるのだ。

長年にわたってかなりの距離を走ってきたことが、さまざまなかたちで私の健康を守ってきた。ほとんどの日は、朝から仕事前に軽く8kmくらいを走るようにしていて、たまには友達も一緒だったりする。その後、ベーグルとコーヒーを持ってデスクに向かい、集中する。ページに書いてある言葉を吸収したら、次は自分が大量の言葉を吐き出す。平和だ――静かな、寛容な気分である。余計なものは取り除かれ、社会とのつながりを取り戻し、すべてが上手くいっている。片方の膝にガタがきている以外、ランニングが私に運んできてくれたのは、健康と満足感に他ならない。

ところが、現代に育った若者たちの経験は、それと異なっているようだ。

高校生のケイティ・マッカファーティが約1・6kmを4分56秒、約3・2kmを10分24秒で走り、トラック競技で次々と優秀なタイムを出すようになると、ディビジョンIの強豪大学のコーチたちが彼女のもとへ集まってきた。そして、一部給付奨学金［訳注：学費の一部を支給する奨学金］を得てアメリカ北東部にある名門大学へ進学したケイティは、競技に没頭した。大学チームではトレーニングで走る距離やハードな内容に慣れるまで少し時間がかかったものの、走ることに対して自分と同じくらい情熱的で――無関心だった高校時代のチームメイトたちと比べると、嬉しい違いだった――常に支え合い、励まし合う仲間たちが大好きになったという。

ところが、とある秋の金曜日に数日だけ帰省したときのことだ。これから待ち受けているだろう問題や、ランニングへの献身の重圧を垣間見たという。その日は、コーチが練習を中止にしたため、日曜日の朝のランニングまでに戻れば良いことになっていた。ところが、夜、実家に着くとコーチから電話がかかってきた。「今どこにいる?」と聞かれ、「私の許可なく勝手にいなくなったら駄目だろう」と言われた。それまで、彼女はコーチが自分の行動を管理しているのを知らなかった。

ケイティのクロスカントリーのシーズンは好調なスタートを切り、タイムはどんどん上がった。ところが、あるレースで何か尖った物を踏んでしまい、足から割れたような音が聞こえた。しばらく休みをとって必要な理学療法の治療も受けたが、練習に戻ると調子が悪くなった。そして、少しずつ自信を失っていった彼女が足の痛みについて伝えると、コーチは彼女を「お上品な花」と呼んだ。そのため、ケイティはさらに頑張り、今度は右脚の付け根を痛めてしまった。大学での彼女のランニング人生は、その後もこのパターンの繰り返しだったという。体を酷使し、怪我をし、回復し、練習を再開する。合間に、いくつかの輝かしい成績も残した。3年生のときは、ディスタンスメドレーリレー［訳注：第1走者から順に1200、400、800、1600mを4人で走るリレー］で1600mを圧倒的なスピードで走り、アメリカ代表選手にもなった。

今、大学卒業からしばらく経ち、陸上競技も引退したケイティは、あれほど過酷な大学チームに参加すべきだったかは疑問だという。「思ったような結果にならなかった」と彼女は言った。当時のチームメイトとは今も親しい付き合いが続き、一緒に達成したことはどれも宝物だ。とはいえ、休みなく厳しい練習に明け暮れていたせいで、自分の可能性を狭めていたのではないだろうか。

コーチの目から見て調子が良さそうだと思えば走らされる「競走馬みたいなもの」とケイティは表現した。「スポーツはフルタイムの仕事みたいで、片手間でできるものではなかった」

あれほど膨大な時間をスポーツだけに取られなければ、もっとバランスの良い大学生活が送れたかもしれない、とケイティは考えることがある。「ディビジョンⅢの大学に行っていれば、もっと豊かな人間になれていたと思う」と言う。もう少し緩いチームだったら、自分を成長させる時間が確保できただけでなく、走ることを辞める原因となった怪我や手術をする必要もなかったかもしれない。

肉体的な犠牲

ユーススポーツは、運動と健康の関係に暗い影を落とした。体を動かし、スポーツをするメリットは豊富にあるにもかかわらず、今のやり方では、子供たちの体や幸せを壊している場合のほうが多い。それは実際に、さまざまなところで起きている。

低所得地域では、遊び場の不足や地域が提供するプログラムの減少に加え、クラブチームの費用の問題が合わさり、貧しい家庭の子供たちはスポーツをする機会がなくなってしまった。そのため、彼らはもっとも運動不足で、肥満率が他のどのグループの子供たちよりも高くなっている。肥満児は、肥満のまま成長するか、大人になってからも肥満になる確率が70%と高く、高血圧や糖尿病、高コレステロールになる傾向も強い。彼らは、体の健康をはじめ、生涯にわたる運動の恩恵を受けられない。

次に、経済的にやや安定している層では、ユーススポーツが過酷すぎるせいで、ほとんどの子供が寄りつこうとせず、大多数——70%——が13歳までにスポーツ自体を諦めてしまっている。

新型コロナウイルスは、そうした事態をさらに悪化させた。パンデミック以前は6~11歳の子供の18%強、12~19歳の思春期の子供の20・6%が肥満なのに加え、思春期の子供の16・6%が過体重だった。それがパンデミック以降では、2~19歳の子供の肥満率が22%に増加した、とアメリカ疾病予防管理センター（CDC）が報告している。このことは、国の健康危機と捉えられ、ミシェル・オバマがファーストレディだった期間に取り組んでいた問題でもあった。今では、より多くの子供に体を動かすようにさせることも、解決策の1つだ。

運動不足が明らかな犠牲を生む一方で、その逆も起きている。オーバーユースによる怪我——早期に1つのスポーツに特化させた当然の結果としての、若い体の筋肉や腱、関節、骨の損傷——が増えているのだ。医師たちは、臨床現場にこうした怪我が溢れている現状を「流行り病」と表現する。

スポーツ外傷で受診してくる中高生の半数は、オーバーユースだという。過去10年のあいだで、肩と肘の手術を受ける子供の数は、野球とソフトボールだけでも5倍に増えている。子供のスポーツ外傷を専門とする整形外科医のチャールズ・ポプキン医師によると、わずか12歳の子供が肘の外科的修復を受けにくるという。「内側側副靭帯《ないそくそくふくじんたい》断裂がものすごく多い」。上腕と前腕をつなぎ、肘を安定させる靭帯のことだ。

オーバーユースによる怪我の20％近くが疲労骨折で、これはランナーに多く見られる。原因には、急激に増えた練習量と休息が不足していることが挙げられ、その他のオーバーユースによる怪我は、繰り返し負荷がかかる部位――野球選手の肘や水泳選手の肩など――に多い。

他にも、腿と脛をつないで膝を安定させる、前十字靭帯（ＡＣＬ）という柔らかい結合組織の断裂などの急性損傷が若きアスリートたちに増えている。これらの損傷は、膝を鋭くひねるサッカーやラクロス、バスケットボールの選手に多い。前十字靭帯損傷は手術と数ヶ月におよぶリハビリが必要となるため、誰もが怖れる怪我だ。にもかかわらず、思春期の若者の患者は増え続けているといい、ハーバード大学医学部のミニンダー・コッヘル医師は、ボストン近郊における思春期の若者の前十字靭帯損傷の手術件数が、２００４年の約５００件から、10年後には２５００件――４００％の増加――まで膨れ上がっていたことに気づいた。コッヘルは、早くから１つのスポーツに絞ることで、成長過程にある子供の筋肉や骨に負担がかかっていると言い、前十字靭帯損傷は女性に多いため、スポーツをする女性が増えたことも要因ではないかと推測する。

また、陸上や水泳のような持久力を必要とするスポーツの選手には、「オーバートレーニング症候群」――極度の疲労、睡眠障害、食欲低下やうつ症状といった肉体的・精神的状態――

が多く見られる。そして、過度の練習を行う思春期の女の子では、「女性アスリートの三主徴」のリスクがある。三主徴とは、栄養不足や摂食障害に関連していることもある「利用可能エネルギーの不足」と「無月経」、「骨密度の低下」だ。これらは同時に起こるケースが多く、そうなると気分が最悪になるだけでは済まない。疲労骨折や、年を取ってから骨減少症や骨粗しょう症を発症する可能性も高くなる。

頭部外傷、なかでも脳震盪は危険だ。毎年、およそ30万人もの高校生アスリートが診断を受け、ほとんどは強い衝撃が加わるスポーツで起きている。さらに、繰り返し受傷するアスリートが年々増えているという。米国整形外科学会によると、もっとも多いのが女子サッカー選手、次がフットボール選手で、受傷率はそれぞれ29・8％と25・2％になっている。では、残念ながら脳震盪を起こす確率がもっとも急速に増えているスポーツは？　女子バレーボールだ。

頭部外傷の研究に力を注ぐ研究者たちは、脳震盪までいかなくても、度重なる頭部への衝撃には深刻な影響があると警告する。「プチ脳震盪」状態を繰り返すことで、慢性外傷性脳症（CTE）と呼ばれる脳変性疾患を起こす可能性があるからだ。主な症状として、激しい気分の変動やうつ症状、認知機能障害が挙げられる。

子供の慢性外傷性脳症リスクを算出するのは、かなり難しい。なぜなら、繰り返し頭を打った影響は、何年も経ってから出る場合もあるからだ。ところが、２０１７年にボストン大学の慢性外傷性脳症センターが初めて行った調査の結果、２０２人のすでに死亡しているフットボール選手の脳を調べたところ、87％の選手がこの疾患を患っていたことがわかったのである。

また、高校でのみフットボールをしていた選手にも、軽度の病変が見つかった。同調査報告書の主執筆者であるジェシー・メズ医師によると、「データはフットボールと同疾患の関連性が高いことを示唆している」。これを含め、その他の脳震盪や慢性外傷性脳症に関して判明した事実を受け、高校生未満の子供についてはタックルありのフットボールではなく、それを少し簡単にしたフラッグフットボール〔訳注：タックルの代わりに腰につけたフラッグを取る方式のフットボール〕に代えようという動きにつながった。

もちろん、怪我もスポーツの一部だ。かなり過保護な親でさえ、長期的な——数週間、もしかしたら1シーズンはプレーできない程度の——損傷ではないという前提で、子供のスポーツによる怪我を許容しているように見える。

ところが、ほとんどの親が気づいていない、または認識していないのは、青年期に受傷した怪我で、大人になっても残るものがあるということだ。たとえば、足首の捻挫を繰り返すと変形性関節症を発症する場合があり、同じく肩の脱臼——競泳選手に多い——でも、15年以内に同疾患を発症する可能性があるという。また、前十字靭帯損傷も長期的な障害につながる場合があるといい、コッヘル医師によると、膝の腱や靭帯を損傷した人の50％が10年以内に関節炎を発症していた。これについては、ノルウェーの首都オスロで前十字靭帯損傷の短期・長期的な影響を研究するブリット・エリン・オイスタッドによって裏づけられている。「残念ながら、前十字靭帯損傷患者の約半数が、治療の有無にかかわらず、比較的若い年齢で変形性膝関節症を発症しているという現実がある」

キャリーは、スポーツが体に与える損傷のことなら、何でも知っていた。話を聞いた当時28歳だった彼女は、高校、クラブチーム、大学の2年間と夢中になってラクロスを続けるあいだに、なんと手術を5回も受けていたのだ。2004年に前十字靭帯損傷の再建手術、その2年後に再手術、大学1年生で金属を取り除いて半月板を削り、3年生で膝蓋骨の腱を「緩めて」反対側の半月板の切除手術を受け、さらに26歳で痛みが続いていた膝の手術。なかでも、もっとも緊急性が高かったのが、最後に受けた手術だったという。

「アツアツの熱湯を膝から足の先に垂らされているかのような痛みだった」

医師たちは、彼女の膝蓋骨の下を削って傷んだ組織を取り除いたが、重度の変形性関節症と診断した。

膝の痛みは、今も続いている。「膝の一部で骨と骨が直接こすれ合っているせいで、階段の上り下りをするときに痛むの」と彼女は言った。

キャリーのような人は珍しくない。40歳から60歳の元ディビジョンIアスリートたちとそうでない人たちの生活の質を比較すると、かつてのエリート選手のほうが現在の生活の質がずっと悪いことを示す調査が少なくとも1つはある。「元ディビジョンIアスリートには、日常活動における制約が著しく多く、より重症かつ慢性的な怪我を抱えていると回答した人が比較対象より多かった」とある。また、調査した7つの項目――睡眠問題、疲れやすさ、心配事、うつ症状、痛み、身体的機能、社会満足度――のうち5つの項目において、元アスリートではない人たちのほうが明らかに高い点数をつけていたのである。その後、ディビジョンI、II、III

それぞれの大学の元アスリートでも同じ調査が行われたが、結果は変わらなかった。

まさに、パラドックスである。スポーツは、人にとって良いはずだ。すべての研究が明らかにしているように、適度な活動は、私たちが望む通りの健康効果がある。問題は、現代のシステムでは、子供たちはスポーツをする機会が不足しているか、もっと、もっと、もっと、と絶えず要求を突きつけられているかのどちらかになっている点だ。

02

07

Lonely
at the Top

一流選手の孤独

幼い頃から泳げたキャロラインは、8歳で近所のスイミングスクールに入った。マサチューセッツ州の彼女が住む地域では水泳の習い事が流行っていて、なかでもキャロラインの自由形の才能はずば抜けていた。そして本人も向上心に溢れ、潜在能力を発揮するのが自分の務めだと感じていたという。私との一連のインタビューの中で、彼女は次のように答えている。「自分を追い込み、一番苦しいことをしなければならないのよ」

キャロラインは、8年生で一流の水泳プログラムを擁する私立高校を受験した。水泳仲間のあいだで知らない人はいない、評判のコーチがいたのが理由で、最高の指導者から学びたかったからだ。合格すると、彼女は9年生からチームの練習に加わった。「水泳が大好きだった時期もあったんだけどね」とキャロラインは言った。

意気込んでいたキャロラインは、練習量とハードな内容に大きな衝撃を受けた。長距離水泳選手は、朝の6時から約4・9㎞泳いだあと、午後はさらに約9・1㎞泳いだ。また、土曜日の朝は、全選手が5時間連続で泳がされた。さらに、コーチがチームに失望したときは、練習の代わりに約9・1㎞のレース——全員で、水分補給もトイレ休憩もなしで400往復する——をやらされた。あるいは、選手たちの根性が足りないと感じたときにやらされる、コーチ考案の有名なトレーニングもあった。最初に約1・6㎞泳ぎ、泳ぎ切ったらプールから出てスニーカーを履き、大学構内——林を抜け、橋を渡り、フットボールフィールドを越える——を陸上トラックまで水着のまま走り、トラックをさらに約1・6㎞走るのである。プールと陸上トラックを5時間も行ったり来たり、決まって週末にやらされた。

　また、プールの外で筋力と持久力を鍛える「陸上トレーニング」も毎日の練習の1つだった。チームメイトを背負ってのランジ、「ガチョウ歩き」と呼ばれる限界まで深くしゃがみ込んでするスクワット、ウエイトリフティング、トレッドミル、スピンバイク。それ以外にも、足が滑りやすいプールサイドでダッシュをしたり、逆立ち歩きで往復したりした。そのあいだ、アシスタントコーチの1人が「全力でやれ!」と怒鳴っている。

　キャロラインは、人から頼まれると断れない、波風を立てるのが苦手な性格だった。それでも、チームの文化を不快に感じていたという。泳ぐのが遅い選手は、速い選手が追いついてきたら深く潜らなければならず、さもなければ、殴られるか、引っ掻かれるか、下へ押しつけられた。性的なイタズラをして退部になった選手も何人かいた。他の選手に乳房を見せるために水中でしょっちゅう水着を引っ張って下げる女の子がいたり、男の子たちは、プールサイドを小さなブーメラン水着姿でうろつき、誰もが見えるように水着の隙間から睾丸を出したりした。他にも、チームメイトのロッカーに使用済みのタンポンを入れるベテランの選手がいたり、ロッカールームで後輩たちに小便をかける先輩たちがいたり、それに加担するアシスタントコーチもいたという。さらに、尊敬されていたヘッドコーチまでもが、大人しい1年生の男の子に、水着のままポールダンスをしろと命令したことが2度あった。

キャロラインは、チームメイトとの対立を避け、コーチの要求が不可能、あるいは不快だと感じても精いっぱいに応えた。底に排泄物が落ちているプール──「謎のクソ野郎」の仕業だと彼女は言った──で練習があったときも、気持ち悪いと思いつつも、きちんとやり遂げた。また、ある夏に藻で覆われたプールで練習があり、誰かが深くなっているところに余っていた塩素を大量に投入したせいで何人かに発疹が出たときも、諦めずに耐えた。他にも、プールの天井から垂れ下がるトレーニング用の太い縄のロープをよじ登るよう命じられることがよくあったが、それにもためらわず従った。そのせいで足に切り傷ができ、チーム内でブドウ球菌感染症が広がったこともある。

さらに、発熱以外の理由で練習を休むのは禁止されていたため、気管支炎に2度、単核症に1度かかったときも泳いだ。キャロラインは、常に疲労感があり、授業中に泣き出すこともあった。そして、それに気づいた英語の教師がコーチに話してくれたが、「心が弱い」と責められた。病気は練習を休む理由にならず、気管支炎になり咳をしていたときまで、「癌でもあるまいし」と叱責された。

何が起きているか、自分の切羽詰まった気持ちを両親に説明しようとしても、適切な言葉が見つからない。キャロラインの家族は、精神面の健康に関する話題が苦手だった。「どう伝えて良いかわからなかった」と彼女は話す。母親は、練習が厳しいのは知っていたものの、娘の様子を見ても、10代にありがちな悩み程度にしか考えていなかった。父親は、平日はあまり家にいなかったため、ほとんど話す機会がない。その上、彼女よりわかりやすい問題を抱えていた妹に両親の関心が向けられていたため、キャロラインは学校も水泳も順調そうに見えていたのである。

転校も考えたが、それは不可能に思えた。友達を失うのが怖かったからだ。コーチはよく相手校の選手を馬鹿にしていたため、学校を辞めれば、自分も同じように見下されるのも怖かった。それに、両親が長年にわたって、自分の水泳にどれほどお金を費やしてきたかも自覚していた。どうすれば転校せずにチームを辞められるだろう？　もしかすると、自分自身に問題があるのではないか。自分が繊細すぎるだけで、成功するには強くなる必要があるのではないか。キャロラインは惨めだった。だから、チームに残った。「自分を無理矢理その型にはめようとした」と彼女は言い、「大人を信じていたから」と続けた。

多くの子供たち、なかでも落ち込みやすかったり、不安になりやすかったりする子はとくに、ユーススポーツをすることで心と体に大きな負担がかかり、本来は心の健康に良いはずの運動がそうではなくなってしまっている。スポーツは、心を安定させるどころか硬化させるようになった。スポーツをしている子供たちのあいだで、いかにメンタルヘルスの問題が蔓延しているかを示す総合的なデータはなく、子供や高校生における、そうした問題を評価する組織や団体がないせいで、はっきりとしたことはわかっていない。とはいえ、スポーツ心理学者やメンタルヘルスの専門家、ユーススポーツ事情に深く関わっている人たちが、失うものも得るものも大きくなった今のユーススポーツが、彼らの心に与える影響について警鐘を鳴らしているのだ。

精神的な被害

「ここ10〜15年間で学生アスリートの強い不安感やうつ病の発生率が上がっている、というのが専門家たちの総意だ」と臨床スポーツ心理学者のマーシャル・ミンツは言う。彼は30年以上にわたり、ニューヨーク州やニュージャージー州に住む、一流の高校生アスリートとその家族に関わってきた。ミンツのこの見解は、2015年に全米アスレティックトレーナーズ協会（NATA）が発表した、「高校生アスリートの多くが、周りの同級生と比べてネガティブな心の状態にあることを認めている」という思い切った内容の声明文によっても裏づけられている。高校生アスリートたちで、「睡眠障害や食欲不振、気分障害、短気、トレーニングや競争に対する興味の低下、自信低下、集中力の欠如といった症状の発症率が高いことが確認された」という。主執筆者のティム・ニールは、「何十年ものあいだ、高校生アスリートやアスリートのメンタルヘルス一般について調査してきた経験に基づいて」チームがたどり着いた結論であると書いている。

メンタルヘルスの問題は、アスリートに限った話ではない。不安や気分の落ち込みは、思春期の子供たち全般に増えている。２００７年から２０１７年のあいだに、12〜17歳で重度のうつ病の症状を訴えた子供の数は８％から13％、２００万人から３２０万人に急増した。そして、さらに深刻なのが自殺率だ。同じ10年のあいだに、10〜24歳の自殺率は56％も上昇している。『真昼の悪魔――うつの解剖学』（原書房）の著者であるアンドリュー・ソロモンは、「単純に子供たちが悩み事をオープンにするようになったからというだけではなく、診断と疾患自体も増えている」と言う。

とくに競争が激しいユーススポーツでは、いくつかの理由から前述の症状を発症する学生アスリートがより多くなっている。「彼らは皆、睡眠不足だ。睡眠不足は、不安やうつ症状の重大な一因になる。しかも、睡眠不足の学生は増えつづけている」とミンツは話す。学生アスリートの多くは、１年を通してじゅうぶんな休息が与えられず、常に学業とスポーツについていくのに必死で、肉体的にも疲れ果てている。

全米アスレティックトレーナーズ協会の報告によると、「若いアスリートにとって、オーバートレーニングは当たり前になっている」という。コーチから言われたことをすべてやっているにもかかわらず、もっとやらなければならないと感じている子供たちもいる。スポーツ心理学者で全米アスレティックトレーナーズ協会が出した声明文の共同執筆者でもあるスコット・ゴールドマンは、これを「目に見えない同調圧力《ゴースト・ピアプレッシャー》」と呼ぶ。他の人はもっと練習しているはずだから、自分ももっと頑張らなければならない、という疑念が頭から離れず、睡眠不足と取れない疲れが心配や絶望を招いているというわけだ。

こうした状況はずっと続き、大学ではとくに深刻になる。NCAAは、何年かおきに大規模なGOALS調査（Growth＝成長、Opportunities＝機会、Aspiration＝願望、Learning of Students＝学業を調べたもの）を実施しており、かなりたくさんの情報を集めている。2019年には、2万2000人以上の男女の学生を対象に調査した結果、ディビジョンIのアスリートたちが、シーズン中はスポーツに週33時間、学業に35時間半を費やしていたことがわかった。シーズン中の彼らの睡眠時間は、男女ともに6時間15分だった。このときに共有されたパワーポイントのスライドの1つには、次のように書かれている。「女子の学生アスリートの30％近くと男子の学生アスリートの約4分の1が、調査前の1ヶ月以内に、抱えている問題が多すぎて対処しきれないと感じていた」（公平を期すために書くと、スポーツをしていなくても、学生の多くがさまざまな問題を抱えている）

さらに、2015年のGOALS調査では、より詳細なデータが集められていた。要約によると、ディビジョンIとIIのアスリートたちは、オフのあいだもシーズン中と同じかそれ以上の時間をスポーツに費やし、男子の3分の2近くと女子の4分の3近くが、家族や親戚と会う機会を増やしたいと強く望んでおり、「調査に協力した学生の多く」がリラックスしたり、友人と過ごしたりする時間がもっとほしいと考えていることがわかったという。さらに、子供自身にとっても、自身の運動能力がより重大な問題になっていることも判明した。そこで、若者の心の健康を守り、自殺を防止することを目的とした非営利団体のJED財団で医務部長を務めるビクター・シュワルツ医師に、とくに競争が激しいスポーツをしている10代がより多くの問題を抱えている原因を尋ねたところ、次のような回答があった。「スポーツが持つ意味がどんどん大きくなり、子供たちは失敗が許されなくなってきていると感じるようになっている」

これについては、私が話を聞いた専門家の多くも同様の見解だった。「プレッシャーが大きいスポーツは、ストレスのはけ口であるはずのものを、ストレスと不安の源に変えてしまった」と臨床スポーツ心理学者のロニー・サーネルは言う。さらにゴールドマンは「私たちは何を間違ってしまったのだろう?」と疑問を投げかける。「私たちは、真剣にやりすぎた」

また、スポーツ以外の興味を除外し、アイデンティティの幅が狭まったことも、若いアスリートたちを不安定にさせている。1つのスポーツに夢中になっている思春期の子供は、自分を「サッカー選手」、「水泳選手」、「ランナー」として捉えている。心理学者たちは、このように自己のイメージが狭くなっている状態を「アスレティック・アイデンティティ〔訳注：アイデンティティがスポーツに依存している状態〕による差し押さえ」と呼ぶ。もっともマシな場合でも、運動以外の経験が減ることで、スポーツ一筋であるが故に人格形成が妨げられた、面白味のない子供になってしまいやすいという。「二元論的思考――善か悪、勝ちか負け――になり、ルールやシステムを取り上げられ、自由に遊んでこいと言われると困惑する。はしゃいだり、ふざけたりする仕方がわからないからだ」とミンツは説明する。

アスレティック・アイデンティティによる差し押さえは、壁にぶつかったと感じたときが一番ダメージも大きくなる。自分のアイデンティティにぴったりとくっついているスポーツを、どうして捨てられようか？　この苦しみは、プロのスター選手を夢見る才能ある選手にとっては、とくに過酷だ。オリンピックに2度出場経験がある元水泳選手のキャサリン・スターは、そのせいで虐待的なコーチから離れることができなかった。「自分の夢や欲望でがんじがらめになっていた」と彼女は言う。

アイデンティティとスポーツでの夢が密接なほど、何が普通で、何がやりすぎかは曖昧になりやすい。「彼らは、絶対に『もうじゅうぶんやった』とは言わない」とミンツは話す。

自分のアイデンティティを他の何よりもスポーツと結びつける思春期の子供には、競技をする上で避けられない怪我は大きなトラウマとなる。州でトップのラクロス選手だったこともあるイザベルという若い女性は、高校時代に前十字靭帯を損傷したときに、どれほどの喪失感や焦燥感を味わったかを語ってくれた。「小さい頃からずっとラクロスをしてきて、他の趣味はなかった」と言い、8ヶ月もラクロスができず、練習ではなくリハビリに通ううちに、塞ぎ込み、摂食障害になってしまったという。「競技中心の生活を送っていたから、それがなくなると、『どうすれば良いの？』って」

整形外科医が行ったある研究によると、前十字靭帯を損傷した思春期の子供の大半が、心的外傷後ストレス障害を発症していたことがわかった。

すべての怪我が前十字靭帯損傷ほど壊滅的というわけではない。たとえば、私がコーチをしている若いランナーのあいだで多いのが、脛の周囲が痛むシンスプリントと膝が痛む「ランナーズニー」だ――とても痛いが、数週間から数ヶ月と短期間で治る場合がほとんどだ（休息し、できれば理学療法を受け、可能なら矯正具を使って足部接地パターンを正し、少しずつ、なるべく軟らかい地面でのトレーニングを再開していく)。さらに、とくに女の子や若い女性では、摂食障害やダイエットのせいで怪我をしやすくなったり、長期に及ぶ影響が懸念される骨の怪我が増える可能性がある。また、競技から一時的に離れるだけで精神的に深刻なダメージを受けるケースもあり、スポーツが自分の中心であるほど、引き離されたときの喪失感は大きい。

若いアスリートがメンタル面での問題を抱えやすくなる要因——睡眠不足や肉体的疲労、競技における自分のパフォーマンスがものすごく重大だという認識、スポーツ以外のアイデンティティの崩壊——は、今のユーススポーツの仕組みを積極的に受け入れている、あるいは、抵抗するのに消極的なコーチや親によって作られている。まず、チームの雰囲気やトレーニングの細かいルールはコーチが決定する。そして多くの場合、親は子供のスポーツに積極的に参加している——練習や試合への送迎、水や切ったオレンジの差し入れ、我が子の将来のために週末を捧げる、など。このような大人たちの行動が、子供の幸福に大きな影響を与えている。

誤解のないように書くと、1つのスポーツを一年じゅうトレーニングすることに耐えられる子供たちもいる、とミンツは言う。選手たちを「馬車馬のようにこき使う」ようなことがない、ポジティブなコーチなら、子供たちは努力し、競技を好きになり、進んでトレーニングに励むようになるだろう。

ところが、ポジティブなどころか弱い者いじめをするコーチは多く、幼い頃に非友好的な扱いを受けることで、より大きな精神的被害を受ける場合もある。

さらに、子供の幸福より結果にこだわるせいで、練習中に起きていることを容認、または見て見ぬ振りする親もいる。キャロラインの両親のように、子供が大袈裟なだけだと決めつけ、ある程度の不平不満は10代にとって普通だと考えるのだ。そして、それ（スポーツ）以外では甘やかされている子供たちが現実を知るのにちょうど良い、とコーチの根性論を密かに気に入っているため黙っている親もいる。あるいは、コーチが我が子に報復するのを怖れるあまり意見できない親も多い、と虐待的なコーチに対し訴訟を起こしてきた弁護士のルアン・ピーターポールは話す。なかには、他の保護者から村八分にされるのを怖れる親もいるという。

運動は気分を上げる

世の中に不幸なアスリートが溢れていることの何が残念かというと、適度な運動は気分を上げることがわかっているという点だろう。このことは、驚くほど多くの研究が明らかにしている。たとえば、少ない運動量——週に１５０分以下のウォーキング——でも、うつ病を防ぐ効果があると言われている。あるいは、１日たった15分ジョギングするだけでも気分が上がり、活力を高められ、スポーツをしている学生のほとんどが、スポーツをしない同級生に比べて自己肯定感と自己効力感が高く、ソーシャルサポート（良好な人間関係から得られる物理的、または心理的支援）を多く受けていると感じていた一方で、活動的でない学生は、孤独感や劣等感、無力感を感じやすく、スポーツをするほど将来的にも精神状態が良くなることもわかっている。

ただし、1つだけ注意してほしいのは、アイスホッケーとレスリングに関してだけは、スポーツをしていない子供のほうが精神健康状態が高かった。

さらに、女の子には別の心理面および発達面へのメリットもある。高校でスポーツをしている女の子は、自分自身や自分の体に対するイメージが高く、10代を通して自信を維持でき、予期せぬ妊娠が少なかった。「思春期になると、女の子は意見を主張しなくなることがわかっているが、スポーツはそれを緩和してくれる」と、女性とスポーツを研究するタッカーセンター［訳注：ミネソタ大学内にある女性スポーツ研究機関］のセンター長であるニコル・ラボイは言う。スポーツに打ち込んでいた女性は、そうでない女性に比べ、政治家に立候補する傾向が強いこともわかっている（男子では、スポーツをしている生徒のほうが、していない生徒より学業成績が優秀で、学習意欲も高かった）。こうした肯定的な結果は、必ずしもスポーツが原因であることを証明するものではないとの研究者たちの指摘もあるが、強い相関関係を示していることには変わりないだろう。

女性の社会進出全般におけるスポーツの役割は、私たちが思っている以上に大きいのかもしれない。タイトル・ナインが成立する前後の女性の生き方を比較した画期的な分析の中で、ペンシルバニア大学ウォートン校のベッツィ・スティーブンソン教授は、女の子がスポーツをする機会が増えるに伴い、女性の就学・就業率が上がり、「男性の職業」を希望する女性も増えたのではないか、という見解を示した。「タイトル・ナインによって女性もスポーツをするようになったことで、女性の学歴に大きな、統計的にも有意な影響があったようだ」と彼女は書いている。また、女の子ができるスポーツの選択肢が多い州ほど、法律や会計、獣医学に関連する職業に就きたがる女性が多かった。

さらに、崩壊した家庭環境で育つ子供にとって、スポーツはとくに大きな力を持つ。神経科学者のブルース・D・ペリーは、近代以前の社会において、トラウマの被害者は、人とのつながりや「ダンスやドラム、歌などの規則正しいリズム」に安心感を得ていた、と書いている。構造化された動きは、ストレスに狂わされ、過活動・過反応になっている脳内ネットワークのバランスを取り戻すのに役立つからだ。現代社会では、運動やダンス、音楽に同じ効果が期待できるだろう。

『JAMA Pediatrics』誌［訳注：米国医師会が発行する小児科誌］に掲載された報告によると、子供の頃にトラウマを経験した大人で、思春期にチームスポーツをしていた人たちは、大人になってからの精神状態がより健全であることがわかっている。研究者たちは、チームスポーツの「心理社会的」なメリットが、トラウマを抱える子供たちの「保護因子」となり、大人になってからも健全な精神状態を保つことを発見したという。チームスポーツに参加することで、自己肯定感が高まり、より社会から受け入れられ、学校との結びつきが深くなっていた。「とくに男性において、思春期のチームスポーツと成人期の精神状態には密接な関係がある」と報告書は結論づけている。研究者たちはこの結果に衝撃を受け、トラウマを経験した子供にチームスポーツを勧めるよう小児科医に助言した。また、すべての人にスポーツの選択肢を提供するよう政策立案者に呼びかけた。スポーツは、トラウマを抱える子供たちの人生を変えるかもしれないのである。

家庭でのゴタゴタ

ジェラニ・テイラーがフットボールを知った――彼の言葉を借りるなら、フットボールに「出会った」――のは、両親が離婚して母親が姿を消し、きょうだいたちと祖母の家に引っ越した年のことだった。ジェラニは、インディアナポリスのCAWという、組織化されていなくて費用が安い、似たような境遇の子供たちが集まるフットボールリーグのチームに入った。「CAWは、ポップワーナーでプレーするお金がない、貧困家庭の子供たちのためのリーグなんだ」と彼は言い、国内各地に展開する有名なユースフットボールプログラムの名前を挙げた。8歳でクォーターバックになり、一気にフットボールの虜になったジェラニは、チームメイトたちから頼られ、まるで兄弟のように過ごした。人生で初めて、自分のしていることに価値があると思えたという。

ジェラニは、よく兄とも遊んだ。家の裏庭で、端の坂になっているところをできるだけ避けながら、キャッチボールをした。フットボールのオフシーズンは、週末に地域のYMCAでバスケットボールもしていた。運動神経が良かったおかげで、どのスポーツも楽しめたが、5歳のときに始めた野球だけは苦手だったという。外野に回され、ただボールが飛んでくるのを待つだけ、というのは耐えがたかったのだ。

そんな彼の人生は、母親が彼氏と戻ってきたことで転機を迎える。しばらく一緒に住んだものの長くは続かず、結局ジェラニが7年生になるときに子供たちだけが父親の家に引っ越した。しかし、そこでの生活もすぐに終わってしまう。ある夜、父親が再出発しようと言い出したからだ。ダッフルバッグに洋服やスポーツに使うものを入れ、父親の白いバンに詰め込んだ。5人を乗せた車は夜通し走り、ミシガン州のフリントという町まで行き、もう1人の祖母の家に住み始めた。そして1年も経たないうちに、今度は隣町のビーチャーに引っ越し、また転校した。8年生を終えるまでに、ジェラニは5つの中学校を転々としたという。

ビーチャーは、フリントのすぐ北に位置する人口1万人ほどの「未編入地域〔訳注：州や郡より小さい市町村にあたる最小区分の地方自治体に属さない地域〕」だ。フリントもそうだが、このビーチャーという地域も貧しく、危機的状況にあった。2020年のある発表によると、アメリカ合衆国の中で住みたくない地域ワースト50の4位に入っており、失業率と貧困率はそれぞれ23％と38％だった。病院や店がなく、もちろんダウンタウンもない。1つだけ優れていたのは、水道水より井戸水の利用が多かったため、フリントのように鉛で汚染された水による影響が少なかったことだ。

9年生になったジェラニは、300人いる生徒の99％がアフリカ系アメリカ人というビーチャー高校に入学した。同校の学業レベルは最悪——ジェラニによると、常にミシガン州の高校の下位5％に入っていた——で、毎年のように廃校の危機にあったが、スポーツに関してだけは優秀な学校だった。「スポーツがものすごく盛んだった」とジェラニは振り返る。

1年目の秋、ジェラニは高校のフットボールチームに入った。身長はちょうど5・7フィート（約170㎝）を切るくらいだったが、最初からバーシティチームに選ばれ、最終的にはほとんどのポジションでプレーした。そしてフットボールのシーズンが終わると、バスケットボールチーム、その次はトラック競技に続けて参加した。彼がもっとも熱中したのはフットボールだったが、それ以外のスポーツを諦めるつもりはなかった。「スポーツを3つやれ、と言われて育ったからね」と彼は言う。ともあれ、トラック競技でさらに足が速くなったおかげで、フットボールにも役に立った。

それに、スポーツをすることで、できるだけ長いあいだ家にいなくて済んだ。家の中は、めちゃくちゃだった。一家は1つの家に数ヶ月住み、家賃が払えなくなると荷物をまとめて引っ越していた。何年も前の話とはいえ、彼の父親に犯罪歴があったため、安定した仕事を見つけるのが不可能に近く、なかなか定職に就けなかった。お金がなく、ジェラニときょうだいは夏のアルバイト代を家賃に充てていた。住む家がないときは、少しのあいだ父親の友人宅に世話になることもあった。また10年生の頃、どうしようもなくなり、しばらく家族の知り合いの家の地下に住まわせてもらっていた時期が5ヶ月ほどあったという。

週末になると、ジェラニと兄は急いで家事を済ませ、練習をしに公園へ行った。できるだけ長いあいだ家から離れていたかった2人にとって、スポーツは明らかに逃げ場だった。さらに、ジェラニにとってフットボールは、ビーチャーからの抜け道でもあった。フリントに比べて住民同士のつながりが強い地域ではあったが、ビーチャーも同じような問題を抱えており、誘惑に負け、頭が成熟しきっておらず、物質的にも満たされていない10代の子供たちが、手っ取り早くお金を稼ぐ手段として麻薬を売っていた。ジェラニは、絶対に麻薬をやらなかった。「すべてをスポーツに向けていたから、それ以外のことを気にする時間なんてなかった」と言う。

ジェラニには、ずっと変わらない明確な夢――大学でフットボールをして、ゆくゆくはNFLでプレーすること――があった。自身について「ものすごくストイックだった」と言い、フットボール選手として成功したのは、運動神経が良かった以上に自制心が強かったおかげだと話した。

さらに、ちゃんとした大学に入るにはトップの成績を取る必要があることを理解していたため、勉強でも妥協しなかった。文才があり、書くことは息抜きにもなった。ジェラニは、スポーツと合わせて2つのはけ口があったおかげで、度重なる引っ越しや、いつも心にあった母親への心配からくる不安を和らげることができた。

また、家にはパソコンがなかったため、図書館に入り浸って無料でインターネットを使い、大学のコーチに連絡を取った。調べられる限りのフットボールチームがあるディビジョンIかIIの大学にオンライン質問フォームを送信し、電話でメッセージを残した。すると、ほとんどの大学に無視される中、コーネル大学のコーチたちが気づき、その夏のフットボールキャンプに招待してくれたのである。キャンプに参加するため、ジェラニは自分でお金を稼ぎ、初めて飛行機に乗って東へ向かった。彼のプレーを実際に見たコーネル大学ヘッドコーチのデイビッド・アーチャーは、是非チームに迎えたいと感じ、翌年にそれは叶えられた。

フットボールは、ジェラニの人生を形成した。厳しいビーチャーの町から穏やかなイサカという町に生活を移すことができた。スポーツは、子供の人生を上向かせる場合もあれば、過度の運動や過酷な競争によって真逆の結果となる場合もある。

もちろん、過酷なスポーツにどっぷりと浸かるのが合っている大学生アスリートたちもいる。彼らは、厳しい練習や大きなプレッシャーがかかる試合を生き甲斐とし、スポーツや学業、さらには、大学生が直面するあらゆる問題をすべて、それも毎日6時間ちょっとの睡眠で、上手くやりくりできるマインドセットを持っている。また、不安や重圧に押しつぶされそう、あるいはホームシックであると回答した者を含む、調査対象の学生アスリートの90％が、大学スポーツによって労働倫理観や責任感、他人と協力し合う能力を身につけられたと答えている。

それは良かった。とはいえ、すべての思春期の子供が週に68・5時間（スポーツと学業を合わせて）もの労働をこなせるわけではない。また、誰もが短い睡眠時間でも大丈夫というわけでもない。あるいは、スポーツの才能はあるが、家で過ごすのも好きなアスリートは、コーチが毎週末と夏の大半を要求してきたら苦悩するかもしれない。他にも、留学を考えている学生や、練習スケジュールに合わない科目を専攻したい学生もいるだろう。ディビジョンⅠアスリートは、自分たちにとってスポーツは仕事だと口を揃える。ただし、すべての10代の若者たちが、賃金が発生しない、フルタイムの仕事に向いているわけではない。

苦しみの先へ

キャロラインは、素晴らしい水泳チームを擁する一流大学からスカウトされた。入学すると、練習メニューが割と緩かったため驚いたという。高校でいつも泳いでいた距離の半分以下しか泳がなくて良く、練習時間も短い。その上、週に3日も朝ゆっくりと寝ていられるなんて！授業があれば、練習を早退しても良いなんて！　NCAAの規則によって、大学チームのコーチが選手たちに要求できることは限られている。高校には、そうした縛りがない。

高校で国内記録を出し、アイビーリーグチャンピオンシップのレースで優勝しても、キャロラインが自分の成績に満足したことはなかった。彼女は、一番になったことがない。「自分がすごい水泳選手だと思えなかった」と彼女は言う。ただ、何年ものあいだ拷問のようなチームに耐えられたことは誇らしく感じているようだ。「毎日疲れきった体で、怒鳴られないよう怯えながらプールサイドで過ごした」

高校卒業から10年以上が経ち、キャロラインは、状況を把握していたはずなのに何もしてくれなかった何百人もの大人たちのことを考えると、気持ちが悪くなると話した。有名なコーチに学ぶためプールを訪ねてきた他のチームのコーチたち、チームの様子を見に頻繁に顔を出していた校長、我が子を5時間の練習に送迎し、11ヶ月間もの特別トレーニングを容認した親たち。

「どの大人も共犯みたいなものよ」とキャロラインは言った。10代の子供たちが水着にスニーカー姿で構内を走っているのを見て、おかしいと思った先生はいなかったのだろうか？　高校の運営陣は、子供たちが何時間練習しているか知らなかったとでも言うのだろうか？

キャロラインは、今でも高校で水泳をしていた当時に体験した苦しみに悩まされ続けている。そして、苦痛を乗り越えることを美徳とする考えや、絶望や苦境だけが成長を促すといった考えから離れようとしている。コーチを喜ばせるため、あらゆることに耐えた結果、今では普通の限界がわからなくなってしまった。彼女は、権力を持っている人に脅威を感じたり、冷たいシャワーや塩素の臭いでパニックになったりするという。そして、スポーツに関する話、とくに虐待に関係した話には、拒絶反応を起こしてしまうそうだ。アイビーリーグの大学を卒業し、上級学位を複数取得したにもかかわらず、頭の中では、コーチが彼女を貧弱だ、ダメなやつだと罵る声が聞こえるという。「自尊心がものすごく低くなってしまって、死にたいと思わない日のほうが少ないくらいだわ」

08

The Trouble with Coaches

コーチとのトラブル

現代のユーススポーツにおける大きなパラドックスの1つは、私たちが子供のトレーニングを任せている大人に関係している——コーチだ。率直に言って、私たちはもっと上手くやれるはずである。クラブチームやトラベルリーグ、学校に流れるお金だけでなく、親が子供のスポーツにかける精神的・金銭的な投資の大きさに対し、アメリカにおけるコーチの質は釣り合っていないどころか、劣悪な場合もある。多くのコーチが、いまだに大きな声で怒鳴ったり、酷いときは体罰を与えたりして、子供たちのパフォーマンスを上げようとしている。また、タイトル・ナインの成立以降、スポーツに参加する女子選手が増加した一方で、彼女たちを指導する女性コーチは減っているのだ。私たちは、ユーススポーツを大事に思っていると言いながら、ちゃんとした指導者を用意するための努力をしていない。

スポーツをしていた人なら、誰もが最悪のコーチにまつわる話の1つや2つはあるだろう。もちろん、私にもある。

私自身、過去に何人ものコーチと関わってきたが、暴力を振るわれたことはない。これは、奇跡と言えるだろう。なぜなら、1970年代後半の私が通っていた高校には、権限のある立場にいる変態や人間嫌いの大人がたくさんいたからだ。脂ぎった悪魔のような副校長は、いつも10代の生贄を探して廊下をうろついていたが、何年後かに性的暴行で逮捕された。

彼らのような気味の悪いやつらに比べれば、私のコーチたちは誰もが聖人のようで、厳しい扱いを受けたとしても、多くは言葉だけだった上に、かなり控え目だったと言える。その後、大学で初めて下劣なコーチに出会ったが、幸いにもその頃までには心の準備ができていた。噂によると、女子に対する「不適切な」態度が原因でライバル校をクビになり、うちの大学にやってきたばかりのスティーブというコーチは、目つきがいやらしく、クロスカントリーチームの若い女の子たちの体型に口を出すという厄介な癖があった。自分だって結構なお腹のくせに、私たちが太り過ぎて見えるらしく、躊躇なくそう言った。私たちが広大な大学のキャンパスの中にある急な芝の坂道を駆け上がっていると、「ケツがデカすぎなんだよ!」と低い声で唸ったし、チームのユニフォームを決めようというときには、痩せた一流のランナーがよく穿いている、ピチピチの下着みたいな「短パン」にすると主張した。さんざん選手たちの体型を批判したあとに発表したところからも、私たちを辱めて怒らせたいという魂胆が見え見えだった。

当時の私は、そこそこの選手にすぎず、まだ自分の可能性に気づけていなかったものの、コーチの耐えがたい言動は完全に認識——そして糾弾——できた。野心に囚われてもいなければ、評判の良いコーチだからといって、受け入れ難いことでも耐える、というようなこともしなかった。そうした中で、私ともう1人のキャプテンとで意見が一致した。私たちは、ピタピタのビキニみたいな短パンを穿くという嫌がらせは受けない。そして、もしユニフォーム案を変更しなければ、私たちキャプテン――もっとも経験値の高いランナーと、もっとも速いランナー――はチームを抜ける、とコーチに伝えた。すると彼は渋々といった様子で従い、そのシーズンは、チームは一般的な体型をした選手用に作られた、普通のランニングショーツでレースを走った。そしてコーチは、その年の終わりにいなくなった。

この出会いは、その他さまざまなコーチとの印象深いエピソードの数々と一緒に、ずっと心に残っている。そして、それから何年も経ち、高校のクロスカントリーチームのコーチとして呼ばれたときに参考にさせてもらった。

コーチになる

「こんにちは！」体育館横の草の上に点々と座る10人の女の子たちに、挨拶した。コーチ初日であり、彼女たちは教え子の1期生ということになる。41歳の私は、走れる服装をし、早く始めたくてワクワクするのと同時に目の前の光景にややがっかりもしていた。小さな女子校のクロスカントリーチームには、明らかに無理があった。

「こんにちは」と何人かの女の子たちが呟くように言った。

背が高く、黒いロングヘアの、少し脊柱側弯症っぽい、口の大きな女の子が笑顔を向けてくれた。他には、片方の手に顎を乗せて反対の手で草をむしっている子、両腕で両脚を抱えるようにして座り、もう少しで鼻が膝につきそうなくらい体を丸め、警戒したような目で私を見る上級生の女の子、それから、痩せて、歯並びの悪い、でも速そうな脚をした、少しひょうきんそうな女の子が、ひきつった笑みを浮かべていた。

その後コーチをした多くのチームもそうであったように、この最初のチームも選手たちの力量にはかなりの個人差があった。1人は州で一番過酷な5kmコースを19分以下で走り、また別の子は同じ距離を30分以内で走るのにも苦労し、それ以外の子たちはその2人のあいだのどこかといった具合である。私の仕事は、彼女たちを取りまとめ、全員の共通点を見つけ、それぞれがより速く走れるようにすることだった。上達させるのは簡単だ。少し練習するだけでも、子供はすぐにタイムを縮められる。ただ、団結させる——まとまりのない、扱いづらい10代の子たちを結束の強いチームにする——となると、話は別だった。

その年、私を手伝ってくれたのは、マイケルという背が高く、手足の長い、俳優でミュージシャンのデヴィッド・キャシディが若かりし頃にしていたような長髪に、吸血鬼のようなもみあげをした、20代後半の若い白人の男の子だった。大体いつも数分遅れてやって来て、おんぼろ車を学校の駐車場に停め、こちらに笑顔を向けたと思うと、すぐに目をそらし、のんびりと体育館の中へ歩いて行った。ほとんどの日は、ジーンズに靴下とスリップオンサンダルという格好に、貝殻のネックレスをつけ、悪気はないのだろうが学校の厳しい服装規定を破っていた。そして、運がなかった。あるときは、仕事中に不安定なコンピューターが倒れ、下敷きとなった手の指の骨を何本か骨折し、包帯を巻いて練習に現れた。また別の日には、完全に腐った寿司を食べたせいで1週間入院し、20ポンド（約9kg）も痩せてしまった。

初日、私とマイケルは練習のルーティンを作った。出欠を取り、簡単なストレッチをして、一人ひとりの選手の実力に合ったペースと距離でグループごとに走らせ、再びストレッチをする。それが終わったら、私は速い上級生たちを連れて学校の周辺を約9・6km走り、マイケルは経験が浅い選手たちが基本の約1・6kmを走る練習を監督する、というのが一連の流れだった。そして、翌日はグループを交換し、それぞれが全員の選手と関わるようにした。

ほとんどのコーチがそうであるように、私もコーチになるための正式なトレーニングを受けた経験はない。アスレティック・ディレクターが私を採用した理由は、私ならやれるだろうと直感した前任者の推薦だけだ。そして、もっとも重要な意味で、彼は正しかった。私は競技生活が長く、10代の若者たちに関心があり、3人の子供を持つ母親でもある。それに、高校スポーツが人生に影響を与え続けることをよく知っていた。私は子供の頃にスポーツを始め、今でも運動は大事だと思っている。だから、目の前にいる女の子たちにとっても、スポーツが大切な存在となることを願っていた。

そのためには、彼女たちが個人記録を伸ばし、自分の走りや上達できる可能性を信じ、楽しみだと思える練習を提供することが重要だと考えた。彼女たちに多くを求めるかわりに、私自身に対しても厳しく――時間厳守と言いながら自分は練習に遅れて行く、というようなことがないように――する。レースの結果が悪くても、怒鳴ったり、辱めたり、叱りつけたりしない。大切なのはゴールすることで、勝つのは「望ましい副産物」だ。それから、一人ひとりの選手に関心を持つ。私自身が、気にかけてもらいたい、理解してもらいたい、と思う思春期の女の子だったのだって、そう遠い昔ではないのだ。

コーチは、必ずしも自分が与える影響——指導する10代の子供たちが自分自身について学び、自制心とやる気を育み、能力ある若者になるかどうか——を知れるとは限らない。選手が目に見えて成長していても、そのことにおける自分の役割が何であるかはわからないものだ。ところが、コーチ1年目に、ある女の子がふと教えてくれた。夏の嫌な暑さが戻ってきていた10月のある土曜日、私たちは遠くのプレパラトリースクール〔訳注：名門大学進学を目的とする私学〕にいた。約5㎞を走るレースでは、草で覆われた下り坂から走り始め、とうもろこし畑と小さな林を抜け、ゴールはスタート地点近くの坂にあった。午後1時のレース開始を待つあいだ、女の子たちは険しい表情で文句を言っていた。ものすごく蒸し暑いのにもかかわらず、日陰がない。さらに、他校はたくさんの応援が来ている。これは最悪のレースになることが予想できた。「確かに暑いし、つらいレースになると思う。でも、あなたたちなら大丈夫」と私は淡々と言った。こういうときに嘘をつく意味はないと思っていたし、他のコーチと違い、選手たちが文句を言うのを黙らせようともしなかった。そのかわり、彼女たちはじゅうぶんに準備をしてきたことを笑顔で伝え、ウォーミングアップを続けるよう指示した。

とくに嘔吐恐怖症のケリーは落ち着かず、最後の最後にもトイレへ駆け込み、体調が良くないので期待しないでほしい——典型的なレース前の極度の不安だ——と言うので、「大丈夫よ」と笑顔で返した。

するとケリーは、本人の不安をよそに、スタートを切ると前回のレースでは完全に歯が立たなかった女の子たちのグループについていき、記録的な速さでゴールしたのである。汗をかき、両手を腰に当て、体を折って苦しそうにしている彼女を見つけると、彼女は細面の顔をこちらに向け、驚きで青い瞳を大きく見開いていた。そして興奮した様子で、「自分があんなに速く走れるなんて知らなかった！」と言ったのだ。このときの彼女は、いつもの苦笑いではなく、素直な喜びに満ちた笑顔だった。

　ケリーは、自分で思っていたより能力が高く、強かった。クロスカントリーのおかげで、成長していたのだ。そして、その後何年にもわたって、私は同じような景色――女の子たちの中に、自身の可能性が宿るところ――を見てきた。彼女たちは、まだ自分の実力をじゅうぶんに試したことがなく、誰も自分の本当の限界を知らなかった。

　たとえば、キャサリンがランニングを始めたのは高校からだ。練習では、テニスチームのトライアウトに落ちた話を面白おかしくする以外は、口数の少ない子だった。もうすぐで14歳になる彼女は、緑色の瞳に、ほっそりとした体型、首まで届きそうなほど長い脚に、体の割に大きな足をしていた。優しい性格――彼女が私の娘が飼っていたヤモリを手に乗せ、背中を撫でている写真がある――のわりに、ものすごく練習熱心で、誰よりも速く走れるようになるための努力を惜しまなかった。そして、最初のシーズンを通して、きちんと準備をし、励まされると、自分が驚くほど速く走れることに気づいたキャサリンは、4年後に高校を卒業する頃には、クロスカントリーとトラック競技の両方でいくつもの記録を残し、ディビジョンⅠの大学でランニングを続けることが決まっていた。彼女は、明るく優しい人柄はそのままに、力強さをも手に入れたのである。

メガンの話は、もう少し典型的だ。彼女は、学年の中では幼いほうで、いつも新しい友達とぺちゃくちゃお喋りをし、すべてのトレーニングに文句を言い、5㎞レースを走るのに28分近くかかるなど、最初はパッとしなかった。ところが、ちょっとずつ上達するにつれ、彼女の中で何かが変わっていった。トレーニングの効果が現れてくると、ダボダボのバスケットボールショーツはランニングショーツになり、練習に早く来るようになった。そして、12年生になる頃には、完璧な準備――走ったあとの補食、一番負担がかかる脛を緩めるストレッチメニュー、水、GPS機能つきの腕時計、日焼け止め――をして練習に現れ、私に国内外で行われたレースの話をしてくるようになっていた。そして、最後の年の終わりには、3年前のやる気のなかった初めて出場したレースより、約9分もタイムが縮んでいたのである。もっと重要なことに、メガンは自分の体と走りをコントロールできているように見えた。

1年目、私はキャサリンとメガンをまったくわかっていなかった。彼女たちが走り方やレースについて学ぶあいだ、私はコーチとして試行錯誤しながら、何とかやっている状態だったからだ。それでも彼女たちを指導するのは楽しかったし、彼女たちが上達すると、本人と同じくらい嬉しかった。レース中はもちろん、彼女たちを厳しく非難するなんて考えたこともない。

トレーニング不足の虐待コーチ

男は、ストップウォッチを右手に持って立ち、何やら小声で罵っていた。頭の禿げた、私と同じくらいの身長の、やはり私と同じ室内トラック競技のコーチだった。私たちは、他のコーチたちと一緒に、あまり多くない観客から離れた、ゴール近くの特別エリアにいた。自分がコーチする高校生ランナーのタイムを取るためだ。このとき行われていたのは８００m走で、選手たちが暑苦しい室内トラックを4周するのを、その禿げた男と私は、肩と肩が触れる距離に立って見ていた。

「遅い！」2周目を大股で走る選手に向かって、男が大声を張り上げた。彼の鼻の下には汗の粒が溜まり、青い長袖のTシャツにも汗がポツポツと浮き出ている。左右の足に交互に体重をかけながら、芝居がかったため息をつき、ひどく不機嫌そうな顔だ。そして、先ほどの選手が再び回ってくると、茶色のクリップボードに目を落とし、「遅い！」と怒鳴り、相手を惨めな気持ちにさせることで煽っているようだった。選手はこちらを一瞥し、必死な様子で私たちの前を走り抜けていった。

こうした経験や、あのおぞましいラリー・ナサール事件〔訳注：２０１６年に発覚した、米体操協会の元医師による未成年の女性体操選手に対する一連の性的虐待事件〕から、私は実験を思い立った。Googleアラートを「コーチによる虐待」や「コーチと性的関係」に設定したら、どのようなニュースが表示されるか試すことにしたのである。選手を搾取したり、暴力を振るったりするコーチの問題は、どのくらい蔓延しているのだろうか？

すぐに、想像を絶する恐ろしい出来事がたくさん起きていることを知った。この悪趣味な通知設定をしてから、1日に最低1つは50州のどこかにいるユーススポーツのコーチによる、ゾッとする内容の記事がフィードに上がるようになったのである。多くの場合、被害は大きく3種類に分けられた。トレーニングと称した身体的暴力、愛のムチに見せかけた精神的搾取、そして、ちょっとした誤解という言葉の裏に隠された性犯罪や性的な仄めかしだ。どの話も大筋は似ていたが、詳細はそれぞれ不快極まりない内容だった。

いくつかの例を紹介したい。2020年4月、サウス・パサデナ高校の元陸上選手2人が、トラック競技のコーチだったピエール・ジョナス・ヘルナンデズを性的暴行で訴えた。誰もいない男子ロッカールームで、当時未成年だった彼らの体をわいせつ目的で触ったというのが理由だった。また、ニュージャージー州メイプルウッドの高校で野球チームに所属する生徒は、コーチが選手たちに対し「女々しい」、「負け犬」などと呼び、ミスを厳しく叱責したり、口答えをした選手を控えに回したりした、と教育委員会に訴えている。さらにテキサス州では、フットボール選手の保護者らが、過度な運動後にじゅうぶんなケアを怠ったことで、何人かの選手が入院を余儀なくされたとして、ハムシャー・ファネット高校のコーチを訴えていた。選手たちは、ロッカールームを汚した罰として、3日間にわたってジャンプスクワットを何百回もさせられたという。これらの事件は、1つとして全国的な注目を集めていない。

性的虐待は、若いアスリートが経験する不当な扱いのごく一部でしかなく、世界中で非難されている。ところが、「ありきたりな」被害――ミスをしたときに怒鳴りつけたり、身体的な「罰」を与えたり――は、スポーツの世界では普通どころか、称賛されている場合もある。今は亡き女性スポーツ学者で、数十年にもわたり、こうした被害を研究していたセリア・ブラッケンリッジによると、精神的虐待は、その他の虐待への「入口」になるという。「アスリートを虐待する前段階として、先に何かしらの精神的虐待が行われている」と彼女は説明した。多くのコーチ、とくに早くから1つのスポーツに特化させるべきだと考えるコーチは、若い選手に身体的虐待スレスレの、厳しいトレーニングを課している。

こうしたことの原因には、コーチのトレーニング不足もある。小さな子供や10代の若者の指導にあたっている約750万人中、およそ400万人がボランティアとして、リトルリーグやユースサッカー、CYO〔訳注：カトリック青年組織〕バスケットボールに関わっている。ところが、全米コーチ教育認定委員会によると、彼らのようなコーチで「適切」なトレーニングを受けたことがあるのは、わずか5%にも満たないという。私は、息子のチームをコーチしたときに、それを実感した。コーチに立候補したあと、1度としてトレーニングを受けることなく、練習に参加できたからだ。これは、中学校や高校で対外試合をするレベルになっても、ほぼ変わらない。中学や高校のコーチでトレーニングを受けているのは、たったの25〜30%だ。コーチへの教育が不足していることに気づいたスーザン・クラウン・エクスチェンジ――青少年育成のサポートを目的とした財団法人――が、2025年までに100万人のコーチを対象に、社会性と情動の学習［訳注：自他の感情を理解し社会性を身につけるための学習］を行うと約束しているが、その道のりは長い。

また、いくつかの長年におよぶ調査結果から、コーチによるいじめは「よくある」ことがわかっている。ある調査では、「ミスをした選手を怒鳴ったことがある」コーチが36％、「汚いプレーをした相手に仕返しするよう指導したことがある」コーチが10％いるという結果が出た。さらに、「チームに所属している子供を馬鹿にしたことがある」と認めたコーチが８％いたが、そのうち20％が「頻繁に」そうしていたと回答している。また、調査に協力した子供たちの35％がミスをしたときにコーチに怒鳴られた経験があると答え、27％が対戦相手に仕返しをするよう言われたことがあると回答している。調査員によると、全体的に「コーチ本人より子供たちのほうがコーチの問題行動を多く報告していた」という。コーチによるいじめは、チームの雰囲気にも大きな影響を与える。２万人近くの大学生アスリートを対象とした、コーチングスタイルと選手たちに与える影響についての調査によると、暴力的なコーチングスタイルは、不正行為が容認されやすい、排他的なチームを生むことがわかった。

スポーツ以外の場を含め、いじめられた経験がある子供は、大人になってからも精神的に苦しむ傾向がある。ある研究チームが、いじめた子といじめられた子の両方で、不安やうつ症状、自殺願望が何年も続くことを発見した。いじめの被害者と加害者は、大人になると、健康や人間関係、金銭面における問題を抱えやすい傾向があるという。同研究チームのリーダーは、次のように言っている。「いじめは家庭内暴力と同じだと考えるようになった」

テンプル大学の心理学教授で思春期の心理学を専門とするローレンス・スタインバーグは、子供を怒鳴りつけるコーチは、非情なコーチは結果を残せるという、誤ったアメリカの寓話を真似しているにすぎないと話す。「文化的ミーム〔訳注：人から人へ模倣されながら伝わっていく情報〕みたいなものだろう」。ところが、すでに感情的で、不安になりやすく、周りの目を意識している10代の若者にとっては、完全に誤ったアプローチの仕方であり、「彼らにとって良いはずがない」とスタインバーグは言う。人前で怒鳴られた子供は、不安感が増し、消極的になるか、辞めてしまう場合もある。若い頃に受けた言葉の暴力は、精神的な傷となって残りやすい。子供のスポーツを専門とするコーディ・モファット医師は、コーチによる言葉の暴力は「子供たちを心底怯えさせる場合がある」と説明する。

このコーチングスタイルにおける一番の皮肉は、子供たちのパフォーマンスの改善につながらない、という点だろう。「怒鳴ることに意味はない」と私に教えてくれたのは、臨床スポーツ心理学者のジョン・サリバンだ。怒鳴られることで、より高いパフォーマンスにつながるどころか、アスリートの恐怖反応――闘争か逃走、あるいは、シャットダウン――が誘発されるからだという。

モチベーションを上げるために罰を与えるコーチングスタイルは、失敗する。「罰として行われる練習では目的が達成されず、チームもまとまらなければ、より良い選手など育たない」とモファットは言う。懲罰的アプローチを取るコーチでも良い結果を残せている選手やチームは、そのようなコーチにもかかわらず、そうできているだけだ。プラトンの「力ずくで教えられたことは、魂に残らない」という言葉は正しい。

以前に比べ、コーチによる暴力行為が劇的に悪化したか、より当たり前になったかはわからない。ユーススポーツに対する監視が不足しているのに加え、何百、何千という数のコーチが次から次へとチームを替わるため、状況を把握するのは不可能だからだ。ただし、精神的虐待やコーチのトレーニング不足、時折ある身体的、あるいは性的暴力は、子供とスポーツを大事に思うすべての人が憂慮すべきだろう。

前章に出てきた、評判の良いコーチを擁する名門高校の水泳チームに所属していたキャロラインを思い出してほしい。数々の優勝選手を輩出したことで有名だった彼女のコーチは、情け容赦ない、異常なコーチだった。ある日は優しく、選手たちのことが大好きだと言い、また別の日は、とくに泣いた選手に対して、甘ったれだ、非力だと怒り狂う。落ちこぼれの選手をベルトで強く叩いてプールに落とすときでも、「ズボンが落ちてしまう」と笑いながらジョークを飛ばす。そうかと思えば、良い泳ぎをした選手に特注Tシャツをプレゼントし、応援の気持ちを伝える。またあるときは、明確な理由もなく選手たちを叱り飛ばした。そして、キャロラインを含む、厳しくしていた選手たちに対し、コーチに目をかけられているのは才能がある証拠だと言う。つまり、彼が「ガリ勉グループ」と呼ぶ女の子たちや、血糖値を気にしているのを繰り返し馬鹿にしていた糖尿病の男の子にも、目をかけていたというのだろうか？

その上、選手たちの体重にもうるさかった。月曜日にキャロラインや他の女の子たちを見て、「衛星を使って見張っていなくても、先週末お前たちがジャンクフードをたくさん食べたのがわかる」と言ったこともある。コーチは、彼女たちの体型を細かくチェックする意味で、月に1度、全員のウエストサイズを測った。測定がある日は、ロッカールームで水着を腰まで下ろした上にTシャツを着て、そのために来ていた大人がウエスト回りを測りやすいようにしなければならなかった。測定の前にわざと吐く子もいれば、24時間前から絶食する子もいた。そして全員の測定が終わると、コーチはウエストが一番太かった選手の名前を発表した。

「口の中にあるのは1分、腰回りにつくのは1年だぞ！」と、彼は怒鳴った。

キャロラインの両親は、彼女が練習で浴びせられる悪意ある言葉の数々を助長するようなことはなかったが、コーチのやり方に反対したり、娘をチームから引き離そうともしなかった。「多くの親も加害者で、コーチとはまた別のやり方で虐待していたのと同じよ」とキャロラインは話す。彼女の両親は、当時娘を助けられなかったことを悔やんでいるという。彼らには見えていなかったのだと彼女は言い、「親を操るのは簡単だから」と続けた。

女性のコーチはどこ？

シーズン最後の、さして重要でない郡のトラックチームのヘッドコーチとアシスタントコーチの会に、今回もとくに期待はしていなかった。ただコーチたちが強制的に参加させられ、スケジューリングについて話したり、全体として取り組むべき課題を特定したり、とくに優秀だった選手を選んだり、その他さまざまなことについて話し合うための集まりだ。ところが、今回の会場である学校の中にある陰鬱な食堂を見つけると、私は過去には気づかなかったことを発見した。郡の高校で男女のトラックチームを仕切っているヘッドコーチやアシスタントコーチ、運営陣が約24人いた中で、女性は私を含め3人しかおらず、ヘッドコーチに限っては私だけだったのだ。

周知の通り、タイトル・ナインはスポーツの世界に女の子たちを招き入れたが、あまり知られていないことに、女性たちは逆に押し出されてしまっていたのである。1972年の制定以来、女性コーチの数は減少し続けている。その証拠に、大学の女子チームのコーチは、1972年は90％が女性だったのに対し、2014年では43％に減少している。高校のコーチに関するデータは不足していて何とも言えないが、私が知る範囲で女性が率いているチームは少ない。ミネソタ州が2014年に行った調査によると、女性のヘッドコーチは全体のわずか21％、アシスタントコーチは28％に留まっていたという。さらに、ユースレベルでも女性のコーチは一般的ではなく、2015年にアメリカのスポーツフィットネス産業協会（SFIA）が調査したところによると、14歳以下の子供のスポーツチームにおける女性コーチの割合は、わずか27％だったという。

これには、いくつか原因がある。1つには、タイトル・ナインによって女性のスポーツでもお金が稼げるようになり、女子チーム、とりわけ大学の女子チームのコーチになりたがる男性コーチが増えた。お金になるとわかり、男たちが参入してきたのである。次に、いくつかの大学が、それぞれに分かれていた男女のスポーツ課を統合し、男性がなることが多いアスレティック・ディレクターを1人にまとめたことも挙げられる。そうして男性のアスレティック・ディレクターが、自分の知り合い――男性のコーチ――を雇う、という具合である。さらに、幼い子供たちのチームにおける女性コーチの少なさは、社会学者のマイケル・メスナーとスーゼル・ボザダ・ディアスの言う「組織的なジェンダーレジーム」を反映している。多くの女性が、コーチになるより「チームママ」――子供たちの送迎や補食、スケジュールの調整を担う――になるほうを選ぶ理由には、こうした性別に対する強力な社会的基準がある。アスペン研究所プロジェクトプレイのトム・ファレイは、我が子のチームのコーチを引き受けるのは、父親にとって大きな意味のある、子供との関わり方なのだろうと指摘する。一方の母親である私たちは、すでにじゅうぶんな時間を子供たちと過ごしている。

確かにそうかもしれない。息子のボールが野球のクラブチームに入ったとき、私はすぐにコーチに立候補した。子供の頃ずっとソフトボールをしていたため、フィールドの中で子供たちに指導をするほうが、送り迎えを管理するより魅力的に思えたのだ。何かしら手伝わなければならないのなら、コーチをしたって良いでしょう？　野球を習い始めたばかりの子供たちに、ボールを投げたり、ノックで簡単なゴロを出したり、走塁について教えたりするのは、自分にとって自然なことのように思えた。ところがすぐに、男の子のチームの女性コーチは、少なくとも息子の学年では、自分しかいないことが判明した。

これは、子供にとって良くない状況だ。男性のコーチにしか接したことがない若い女の子は、身近な女性のリーダー像を失うだけでなく、多くの男性が採用している大ざっぱで荒っぽいやり方とは別のコーチングスタイルに触れる機会も失うことになる。「女の子が目にする権力を持った人間が男性ばかりだと、スポーツは女性向きではないと考えるようになってしまう」とタッカーセンターのニコル・ラボイは言う。とくに自信を失いがちな思春期の女の子には、スポーツが必要だというのに。

男の子でも同じだ。女性のコーチに接したことがなければ、「女性を才能ある有望なリーダーとして見られなくなる」とラボイは指摘する。当然ながら、女の子の場合と反対のことが言えるのだ。能力がある女性に指導された経験がある男の子は、女性のリーダーも男性のリーダーと同じように――性別に関係なく向上心が高い人――見ることができるようになる。数年前、ニュージャージー州でトップの長距離走者の1人となった、リーランド・ジョーンズがそうだったという。彼のコーチは、走るのが速く、ランニングの素晴らしさを伝えてくれた女性だった。「彼女は僕のお手本なんだ」と彼は言った。

現在24歳のウィル・エベンは、子供の頃のサッカーとバスケットボールのコーチが女性だったという。彼女たちは、彼の女子スポーツに対する考え方を変え、もらったメールには、「権力のあるポジションにいる女性たちの見方にも確実に影響した」と書かれていた。過去数十年間における女性コーチの減少は、男の子と女の子のどちらにとってもメリットがないだけでなく、女の子もリーダーになれるという認識を損なわせている。

コーチ1年目が終わりに近づくにつれ、日は短くなっていった。空の明かりが消えゆく時間帯が日に日に早まり、5時頃には、まるで夜のようだった。気温も低くなり、女の子たちはテカテカした素材の黒いタイツに手袋、長袖のTシャツ姿で走るようになった。雨が降ると、濡れた赤や黄色の葉が道路に散らばって滑りやすくなるため、下り坂は気をつけて走るよう忠告した。クロスカントリーは11月半ばまでで、直後には冬のトラック競技が始まる。そのシーズンは、私にとって最後のシーズンとはならなかった。少なくとも何人かの女の子たちにとって、生涯続く興味を刺激できることに気づき始めていたからだ。私のチームに入ったことで、彼女たちが今後直面する困難から守ってくれる習慣を身につけられるかもしれない。冬のトラック競技では、アシスタントコーチを務めた。それから16年間、クロスカントリーのヘッドコーチは毎年、トラック競技のアシスタントコーチは毎年ではないものの、最初の高校だけでなく、違う高校に変わっても続けた。

02
09

The Connection Conundrum

つながり協奏曲

アメリカでは、もう数十年ものあいだ、あらゆる社会的なつながりが減少しつつある。実際に、2000年に刊行された、20世紀後半のアメリカにおける社会的信頼の崩壊を題材とした『孤独なボウリング――米国コミュニティの崩壊と再生』(柏書房)で、著者で政治学者のロバート・パットナムは、米国コミュニティに不安な傾向がいくつか見られると書いている。教会や組合に所属する人や慈善寄付が減り、ボランティア活動は時代遅れとなり、カジュアルな社会的つながり――ディナーパーティーやトランプをする集まりなど――も少なくなった。アメリカ人は、他者と交わったり、集団での活動に参加したりするより、自分の内側に引きこもるようになったとし、こうした社会的なつながりの減少には、テレビの普及、世代交代、「多忙」、怠惰など、その他さまざまな原因が考えられると説明する。

さらに、2020年の改訂版では、同書で述べた残念な状況は悪化しているとある。「この20年のあいだに、アメリカはさらに退行し――コミュニティの結びつきがより不安定になっただけでなく、経済格差が広まり、政治の二極化や個人主義が進んだ」。彼は、これを2020

年の醜い大統領選挙やパンデミックが起こる前に書いていた。そして、それ以降も国内では危険運転、飛行機内におけるマスク着用などを巡るトラブル、暴力事件、学生による不正行為、医療従事者への攻撃など、さまざまな反社会的な行為が増加している。1分でもツイッターを覗くか、フェイスブックを見れば、あっと言う間に辛辣な言葉の数々に飲み込まれ、独りの心地良いコロナの洞窟へと転がるように逃げ帰りたくなるだろう。これまで生きてきて、今ほどコミュニティを恋しく思うと同時に、それがあまりに遠く離れた手の届かないものであると感じたことはない。

スポーツには、人と人とを結びつける実績と可能性がある。スポーツから得られるもので、他人とのつながりほど崇高なものはないだろう。競技を通して生まれる絆を評価したり、分析したりするのは難しいが、心を育てる重大なものであることには変わりない。チームスポーツを1シーズンするだけで、人間が持つすべての感情を経験することができる。別にコーヒーや本、スプレッドシートを挟んで育まれる関係が薄っぺらく、長続きしないと言いたいのではない。ただ、スポーツで幾多の感情的な試練を経ることほど、いち早く社会的なつながりを築き、分断を修復する手段はないだろう。

私たちはすぐにでも、そういった絆を必要としている。子供や10代の若者は、もっとかもしれない。彼らの柔らかくて未発達な脳は、新型コロナウイルスによるロックダウンのせいで何年ものあいだ奪われてきた、他人との接触による刺激に飢えている。スポーツをする子には、共に戦い、勝利する仲間が必要だ。今や、異なる社会集団のあいだにある頑丈な壁を崩せる、希少な手段となったチームスポーツは、とくに貴重なのである。さらに、それ以外の場所ではつらい状況にある子供たちにとって、スポーツは支え、交友の機会、癒やしにもなる。家族でじゅうぶんに満たされない子供には、人とのつながりやコミュニティが必要だ。スポーツには、それを他の何よりも与えられる力がある。

ところが、ユーススポーツは私たちを引き裂く別の力によって、泥沼化している。実際に、パットナムが嘆いていた個人主義の蔓延は、現代の子供のスポーツの仕組みを見れば明らかだろう。勝つことへのこだわり、個人的な名誉の追求、持つ者と持たざる者との分断——ユーススポーツを決定づける特徴——は、スポーツが本来もたらすはずの、もっと大きな社会的利益を搾り取ってしまっている。ここでのパラドックスは、疎外に対するもっとも有効な解毒剤——さまざまなバックグラウンドを持つ人たちとスポーツをすること——が、完全に歪められ、逆に子供たちがもっとも欲している社会的なつながりを損なわせるのに一役買っている、ということだろう。

人とつながる幸せ

つながりは孤独の正反対であり、疎外に対する解毒剤だ。他人と手を取り合い、互いに共通する人間性を認識することで、人生の苦しみがいくらか和らぎ、希望が見えてくる。健全な人間関係は、より良い人生の中心となるため、とくに子供にとっては重要だ。他人との強い結びつきに恵まれて成長した人は、その後の人生も豊かになりやすい。

これを裏づけるのが、ハーバード大学が1938年に開始した、もっとも長期にわたる人の成長についての縦断的研究である。ハーバード成人発達研究と呼ばれるこのプロジェクトには、同研究のために選び抜かれた、まったく異なる2つのグループの人たちに対する定期的かつ詳細なインタビューが含まれていた。対象となったのは、ハーバード大学の男子学生268人と、ボストンのもっとも貧しい地域に住む同年代の男性456人だ。最初の研究チームは、計724人に対し、人生の満足度、仕事、家族について質問し、さらに健康状態を把握するため、毎年、健康診断を行った。そして、研究員が年を取って続けられなくなると、次の世代の研究員と交代し、インタビューと分析を継続した。今も続く同プロジェクトは、成人の発達に関する、もっとも長期的な研究として広く知られている。

同研究の責任者であり、マサチューセッツ総合病院で精神科医を務めるロバート・ウォールディンガー医師によると、人の健康と幸せの鍵となるのは親しい人間関係だという。2015年のTEDトークの中で、彼は次のように話している。「私たちにとって、社会的なつながりはとてつもなく重要だ。孤独は人を大いに苦しめる」。被験者たちに身体的な健康と幸福感をもたらしたのは、仕事での成功やお金、名誉、教育、恵まれたバックグラウンド以上に、人生を通して続く豊かな人間関係だったのだ。

また、10代の若者たちについても、前述の研究ほど知られていないにせよ、いくつか似たような研究結果が報告されている。たとえば、2019年の『Pediatrics』誌に掲載された研究によると、成人の男女で思春期に強い「つながり」——家庭や学校に対して帰属感があり、大切にしたいや力になりたいという思い——を感じていたと回答した人は、そうした感覚を経験しなかった人に比べ、より良い人生を送っていたことがわかった。これについて、同研究の責任者たちは、次のように結論づけている。「家庭や学校でのつながりは、メンタルヘルスや暴力、性行動、薬物使用などに関連する複数の健康アウトカム〔訳注：病気の予防や治療の結果として生じる健康状態〕に対して長期的な予防効果をもたらす可能性がある」。これより以前に行われた、より小規模の研究でも同様の結果が出ていた。たとえば、ある報告書には、思いやりのある大人——親である必要はない——の世話を受けた10代の子供たちは、そうでない場合と比べ、より良い将来を歩んでいたとある。同報告書をまとめた研究員たちは、子供の発達を懸念する政策決定者やプログラムの責任者は、若い人たちと大人のつながりを促す方法を探すべきだと主張している。

これには、心理療法士で著者でもあるリサ・ダモーも賛同する。彼女に、10代の子供が健全な精神状態でいるために必要なものを聞いたところ、次のような返答があった。「大人との愛情のある関係！　親でなくても良いから、とにかく大人との愛情ある関係が大事！」

パットナムの見解では、あらゆる社会との関わりが減少しつつあるという。いくつかはテクノロジーの普及によるものとし、ソーシャルメディアは人間関係にさまざまな、かつ複雑な影響を及ぼしていると指摘する。さもなければ仲間外れ、あるいは独りぼっちになってしまう子供にとっては、オンラインでの付き合いが人とのつながりに結びつくかもしれない。とはいえ、

「オフラインでの友達が私たちの幸福に大きく関係する一方で、オンラインでの友達には、そうした効果は認められない」という。

どうしようもないスマホやツイッター依存の私としては、孤独の蔓延をテクノロジーのせいとは言いたくない。とはいえ、実際に自分がコーチとして目の当たりにしてきた女の子たちの行動の変化を思えば、携帯電話の普及によって思春期のソーシャルライフが変わったのは認めざるを得ない。コーチになってすぐ、まだ携帯電話やソーシャルメディアが普及する前、生徒たちが集まる場所はどこも騒がしく、体育館の反対側にいる友達に大声で呼びかけたり、友人同士で輪になってお喋りに夢中になったりしていた。最初は隅でひっそりと過ごしていた内気な子も、そこに居続けることへの言い訳となる、社会から認められた電子おしゃぶり［訳注：スマホ］はなかったため、最終的には人と話すようになった――友達がいないように見える気まずさから、やはり周囲に馴染めずにいる子と仲良くなろうとする子がほとんどだった。そのようにして、少しずつ社会不安を乗り越え、実体がある友達を作り、言葉を交わし、仲を深めていたのである。

つい最近、練習の前に体育館の外の狭い廊下を歩いていたときに、周囲のあまりの静けさに驚いてしまった。静かだったのは、誰もいなかったからではなく――あたりはチームメイトを待つ10代の子供たちで溢れかえっていた――ほとんどの子が下を向いて携帯をいじっていたからだったのだ。とくに不安定な10代にとって、オンラインという武器の陰に隠れていたほうが、勇気を出して実在する知り合いに挨拶するより簡単なのだろう。携帯電話が歓迎されなければ重要でもない（場合によるが）、人との交流が避けられない唯一の場所が、スポーツなのだ。そこでは、ソーシャルスキルを身につけ、磨き、レジリエンスを鍛え、試すことができる。

最悪な出来事のあとで

アリー・カーターの兄が亡くなった翌日、高校の室内トラックチームの仲間やコーチは、彼女を励ますため、ニュージャージー州ウェストフィールドにあるアリーの家に駆けつけた。家の前の通りには車の列ができ、中には友人や親戚が静かに集まり、アリーの両親や姉を慰めていた。アリーは、チームメイトたちとキッチンに座っていた。夜通し泣いたせいで、顔はむくみ、赤くなっている。彼女は、亡くなった兄がシートベルトを締めていたため、体にシートベルトによる傷ができていたという話をした。1人の子が、小さなおもちゃや雑貨がいっぱい入ったカゴを持ってきていたので、チームの皆で小学生に戻ったかのように、それらで遊んだ。アリーは、仲間たちと笑い合い、ほんの少しのあいだとはいえ、悪夢のような現実を忘れられたかのように見えた。

アリーは、私立の女子高校に通う9年生で、その年の秋に公立の中学校から入ってきたばかりだった。新しい学校には、すぐに慣れることができた。8月にサッカーチームのプレシーズン練習が始まると、自分自身について面白おかしく話す明るい性格もあって、すぐに友達ができた。よく笑い、自分の失敗を大袈裟に話すなどしてネタにすることも多かった。サッカーに対しては、ものすごく真摯に取り組んだ。サッカー歴が長く、もともと足が速かった上に、意志も強かった――練習や試合には、底なしのエネルギーで積極的に取り組んだ。アリーは、意志力こそ自分の強みであり、武器なのだと自覚していた。そしてサッカー同様、冬のトラック競技とラクロスにも全力で取り組んだ。

彼女の兄の死は、それらをすべて奪い去ってしまった。葬儀後、アリーは何日か学校を休んだ。姉が大学に戻ってしまったせいで、家には彼女と両親の3人が残され、それぞれにもがき苦しんでいた。両親のマイクとメアリー・ルーは完全に打ちのめされ、アリーは何日も1人ベッドで泣いて過ごした。両脚を胸に引き寄せ、小さく丸くなって泣いた。そして、朝になると学校へ行き、スポーツに没頭した。

ラクロスのボールをゴールにシュートする、町のフットボールフィールドをダッシュで往復する、高いレンガの壁にボールを投げつけ、返ってきたところをキャッチする――練習は、頭をいっぱいにしてくれた。学校は、どちらかと言えば苦しかった。幾何学や英語の授業中も、ふと兄との記憶を思い出してしまう。ところがラクロスでは、仲間たちの中に入ればプレーに没頭できた。たまに、ペンシルベニア大学のゴルフ部にいる兄の友達が、ニュージャージー州のサミットまで車で来て、彼女を励ましてくれることもあった。

彼女がやってこられたのは、そのおかげもあったかもしれないが、とくに大きかったのがチームメイトたちの存在だった。ラクロスやトラック競技を通じてできた仲間たちは、宿題を手伝ってくれたり、16歳の誕生日にサプライズパーティーを開いてくれたり、亡くなった彼女の兄の話を避けることなく話題にしてくれた。励ましの手紙や元気づけるメールをくれた子もたくさんいた。ある子は、「あなたは私が知る中でもっとも強い人だと思う」と書き、また別の子は、彼女に起きた出来事の不公平さを嘆き、心のこもっていない上っ面の言葉で慰めたくないと言った。アリーは当時を振り返り、チームメイトたちの誠実な愛情表現があったから、自分は生きてこられたのだと話した。

そのようにして、彼女は少しずつ普通の生活に戻っていった。ところが、兄の死から6ヶ月後、アリーの父親が時折、酷い頭痛に悩まされるようになった。最初、彼と妻のメアリー・ルーは、息子の突然の死によるストレスが原因だろうと考えた。ところが、いくつかの検査の結果、悪性黒色腫《メラノーマ》が脳に転移していることが判明したのである。アリーがそれを知ったのは、室内トラック競技のシーズン中だった。父のマイクは、人生の長いあいだをランナーとして過ごし、マラソンの経験もあった。「このとき、私がスポーツをすること、とくに走ることが、どれほど父を喜ばせていたかに気づいた」とアリーは言った。その後、彼女はより一層ランニングに没頭していった。

その後、12年生になったアリーは、クロスカントリーチームに入った。ワーウィック・ロードの急な坂を駆け上がり、頂上付近のもっとも急なところまで機械仕掛けのように振っていた腕をさらに激しく振りながら電柱近くのゴールまで走る。トラックでは、他の短距離選手たちと同時に白線から飛び出すと、ペースを落とさず、なるべく長く内側のコースを走り、一度も守りに入った走りはしなかった。また、いつものロードランでは、ほとんどの女の子が体育館に戻って来た途端にゆったりとしたペースに切り替えるのに対し、アリーは先頭に飛び出していき、自分のペースについて来られる子たちと走った。そして、トレーニングが終わると、屈託のない女の子に戻り、自分のランニングフォームを面白おかしく再現してふざけたり、他の子たちの頑張りを労ったりした。

その秋、10月のある暑い土曜日に、アリーのレジリエンスが試された。午前11時半頃、私たちのチームは小さなスクールバスに乗り込み、あのザ・ローレンスビル・スクール（ザがつくのだ）とのレースのため、ニュージャージー州南部を目指した。何エーカーもある競技フィールド、広大なゴルフコースに大きな赤レンガ造りの校舎は、小さなアイビーリーグの大学のような趣があった。ローレンスビルは、学業でもスポーツでもずば抜けており、優秀な生徒たち――体格が良く、肌も綺麗で、余裕がある――からは特権に恵まれた人たち特有の何かが漂っていた。

ピストルが鳴ると、両チームの選手が芝の上を走り出し、緩やかな坂を駆け下りていった。すると早速、ローレンスビルで一番速い選手が先頭に躍り出たかと思うと、すぐにその他の選手たちを大きく引き離した。アリーは2番目の選手にくっついて走り、残りの選手たちはそれに続いた。私は、いつも通りストップウォッチとノートを手に、フィールドからフィールドへ走り、選手たちの1マイルごとのタイムと順位を記録し、サッカーフィールドの端に設置されたゴールのあたりまで走った。

すると、赤いランニングシャツ――ローレンスビルのユニフォームだ――を着た細身の選手が、まるで駆ける馬のような勢いで林から飛び出してきた。彼女は他の誰よりも速かったが、息づかいが乱れていた。それから1分もしないうちに2人目のローレンスビルの選手が出てきたかと思うと、続いて青と白のユニフォームを着た、荒い息づかいをしたアリーが現れた。前を走る選手の姿を一心に見ている。そして、サッカーフィールドの角に差しかかると、前の選手との距離を一気に縮め、2人は横に並んで共にスピードを上げた。そのあたりで、サッカー観戦に来ていた保護者たちが、目の前で繰り広げられているドラマチックな展開に気づき、途端に自分たちの学校の選手に大きな声援を送り始め、それがフィールド中にこだました。

そんなことは、どうでも良かった。アリーはさらに加速し、ポニーテールは大きく揺れ、横を走っていた選手を引き離し始めた。そして、最初は小さかった差がだんだんと開いてくると——60㎝、1m20㎝——相手選手が耐えられなくなり、いよいよ諦めた。アリーが先にゴールラインを越え、それにローレンスビルの選手がよろめきながら続いた。2人は汗をびっしょりとかき、疲れ切った様子で、ゴールの横の地面に倒れた。そして、ようやく立ち上がったアリーは、細かい芝を汗で濡れた肩と皺になったタンクトップにくっつけたまま、大きな口を開けて笑った。

父親が重病を患い、両親が病院のことで忙しくなると、スポーツでできた仲間たちがアリーを支えた。毎日、学校の行き帰りに車に乗せてくれるラクロスの友達がいたり、チームメイトの大家族がアリーを8人目の子供と呼び家族同然に扱ってくれたり、12月にあった高校のダンスパーティーの前には、親友やチームの皆でサテンドレスやパンツ、上着を買ってきて、その中から彼女が選んだものを家に届けてくれたりもした。

アリーは、学校と練習の合間に父親の看病をしていたが、状態が悪化し、とうとう飲食もできなくなると、水を含ませた病院の小さな黄色のスポンジを搾って口元に水滴を垂らしてあげた。そして、フロリダでの練習中に、脳の緊急手術が必要だという知らせが入ったときは、その日の夜に飛行機で帰った。このとき、アリーは絶えず父親に陽気に話しかけ、答えが返ってこなくても質問をしたり、その日の出来事について話したりした。彼女からは、何事も怖れない、確固たる雰囲気が漂っていたという。「すべてに対して、その強さを持って取り組んでいた」とメアリー・ルーは語る。その上、常に穏やかでもあった。アリーは、父親が息を引き取ったときにも立ち会った。

その後、すぐにラクロスのシーズンが始まり、アリーは1日も休むつもりはなかった。チームには、気心の知れた、人生の最悪の時期――兄の事故後、やっとの思いで毎日を過ごしていたとき、緊急事態が起き、突然練習を抜けなければならなかったとき、両親が病院や治療でいっぱいいっぱいになり、家に1人で過ごさなければならなかったとき――を共に過ごしてくれた仲間たちがいた。そして、兄に続いてすぐに父親が亡くなる、という想像を絶する悲劇が起きたときも、彼女たちはクッキーや花を手に家を訪ねてくれ、アリーを慰め、一緒にいてくれた。

父親の葬儀が終わって間もなく、高校でラクロスの初戦があり、アリーはスターティングメンバーに入っていた。メアリー・ルーは応援に駆けつけた。すると、何人かの母親たちが彼女に近づいてきて、口をあんぐりと開けた。「まさか来るとは思わなかったわ」と口々に言う彼女たちに対し、メアリー・ルーはほとんど話さなかったが、心の中では、当たり前じゃないの！と返していた。娘がフィールドに立つ勇気を持っているのなら、彼女にだって、それを見届ける勇気があるはずだ。

そのシーズン、アリーのチームは地元のライバルチームに次々と圧勝した。とはいえ、いくつかの試合は接戦で、とくに5月後半に対戦した近所の高校は手強かった。長い期間かけて行われるニュージャージー州大会の決勝戦でのことである。容赦ない太陽の光が柔らかい芝のフィールドに反射し、集まった観客に降り注いでいた。親やきょうだい、クラスメイト、レポーター、先生、その他たくさんの人がスタンドに溢れ、10代の子たちは、できるだけよく見ようとフェンスにかじりつくようにしている。

青いスカートに、大きな青い背番号が目立つ白いジャージを着たアリーのチームが、フィールドの中に走って行く。「絶対に勝ちたかったし、自信もあった」とアリーは思い返す。チームの仲間たちとの絆は強く、相手チームにも何人か同じクラブチームでプレーしている知り合いがいた。試合は、「ものすごい接戦だった」という。

観客たちは、拍手したり、ブーイングしたり、レフェリーに文句を言ったり、緊迫した場面では落ち着かない様子で観客スペースの中を行ったり来たりした。結果は、これまでに何度もあったように、アリーのチームが12対10という僅差で勝利し、その州のグループで優勝した。

結局、チームは選手権大会で負けてしまったが、アリーにとってはどうでも良いことだった。なぜなら、それまでにいくつもの試合で勝てたし、チームの仲間たちの絆は本物だったからだ。

その日の写真には、皆の腕の中に飛び込む彼女の姿が収められていた。アリーは、両脚をチームメイトの腰に巻きつけ、左右それぞれに立つ仲間たちの肩に腕を回して、両手にラクロススティックを持っている。誰かのアイガードが邪魔して顔はよく見えないが、風になびくポニーテールの青いリボンが確認できた。

スポーツが人を結びつける理由

ランニングにはいくつものメリットがあるが、私がとくに良かったと感じるのは、社会とのつながりができたことだろう。さまざまなランナーと、気楽で、満たされた関係を築くことができ、何人かとは何年も一緒に走るあいだに、より深い絆が生まれた。アンとは、子育て中の少なくとも10年間、毎朝のように、子供たちを学校に送り届けたあとＹＭＣＡの階段で待ち合わせ、一緒に走っていた。ほぼ毎回、どちらかが急いで建物の中にあるトイレに駆け込み、しばらく世間話――雪やハムストリングスや政治について――をしてから、腕時計のボタンを押して、コンクリートの歩道をゆっくり大股で歩き始める。私より少し年下で、生まれつき外向的な性格のアンは、1分もしないうちに何人もの友達や近所の知り合いに大きな声で挨拶をしながらペースを上げていく。そして、私が「ちょっと待って！」とペースを緩めさせると、すぐに2人してお喋りに夢中になった。

一緒に運動をしたり、競い合ったりすることで、なぜ強い絆が生まれるのか？

カリフォルニアの臨床スポーツ心理学者で本も執筆しているジム・テイラーは、「ポイントは何を共有するか」であり、「情熱や目的、努力、結果」が重要だと説明する。とくにグループ全体が相互依存関係にある真のチームスポーツでは、共に努力することで強固な絆が生まれるという。子供が、クラスの友達よりチームメイトと仲良くなりやすい理由がこれだ。チームの目標は全員のものだが、教室では、生徒それぞれが自分自身のために励む。

アスリートたちを結びつける、彼らが共有する経験はもう1つある。「苦しみ」だ。ランニングは個人競技と思われがちだが、同じ練習をし、同じ厳しいトレーニングに励み、太陽が昇るよりずっと早くから一緒に走り、くたくたになった体で最後にもう1回だけ急な坂を駆け上がる、あるいは、もう1マイル走るなど、共に過酷な経験をすることで絆が生まれる。だからこそ、私にとって、あの嵐の朝に仲間たちと過ごした時間が特別なのだ。あのとき、私たちは心理学者のポール・ブルームが「スイート・スポット」と呼ぶ、苦しみが人生に意味を与え、人と人とを結びつける状態を達成していた。

私がコーチした女の子たちにしても、シーズンを通して定期的に経験する、間欠的酸素欠乏や太腿に蓄積した乳酸以上に、彼女たちの関係を深めたものはないだろう。あるいは、肉体の限界に挑戦することが共通の敵となり、団結したのかもしれない。それとも、デーモン・ヤングが書いているように、苦痛によって、それとは対照的な「退屈だけど居心地の良い」日常を思い知らされたのかもしれない。いずれにせよ、過酷なトレーニングのあとの彼女たちは、もっともリラックスして、より親しくなったように見えた。

スポーツが子供たち(大人も)を結びつける他の要因に、人が生まれ持つ帰属願望がある。「人間は種族的な生き物だから、自分より大きな何かに属したがる」とテイラーは言う。集団としてのアイデンティティを求めるのは、人間が集団となることで捕食動物から身を守ったり、食糧を確保するために協力したり、時には、狩りで他の集団と闘ったりするために起きた進化の結果であり、状況が変わってもその本能が残っているのである。スポーツチームに所属する、あるいは応援するだけでも、それが自分を超越する大きな集団としてのアイデンティティになり、種族的な本能の自然なはけ口となる。

また、つながっているという感覚は、感情とも結びついている。「人は、感情によってスポーツに惹きつけられている」と話すのは、シェイン・マーフィーだ。マーフィーは、スポーツを専門とするウェスタン・コネチカット州立大学の心理学教授で、何年も前にアメリカのオリンピック委員会で心理学者のリーダーを務めた経験がある。勝利し突き上げた拳、コートに叩きつけられたラケット、負けたチームのベンチで頭を垂れる選手たち、ピッチャーマウンドに群がる選手たち――これらの極端な感情表現は、程度に関係なく、スポーツの世界では当たり前の光景だ。一緒に感情を高ぶらせた経験は、退屈で感情の変化を伴わない経験にはないかたちで私たちを結びつける。どのスポーツをどれほどの期間したとしても、情けなさや激しい怒り、歓喜、楽しみ、羞恥心、プライド、絶望、羨望（絶対に書き忘れがあるはず）など、スポーツがもたらす、さまざまな感情から逃れることはできない。

最近の脳に関するある研究によると、感情を揺さぶられる経験と人間関係は、とくに10代で大きな影響をもたらすという。思春期の脳は、これまで考えられていた以上に繊細であることがわかった。『15歳はなぜ言うことを聞かないのか——最新脳科学でわかった第2の成長期』(日経BP)で、ローレンス・スタインバーグ心理学教授は、脳は青年期に大きく変わると説明している。感情や衝動の制御、刺激に対する欲求を司る脳の辺縁系は、青年期の前半にあたることが多い思春期に突入すると、「オン」の状態になるという。スタインバーグの言葉を借りれば、「エンジンがかかる」のだそうで、10代では快楽への欲求がとくに高まることがわかっている。さらに、彼らの感情はホルモンの影響を受ける辺縁系のせいで、かなり激しくなる。「青年期の脳は、感情喚起に対してとくに敏感だ」とスタインバーグは言う。

また、思春期では社会性に関わる脳の部位も活性化されることがわかっている。10代の多くが友達に対して自意識過剰になったり、執着したりするのは、そのためだ。また、青年期後半では前頭葉が発達し始める影響で、冷静な思考ができるようになったり、きちんとした計画が立てられるようになるため、辺縁系による非理性的な衝動にブレーキをかけられるようになる。このように、10代では辺縁系が全力なのに対し、自制心を司る前頭前皮質が作動し始めたばかりとあって、もっともトラブル——薬物に手を染める、車の危険運転をする、くだらないリスクを負う、など——を起こしやすい。

ということは、社交的な側面もあり、さまざまな感情をもたらすチームスポーツは、自分自身の気持ちに敏感で、かつ周囲の反応を受け入れる力がある青年期にとって、とくに大きな力を発揮するはずだ。さらに、10代の脳は柔軟なため、そのときに感じたことや経験が深く埋め込まれ、新しい神経経路を形成し、記憶に固定される。青春小説がいつまでも色あせず、高校時代の記憶が鮮やかなままなのは、脳がそれらを記録するようにできているからだ。スポーツが感情に与える影響は脳に深い溝を刻むため、成長過程でスポーツをたくさんした人は、化学の授業で日常的にあった出来事より、チームの勝ち負けや恥ずかしかったことのほうが、よく覚えているだろう。また、青年期という長い期間に経験したことは、大人になったときの世界の解釈にも影響し続ける。

スポーツは、アメリカに深く根づく社会の分裂——階級、宗教、政治、とくに人種——に対する答えとなる可能性がある。2020年最後の日、『ニューヨークタイムズ』紙コラムニストのデイビッド・ブルックスは、「より良い人間になるよう、もっと耳を傾けるよう教育、あるいは説得し、人の考え方や行動を変えるのは不可能だ」と書いた。そして、今は亡き心理学者のゴードン・オールポートが行った研究を引き合いに出し、「長期間、さまざまなタイプの人と新しい環境で過ごすのが良いのかもしれない」と続けている。「自分とは違うグループに所属する人たちと一緒に過ごすことで、偏見が減り、考え方が変わるだけでなく、新たな心の結びつきや〝私たち〟と〝彼ら〟という観念が生まれる」

私の息子の高校のバスケットボールチームも、ほとんどが町の中流階級か上位中流階級の白人家庭の子供たちで、黒人の子供や貧困家庭の子供は数えるほどだった。スタンドからも、彼らが共有するバスケットボール愛と勝利への飢えが、あらゆる違いを超越していることが見て取れた。人種や階級、年齢、宗教など、すっかり定着してしまった社会の分裂は、彼らが放課後にバスケットボールコートで「一緒に過ごす」あいだに、徐々に解消され、大人が叱ったり、余計な口出しをしたりしなくても、仲の良い友達になっていたのである。

状況が整ってさえいれば、スポーツは、多様なグループを1つにまとめる独自の力を持つ。これまでにコーチしてきた女の子たちでも、私自身のランニング仲間でも、社会的カテゴリー［訳注：人を人種や年齢などの社会的な特徴に基づいて分類したもの］が崩れるのを目撃してきた。何年も前に、雨が激しく降りしきる中、ウッドランド・アベニューの急な坂を駆け上がった8人の仲間たちには、いくつもの学位を持つ者や高卒の者、知識労働者、清掃業者、看護師などがいた。私たちは、多様性のお手本とまでは言わないが、それぞれ違った世界観を持つ者同士の集まりだった。それなのに、あの日の朝のランニングを含め、何度も一緒に走るうちに、共通の目的が、本来であれば純粋な友情が育まれる妨げにもなり兼ねない、表面的な違いに勝っていたのである。

スポーツを通じて人種的不平等撤廃の活動に人生の大半を捧げてきた、スポーツにおける多様性と倫理研究所の創設者で活動家、さらに執筆も行うリチャード・ラプチックと話す機会をもらった。すると彼は、「私たちの文化において、円陣を組んでしまえば、白人、黒人、ラテン系、アジア系、金持ち、貧乏、若い、年寄り、ゲイ、ストレート……何の関係もなしに、力を合わせなければ負けてしまう、という場所を（スポーツの）他に知らない」と話した。ラプチックはこれを「スポーツの奇跡」と呼び、女性のリーダーシップグループに向けた動画の中で、共通の目的——勝利——は、取るに足らない違いを消滅させ、人々が互いに協力し合うようにすることができる、と解説している。

　とはいえ、スポーツが本質的に偏見や仲間外れを嫌う、と信じるのはやや早計だ。ある研究によると、絆を深めるためと称したいじめや意地悪は、大学や高校のスポーツチームでは普通だという。また別の研究では、高校生アスリートの47％が、いじめられた経験があると答えている。

　実際に、あなたも0・5秒も考えれば、身の周りで起きた——あるいは、当事者だったかもしれない——スポーツにおけるいじめを思い出せるのではないだろうか。数年前、近くの町の高校の女子サッカーチームで、可愛い新入生選手の名前も入った「誰とでも寝る女リスト」なるものを回覧するなど、上級生による下級生いじめを新入生が告発し、ニュースになった。

　こんなことは、２０２１年にニュージャージー州ウォール・タウンシップで、年下の選手たちに箒《ほうき》を使って暴力を振るい、学外で女の子に性的暴行を働いていたフットボールチームに比べれば、たいしたことではないだろう。また、サンディエゴでは、ほとんどがヒスパニック系の選手で構成されたバスケットボールチームに辛勝した相手チームの選手たちが、負けたチームの選手たちにトルティーヤを投げつけた、という事例もある。こうしたチームメイトや対戦相手の基本的人権を侵害する行為は、「スポーツの奇跡」を信じる気持ちを打ち砕いてしまいそうだ。

ＮＦＬでディフェンスラインの選手だったブランドン・ホワイティングは、現在はポジティブ・コーチング同盟（ＰＣＡ）という、ユーススポーツに建設的なアプローチを推奨する非営利団体（私も一員だ）を通して、コーチや保護者を対象に、スポーツと人種差別に関する教育を行っている。ラプチックと同じく、ホワイティングもやはり、スポーツは不寛容への対抗手段になる――チームメイトを特定の社会的カテゴリーの１人としてではなく、一個人として認識する――と考えている。同時に、スポーツを差別が存在しないユートピアと勘違いしないよう警告する。彼自身が混血人種で、子供の頃はリトルリーグのチームメイトでさえ、どんなにフィールドの中では同じユニフォームを着た仲間であっても、試合が終わると距離を感じたという。彼は、黒人の男性や男の子に向けられる、スポーツに関するステレオタイプもあると話す。ホワイティングは、出先で見知らぬ他人に何のスポーツをしているのか聞かれることが今でもあるそうだ。「私は１人の人間で、読書や科学や天文学に興味がある。でも他人からは『スポーツが得意なはず』に見えるんだ」と言う。これは、スポーツに関心がない黒人の男の子にとって、とくに大きな負担になる。

黒人男性のジョージ・フロイドが警察官による不適切な拘束によって殺された事件以降、ＰＣＡはスポーツにおける人種差別への取り組みを一新した。全米ユースサッカー協会や全米バレーボール協会、全米セーリング協会、その他スポーツ団体がそうしたように、ホワイティングを含むＰＣＡのリーダーも、団体として何か行動を起こさなければならないことに気づいたのである。そして、同じく大規模なスポーツ団体でも、スポーツは異なる社会的カテゴリーに属する人たちがコミュニティを築く中心的役割となることから、リーグ内における人種差別に対抗する必要性を受け入れた。ただし、スポーツにおける人種差別は複雑な構造をしているため、口約束以上の「意味のある」アプローチが必要だ、とホワイティングは忠告する。ＰＣＡが、ある地区のリトルリーグに所属する５００人の子供たちを詳しく調査したところ、低所得地域の学校に通っている子供は、わずか19人しかいなかった。「何かがおかしい」とホワイティングは言う。ユーススポーツへの参加自体に構造的な問題があるため、正しい知識に基づいたコーチングや多様性を受け入れることを誓う以上のことをしなければ、問題を解決することはできない。そもそも、スポーツチームに所属することすらままならないカテゴリーの子供たちがいるのに、どうやってスポーツでさまざまな子供たちのあいだに絆を築くというのだろう？

ホワイティングは、スポーツこそ人権運動を行うのに適した舞台だと主張する、社会科学者で人権活動家のハリー・エドワーズに大きな刺激を受けた。アメリカには、黒人のプロスポーツ選手が自らの立場を利用して変化を求める声を上げる、という長い歴史がある。エドワーズの研究を参考に、ＰＣＡは、コーチと選手がデリケートな話題についてもコミュニケーションを取る必要があることを強調した、人種差別に対抗するためのカリキュラムを作成した。同コースは、チームにおける人種差別の問題に対し、特定の解決策を提示するものではない代わりに、コーチが正直でオープンになること、選手を気遣う会話をすること、そして何よりも、多様性を受け入れることを推奨している。「大切なのは、『根気強く』注意を促すことだ。スポーツの現場でそれができなければ、他のどこでもできるはずがない」とホワイティングは言う。

避難場所からコミュニティへ

第7章に登場したジェラニ・テイラーは、周囲の人たちから、ミシガン州ビーチャーの底辺高校からニューヨーク州イサカにある超一流大学では、慣れるのにかなりの時間が必要だろうと言われていた。さらに、それほどの大学で優秀な成績が取れるとは思わないほうが良い、と高校の先生やアドバイザーから忠告されていた。ところが、それまでコーネル大学を知らなかったジェラニ——「子供の頃からアイビーリーグの大学に関する話題が上ったことなんてなかったからね」と彼は言った——は、同大学の高い評判に怖気づいたりはしなかった。

「経験がなくても、できる自信はあった」と彼は語る。彼にはスポーツを通して培った労働倫理があったので、それを学業に応用したという。高校時代だって、そうしてきたのだ。

コーネル大学のホテル経営学部の授業では、ジェラニが唯一のアフリカ系アメリカ人である場合が多かったが、どのクラスメイトも友好的で感じが良かった。それよりもショックだったのは、周囲との経済状況の違いだった。誰もが裕福であるという前提が大学中に浸透していて、教授も学生も、当然のように高級ホテルや高級車、海外旅行について話した。学部の性質上それも仕方なかったとはいえ、ジェラニは疎外感と信じられない気持ちでいっぱいだった。「(その異様さは)外側にいる人間にしか見えないだろうね」と彼は言う。

ジェラニにとって、同じフットボール選手で、出自も似ていた2人のルームメイトの存在は心強かった。3人は大学のノースキャンパスにある、何階もある背の高い学生寮の2人部屋に、すし詰め状態で住んでいた。部屋はベッドとタンス、机でぎゅうぎゅうだったが、絆を育むにはちょうど良く、3人はすぐ親友になった。彼の頭には、常に子供時代、両親から繰り返し言い聞かせられていた言葉があったという――誰もあなたの過去を知らないのだから、理解されないのは当たり前。そして、さらに大きかったのが、フットボールのチームだったという。ジェラニは、高校の頃と同じくフットボールに全力を尽くした。いつかNFLでプレーすることを夢見て、より速く、より強く、より上達すべく励んだ。「チームは、自分にとって一番の居場所だった」と言い、「フットボールのおかげで、そこまで心地が悪いことはなかった――孤独にならなくて済んだ」と続けた。

なかでも、アーチャーコーチの存在は大きかった。残念な結果に終わった3年目のシーズンのあと、ジェラニは練習スケジュールからプレースタイルまで、あらゆることをコーチと話し合った。バスの調整はどうする？　スウェットパンツとウォームアップパンツのどっちが良い？　といったことや、深い話題――人事やディフェンスコーチが試合前の金曜日に怒鳴り散らす件――についても相談し合った。対処できるだろうか？　時には、家族や人生について話すこともあった。「ジェラニは、いつも落ち着いていた」とアーチャーは言う。

4年目のシーズンは、スタートから大変だった。1試合目でマリスト大学に勝利した後、4連敗してしまったのだ。どの試合もターンオーバーをされ過ぎたのと、全体的にプレーが安定していないなど、ケアレスミスが重なった結果だった。その後、ブラウン大学に何とか勝てたが、プリンストン大学とペンシルベニア大学には負けてしまった。ところが、シーズン最後の2試合で、選手たちの中で何かが変わった。まず、長いあいだ勝ち目のなかった強豪校であるダートマス大学に、2点差で勝利した。さらに、その1週間後にはコロンビア大学相手にジェラニが思うところの完璧な試合をし、35対9で快勝したのである。「最後の最後にチームがまとまり、シーズンの最初より良い状態で終われた」と言う。それこそが、彼が掲げていた目標だった。

　大学の最後の1年間にジェラニが発揮したリーダーシップは、数多くの勝利以上のものを生んだ。ジェラニは、アーチャーがコーチ歴15年のあいだに関わった中で「もっとも完成された選手」と認めるほど、ものすごく優秀なキャプテンでもあった。彼の先輩や後輩に関係なく誰とでもコミュニケーションを取る姿、フィールドの内外での振る舞い、問題が起きたときの建設的な対処の仕方に触れ、アーチャーの選手に対する見方も変わったという。最後の1年間、アーチャーは「プレーヤー内閣」を設立し、チームの考えを聞こうと努めた。そして、ジェラニを手本に挙げ、自分らしく、自分が思ったようにやるよう、選手たちに促した。「彼は、私のフットボールに対する取り組み方を変えた」とアーチャーは振り返る。ジェラニによって、コーチのチームではなく、選手たちのチームだということに気づかされたのだという。

　ジェラニは、コーチの代弁者――フィールドの中で、アーチャーの言葉を行動に移した――だった。彼には、コーチが望んでいることを理解し、行動に移し、チームの他の選手たちにも実行させる力があった。コーチと話すときは、他の選手が抱えている悩みも伝えた。自分自身のパフォーマンスに固執することはなく、常にチームを第一に考えた。また、いつも適切な声のトーン――真剣かつ丁寧でありつつも積極的に主張する――を使っていた、とアーチャーは回顧する。ジェラニがアーチャーに対してしていたことは、彼が家族に対してしてきたことと一緒だった。下のきょうだいの理解しづらい要求を、親がわかるように伝える。彼には、言葉を扱う才能があった。異なる世界を行き来し、それぞれの世界特有の表現や視点を理解し、両方の世界を自分にとって安心できる場所にすることができた。「アイビーリーグの言葉もビーチャーの言葉も話せる。それが、人生における自分の役割なんだ」

ジェラニ・テイラーにコミュニティを与えたのは、フットボールだった。彼がいたコーネル大学フットボールチームの選手たちは、共にたくさんの試練を乗り越えた。一緒に過酷なトレーニングを何百回とやり、大きな失望に胸を痛め、勝利に心を躍らせた。もし、人間関係に順位をつけるとすれば、1番が恋人、次にきょうだい、そのあとが共にフットボールをした仲間たちだろう、とジェラニは言う。チームの結束が強く、互いに依存し合っていたことで、自分以外の人のことを思いやり、集団ならではの美しさを発見することができた。「あれほどの絆は、他の何からも得られないだろう」と彼は言った。当然、今も連絡を取り合う仲だというアーチャーも含めて、である。

「コーチとは本当に親しかったし、大親友なんだ」

ところが、パンデミックによって、ジェラニのNFLでプレーするという夢は失われた。もちろん、今もフットボールを愛する気持ちに変わりはないが、嘆くのはもうやめたという。「フットボールが終わっても人生は続くとわかっていたからね」

「今はもう大丈夫」だそうだ。彼はすでに、フットボールから想像以上に多くのものを得ていた。「影響を受けたという意味では、人生で唯一最大に重要な存在だった」と言い、フットボールは、彼を導き、作り上げた、もう1人の親のようなものなのだと続けた。

ジェラニにとって、フットボールはまるで初恋のようなもので、驚くほど多くの影響を受けたと話す。「今こうして豊かな人間になれたのは、フットボールのおかげだよ」

ビーチャーで育ち、コーネル大学へ行き、そこから新たなチャンスを見つけ、インターンシップを経て人としてさらに成長し、移動が多く落ち着かなかった子供時代を受け入れられるようになったのは、ジェラニにとって信じがたいことだった。子供の頃、ジェラニにとってのフットボールは、「安全なところ――避難場所」だった。今は、それをとうに越え、シアトルの広々としたロフトつき2階建てで裕福な暮らしを送っている。「やり方が正しければ、スポーツは素晴らしいいし、人生を変えることだってできる」とジェラニは言った。

「彼女たちが支えてくれた」

チームの一員になることで得られる人とのつながりは、子供がスポーツをするべき大きな理由になる。ロッカールームで揉み合ったり、腕立て伏せの合間に秘密を打ち明け合ったり、最後の1本を走り抜こうと頑張ったり。シーズンを通して、このような経験を積み重ねることでチームメイトたちのあいだに愛着が生まれ、さらに、共に苦しい試練を乗り越えることで強い絆で結ばれる。連帯感、共同体、つながり――こういった言葉が私に呼びかける。もし、18ヶ月間のロックダウンが私たちに教えてくれたことがあるとすれば、それは、他人と過ごす時間は豊かな人生に必要不可欠だということだろう。

スポーツチームに入ることは、少なくとも、多くの人が抱える疎外感という苦しみから抜け出すための解毒剤になる。さらに、私たちを悩ます社会の分裂への歯止めにもなるかもしれない。また、もっと身近な話をすれば、スポーツを通して長く続き、人生をも変えるかもしれない強い絆とはどういうものかを学ぶ機会にもなるかもしれない。これらは、子供がスポーツをし、チームの一員となり、アクティブであり続けるべき説得力のある理由になるはずだ。

だからこそ、ユーススポーツの崩壊は問題なのである。現代において、子供のスポーツといえば――お金、過酷な世界、大学のスカウト――だろう。これでは、競い合う中で自然と育まれる絆は損なわれている。今、多くの家族にとってそうであるように、得るものも失うものも大きすぎる状態では、見せかけの自己犠牲やチームワークは消え、スポーツは表彰台を目指す単なる醜いレースになってしまう。弱いチームは切り捨てられ、地域のリーグはなくなり、豪勢なトラベルチームに取って代わられ、自分の足を引っ張りそうなチームメイトやコーチとは付き合わなくなる。貧困家庭の子供は、入れるチームさえない。ユーススポーツが及ぼす悪影響の中でも、こうした人とのつながりやチームというコミュニティを失うことが、もっとも悲劇的かもしれない。

35歳になったアリーは、時折自虐的なコメントを言うなど、見た目も振る舞いも高校時代と変わらないまま、幼い子供たちを抱えてのパンデミック下にも楽しみを見つけながら暮らしていた。今も微かに物悲しい雰囲気が漂い、輝く瞳の周りには何本かの小じわができている。思春期の頃に起きた数々の悲劇を振り返ると、乗り越えられたのはコーチやチームメイトがいたからに他ならなかった。メールには、「家族にたくさんの穴が空いてしまっていたけれど、そう感じたことはなかった。彼女たちが支えてくれたおかげね（今もだよ）」と書かれていた。アリーは、当時何が起き、自分がどのようにして乗り切ったかは、あまりよく覚えていないという。そこで本章の下書きを見せると、「この子、偉い！」という反応が返ってきた。

彼女の世界が崩れ落ちてから16年が経つが、今はどうしているのだろうか？「もちろん、苦しくて不安な日もある」と彼女は言い、こう続けた。「でも、それ以上に幸せで感謝したくなる瞬間がたくさんある」

PART 03

子供たちのスポーツを取り戻す

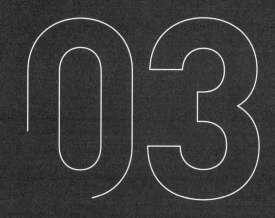

03
10
What Parents Can Do

親にできること

若い親に子供のスポーツとの付き合い方についてアドバイスをする年長者は、オスカー・ワイルドが2回目の結婚に対して言ったように、「希望が経験に勝つ」［訳注：1度目の結婚で懲りているはず（経験）なのに、幸せになれる（希望）と思って2度目の結婚をする、という意味の名言］のだろう。なぜなら、私が今こうしているように、名乗りを上げている人たち――専門家や元コーチ、後悔でいっぱいの著者たち――の多くが、自分自身の子供たちに「やり過ぎて」しまった人たちだからだ。私たちは、過去の自分の滑稽さを後悔したり、自分は良識があると自認したりする人たちでさえ、夢中になりすぎたことに、戸惑っているのかもしれない。かつて私がしたようにするのではなく、この後に私が話すことをやってみてはいかがなものだろうか。

「思い返せば、私も狂っていた」とデイビッド・ブルックスは、ユーススポーツのシンポジウムで、自身も息子の野球に過剰に投資したことを引き合いに出して言った。

また、ジャーナリストのマーク・ハイマンは、子供のスポーツの商業化について書いた本の中で、「息子たちの野球のために、恐ろしい額を投じてしまった」と認めている。

さらに、娘のソフトボールでの紆余曲折について語った著者のマイケル・ルイスは、彼女のソフトボールのために、自身の執筆活動と同じ時間——およそ週30時間——を費やしていたと話す。「変だと思っていなかった」と言い、信じられない、といった様子で首を振った。

にもかかわらず、この状況である。

はっきりと言わせてもらおう。私たち親が、子供たちのスポーツ経験と家族の生活をより良くするためにできることは、たくさんある。一家庭がNCAAを改革するのは無理としても、ティーボール［訳注：小さい子向けの細長い台に乗ったボールを打つ野球のようなスポーツ］やサッカーのトライアウトにいつ参戦し、いつ辞めるかといったことを含めた、子供のスポーツへの取り組み方を調節することはできるだろう。この一大ドラマにおける自分の役割を再考したり、自分が家族のために本当に望んでいることや、それがどれだけ達成できているかを見直したりすることならできるはずだ。子供のスポーツの過酷なスケジュールに追い詰められ、ボロボロになった親たちが一斉に抗議する声——「他に選択肢はないような気がしていた」と、高校ラクロスのスター選手の母親は言った——が聞こえるが、絶対に避けられない、というわけではない。私たちには、エージェンシー［訳注：世界や物事に対して行動し、それらを変化させたり影響を与えたりする人間の能力を意味する社会学用語］がある。中流家庭かそれ以上の人は、少なくとも、それを発動させる力を持っているはずだ。

本章では、子供のスポーツにおける、本当に大切なものを中心に据えた選択肢を評価するためのフレームワークを紹介する。私たちにとって重要なことを思い出させてくれる、子供がスポーツをする中で直面するジレンマに対する新しい視点、というふうに考えてもらいたい。このフレームワークは、あなたが常に現実的でいられるために必要な、４つの柱からなっている――「子供の見守り方」「家族間の関係性を高める」「常に冷静さを保つ」、そして「子供の良いお手本になる」である。

子供の見守り方

知り合いに、自分の外見に誇りを持っている父親がいる。暗い色の髪は、きちんと切り揃え、整えられ、靴は土曜日でも磨き立てのようにピカピカと光り、ツルツルした素材のボタンつきシャツの裾は、プレスされた細身のパンツの中にしまわれている。契約や、その他の良くわからないものを扱い、何百万ドルもの取引を何でもないことのように語るなど、大企業のビジネスマン風を吹かせていた。一方の息子はまったくタイプが異なり、大人しく、ぎくしゃくとした感じで、昔でいうところの「がっちり体型」――洗練されたルックスの真逆――だった。この父親は、スポーツが男を作ると信じていて、見た目は頑丈だけれど中身は頼りない息子を、逞《たくま》しいスポーツ選手にしたいと考えているようだった。２人は、週末はいつもＹＭＣＡのウエイトルームにいた。息子が20kg近くあるバーベルの下でふうふう言っているのを、父親が「もっと力を入れろ！」と駆り立てるのである。

あの父親は、自分の息子をちゃんと見たことがあるのだろうか。彼が大切にしているものや、興味を持っていることを本当に知っているのだろうか。バーを頭の上に持ち上げるときの彼の瞳の中に、ちらと絶望が浮ぶのが見えているだろうか。それを言うなら私自身は、息子が憂鬱な2日間に及ぶバスケットボールキャンプのあと、隣の助手席で小さくなっているとき、一体どこを見ていたのだろうか。「良かったわよ！　良くやっていたじゃない！」ちゃんとわかっていないからこそ、彼を元気づけるつもりで、そんなことが言えたのだ。きちんと目を向け、耳を傾けていれば、それは自分の夢なのであって、彼の夢ではないことに気づけただろう。彼が、夏の始まりに興味のないスポーツキャンプに参加するより、友達とプールへ行ったり、フードコートに並ぶ店を覗いて回ったりするほうが良いとわかったかもしれない。

子供のスポーツの実績に夢中になっている親は、ランニングシューズを履いた、あるいは、ボールをドリブルする我が子を見失っていることがある。スポーツ心理学者のマーシャル・ミンツは、臨床現場でそのような親によく遭遇するという。「彼らは、自分の子供が何者かをわかっていない」と話す。子供を強くし、彼らに自信をつけ、精神的に安定させる心理学的なトリックを授けてほしい、という理由でミンツにお金を出してくる親がいるそうだ。「そういう親には『小さな子供にプレッシャーをかけ、彼らがもっと強く歯を食いしばるようにさせる、という問題ではないんです。すべての子供にそれができるわけではありませんよ』と伝えるようにしているんだ」と話す。なかには、そのスポーツが好きか、続けたいか、といった質問を我が子にしなくなる親もいる。「いかなる代償を払っても成功する、ということが重視されている。

たとえ、その代償が学生アスリートの心や体の健康だとしても」とミンツは言う。ユーススポーツの熱は、人の判断力を鈍らせ、親を子供が本当に興味あるものから遠ざける場合もある。

何年か前に、著名な精神科医と、彼が臨床現場で経験してきた子育てに関するあらゆる問題について話し合ったことがある。彼は、子育てにおけるほとんどの問題は、親が子供をもっとよく知れば解決できるものばかりだと言った。週に1度、1対1で子供と食事に行きなさい、というのが彼のアドバイスだ。目の前に座っている謎に包まれた小さな人間を見て、彼や彼女が何によって元気になる（あるいは、元気がなくなる）のかを聞くことで、もっとちゃんと、彼らが本当に興味あるものへ導けるようになるだろう。

▽子供に任せてみる

どうすれば、丁寧に聞こえるだろうか？　私たち親の多くは、子供のスポーツとなると自分の役割を勘違いしがちだ。子供の身体能力が、自分の能力や意欲、遺伝子コード、犠牲をいとわない姿勢を反映していて、フィールドの中にいるチビ助ではなく、自分こそがすべてを可能にした陰のヒーローなのだと信じている節がある。確かに私たちは、送迎し、食事を与え、なだめ、励まし、必要があれば調子に乗せ、時には週末を諦めて彼らを最優先にしてきたかもしれない。だからといって、彼らの成功や挫折、意欲や無気力は、私たちの責任なのだろうか？

その答えとして、3人の大きな娘を持つ、元大学アスリートの母親の言葉を紹介したい。「自分の両親が、私のラクロス人生が彼らを反映していると考えていたとしたら、『何を言っているの？』と思ったでしょうね」と言って彼女は頭を振った。「あなたたち親は、そこまで重大な役割は担っていない」

言い方を変えよう――あなたには関係ない、のである。私たち親は、自分が主役だと思いがちだ。しかし、子供の人生においては、単なる脇役にすぎない。一歩下がって、主役は彼らに任せよう。このアドバイスは、アスペン研究所のプロジェクトプレイの指針である「子供の希望を聞く」と似ている。さらに、これまで話を聞いたことがあるスポーツ心理学者も、全員口を揃えて同じようなことを言っていた。「子供たちに行動を起こさせ、それについていくこと」とは、スポーツ心理学者のロス・フラワーズの提言だ。自明の理じゃないかと思うかもしれないが、経験上、これは私たち親が繰り返し自分に言い聞かせなければならない教訓なのだ。私たちの時代は終わったのである。したいスポーツ（があるとすれば）を決めるのは、彼らでなければならない。

▽子供の自由にさせる

組織化されたスポーツだけが運動を奨励し、健全な発達を促進する唯一、あるいは最善の方法というわけではない。なぜ、自由にやらせてあげないのか？『遊びが学びに欠かせないわけ――自立した学び手を育てる』（築地書館）の著者であるピーター・グレイは、自由遊びの価値や自由遊びが減少しつつある現状についての研究を専門とする、ボストン大学心理学部の研究教授だ。彼は、能力と実績を第一の目標とする「子供時代における出世第一主義的アプローチ」を嘆く。子供には、大人の監視がなくても、自分自身の楽しみを管理できるだけの力が備わっているという。

グレイは、大人が目を光らせたり、ルールを押しつけたり、スコアをつけたりせず、自分たちで遊び感覚のスポーツをしているほうが、子供たちは多くのことを学べると主張する。子供主体の遊びは、ティーボール、ちびっ子サッカーや、その他の小さい子供向けの組織化されたスポーツにはない、大切なことを教えてくれるという。たとえば、チーム分けを子供たちで行う場合、誰がいるか、また、何人いるかによって、毎回チームのメンバーが異なるため、チームのアイデンティティという概念が薄い。プレーの目的は、適当に作ったチームでの勝利ではなく、試合自体を楽しむことにある。さらに、子供が運営する試合では誰がいつ抜けるかも自由なので、全員が楽しめるよう工夫しなければ試合が成り立たなくなってしまう。その過程で、妥協や交渉などの技術も身につけることができる。子供たちだけで行う試合の目的は、楽しむことだ。「現実の人生は、非公式スポーツである」とグレイは書く。子供たちだけで行う遊びの中で身につけたソフトスキル［訳注：コミュニケーション能力やリーダーシップなどの明確な尺度で評価することができないスキル］は、その後の人生でも大いに役立つはずだ。

「でも、危ないじゃない！」とあなたは反論するかもしれない。「9歳の子供を、友達とだけで変質者や誘拐犯が待ち構える公園に行かせるなんて無理！」

ところが、データを見る限り、子供の危険に関する事実は異なる。何年も前に、レノア・スクナージという女性コラムニストが、親がリスクをより現実的に捉え、子供がいかなる危険からも守られることで失うものについて考えることを促す、フリーレンジ・キッズという運動を立ち上げている。

全米で学校における銃乱射事件が多数起きているにもかかわらず、子供の安全に関する研究の結果は安心の内容だ。2016年にアメリカで死亡した1〜19歳の子供は約2万人で、2020年に子供の死亡原因でもっとも多かったのは銃――29・5%――で、次に交通事故、そのあとは薬物の過剰摂取と中毒、癌、窒息死、溺死、先天性疾患、心疾患、火事や慢性呼吸疾患と続いていた。

1990年から2016年までで、アメリカにおける暴行や殺人、窃盗の発生率は、約半数に減少した。ブレナン司法センターは、「現代のアメリカ人は、過去25年間でもっとも安全だ」と結論づける。ここで強調したいのは、より安全になった中にはすべての子供が含まれ、過保護に危険から守られてきた子供たちだけではない、という点だ。

では、見ず知らずの怖い人による危険は？　そもそも、子供が誘拐される危険性については大袈裟すぎた可能性がある。1997年と2014年のあいだで、行方不明の子供の数は40%減少し、そのほとんどは家出だった――悲劇には変わりないが、遊び場から無作為に選ばれた子供が連れ去られるのとは違う。毎年、何百人、何千人と報じられる行方不明の子供のうち、見知らぬ他人によるものは0・1%のみで、それ以外は「親権を持たない」親によるものである。もう一度言うが、それにしたって酷い話に変わりはない。とはいえ、我が子を守るのに必死な親が怖れているような、いつでもどこでも起こり得る危険ではないのだ。

「あなた自身が子供の頃、大人の監視なしで外遊びをしても安全だったのなら、今、あなたの子供たちが同じことをするのは当時以上に安全だと考えられる」と犯罪データ分析者は言う。

▽さまざまなスポーツをさせる

もし、子供が組織化されたスポーツに心から興味を示し、あなた自身のスケジュールや予算が許せば、さまざまなスポーツをやらせてあげてほしい。サッカーとランニングとダンス、バスケットボールとテニスとテコンドー。スポーツによって、求められる技術や気質が異なるため、球技が苦手な子供は、ランニングのような身ひとつでできる運動が良いだろう。また、スポーツは必ずしも組織化され、大人によって管理されている必要がないことも忘れないでほしい。

子供が少なくともその種目でなら輝ける、上手くやれる――やって、やって、やりまくれる――スポーツを1つ見つける手助けをするという話ではない。まだわかっていない人のために、もう一度言わせてもらう。少なくとも思春期までは、子供は1つのスポーツに専念すべきではない。近所の子供が何をしているかなんて関係ない。

私だけが言っているのではない。大学のコーチや整形外科医、スポーツ心理学者、アスレティック・トレーナー、アスペン研究所のプロジェクトプレイのような学術機関までもが、子供の体と心を休ませてあげてほしい、と懇願しているのだ。子供たちには、さまざまなスポーツをやらせ、1つに専念させるのは少し待ってほしい。

『ＲＡＮＧＥ《レンジ》――知識の「幅」が最強の武器になる』（日経ＢＰ）で、著者のデイビッド・エプスタインは、幅広い技術を身につけるほうが賢明な理由を説明している。専門化するとは、1つの分野に絞って能力を完璧に磨き、その他は除外するということだ。そのようなやり方は、チェスやゴルフのような、明確なルールやわかりやすいパターンがあり、迅速なフィードバックが得られる「親切な」分野には向いているかもしれない。ところが、ルールが定まっておらず、あるいは明確でなく、状況が予測不可能な、さらにはフィードバックさえ不明瞭な「意地悪な」環境——救急外来や精神科など——では、幅広い経験を持つ人のほうが成功しやすいのである。複雑な世界で成功しやすいのは、さまざまな知識から答えを導き出せる、幅がある人間である。エプスタインは、アメリカが早期から「超専門化教育」を行うようになり、「自分自身が何者かわかる前から、何者になるべきか決めさせられている」と嘆く。親が子育てで「早く選択し、1点に集中し、絶対に揺るがない」ことに固執するのは間違いであり、役にも立たない。これは、スポーツ以外でも同じだ。

ジェイ・コークリーの次の言葉を聞いてほしい。「子供に早くから1つのスポーツに専念させる親は、子供が健康を害するまでりんごしか食べさせない親と同じだ」

たとえ13歳でも、スポーツに関する長期的な決定をさせるべきではない、とコークリーは続ける。「子供の経験や人間関係、アイデンティティを妨げるのは発達に良くない」。つまり、子供に任せること。ただし、先に崖が待ち受けていることに本人が気づいていない場合は、その限りではない。

▽それでも早くから専念する場合は、出口を用意する

早くから専門化させなければ高いレベルで成功できないスポーツもある、と抗議する人もいるかもしれない。もっとも優れた体操選手やフィギュアスケート選手の多くは、保育園児の頃から始めているのだ！　そこには、チャンスを逃してしまうかもしれない、という恐怖が潜んでいる。娘が自分で決められるまで待っていたら、手遅れになってしまうではないか。

元競技スキー選手で、数多くの競技のプロやオリンピック選手に関わってきたスポーツ心理学者のジム・テイラー博士は、子育てや児童発達に大きな関心を寄せており、やはりスキーをしている2人の10代の女の子たちの父親でもある。そこで、クライアントにどんなアドバイスをしているのか聞いてみた。賢い親は、早くから専念する必要があるスポーツを、どんなふうに子供に始めさせているのか？　子供が自分の意見を言える環境を残しつつそうするには、どうすれば良いのだろうか？

「とても難しい質問だ」という返信がきた。原則として、これらの決断をするのは親ではなく子供でなければならない、と書いてあった。そして、早期から集中して取り組む必要があるスポーツに関しては、子供が「費やす時間とエネルギーが徐々に増え、他のことをする機会が減るというのはどういうことかを経験」できるよう、段階的に取り入れる必要があるという。そして、子供の意欲が消失してしまった場合は、無駄になった時間や個人的な成長が妨げられたのを悔むことなく、そのスポーツを辞めさせてあげるべきだ。さらに、子供に1つのスポーツに専念させる決断をする前に、そうすることの価値を吟味し、その決断により生じるメリット

とデメリット――本人、家族全員、夫婦、きょうだいにとっての――について正直になる必要がある。簡潔に言うと、状況をきちんと把握し、子供がいくらでも方向転換できるようにした上で、早い時期から始めなければならないものも含め、たくさんのスポーツを試させたほうが良い、ということだ。

▽辞めさせてみる

サラはクロスカントリーが嫌いだった上に、しょっちゅう練習をサボる方法を見つけられたせいで、トレーニングが一向に楽にならなかった。チームメイトが上達していく中、彼女は伸び悩み、それで余計に絶望し、落ち込んだ。私は、その苛立ちをモチベーションに変えるよう――努力を続ければ、スピードが上がり、楽になるはず――励ましたが、それが彼女の心に響くことはなかった。そして、その調子のままシーズンは終わりを迎えた。ところが、そんな鬱々とした1年目だったにもかかわらず、サラは2年目となる10年生でも陸上チームに戻ってきたのである［訳注：アメリカの学校スポーツはシーズンごとに登録する］。もちろん、不機嫌な態度と練習嫌いもそのままだ。

そうしたなか、シーズン後半のとくに後味の悪いレースのあと、私は彼女を端に呼んで話をした。

「ランニングは大変だけど、ただの苦痛であるべきじゃない」と切り出し、次のように続けた。「クロスカントリーは誰にでも向いているわけじゃないし、それで当然なの」

すると、彼女がふと顔を上げた。「何か別のことに挑戦してみたら？」

そう言うと、彼女は黙って両手をポケットに突っ込み、困惑の表情を浮かべた。忍耐と根性こそが、もっとも価値が高く、求められる性質ではなかったか？　途中で辞めるのは、敗者の証ではなかったか？

私たちコーチは、選手にそのスポーツを好きになってもらいたい――あるいは、少なくとも好きになる努力をしてもらいたい――と思っているため、諦めることの大切さを説くコーチは少ないだろう。人は、すでに時間とお金を費やしたものを放棄したくない。これは、たとえ今後のコストがメリットを上回るとしても続けてしまう、サンクコスト効果と呼ばれるものだ。子供たちにも、苦しみは人を強く、逞しくし、現実の世界に向き合う力を持たせてくれるという考えが刷り込まれている。ところが、『ＲＡＮＧＥ』でエプスタインも書いているように、今している活動や仕事を辞めるのには、場合によっては続ける以上の勇気が必要だ。同書に、次のような内容の文章がある。「仕事というもっと大きな世界では、そもそも自分に適した目標を見つけるほうが難しく、続けるために続けることが足を引っ張る場合もある」

▽実際の暴力は絶対に許してはいけない

目を覚ましてほしい。子供を見て、彼らの話を聞いてほしい。練習の前後にしょっちゅう泣く、いつも疲れたようにしている、あるいは、ロッカールームの扉の向こう側で起きていることについては奇妙なほど何も言わないというような場合は、コーチとチームについて今一度考え直すべきだろう。あちらこちらで悪評を言いふらすのではなく、もう一度よく見てほしい。もしかすると、子供とコーチの、あるいはチームとの相性が悪いのかもしれない。もしくは、それより酷い可能性もある。

私は、「虐待」という言葉も「いじめ」と同じく、心理学者のニック・ハスラムが言う「コンセプト・クリープ（概念の漸動《ぜんどう》）」――多くの場合において概念が「下方」に適用されることで、もっと幅広い対象が含まれるようになる、あるいは、「外側」に適用されることで似た概念をも含むようになる――の憂き目にあっているように感じている。その結果、「トラウマ」のような、以前は準客観的で狭い定義を持っていた言葉が、日常的に起こる悪い出来事を表すのに使える万能な言葉へと発展してしまった。もし、あなたが私の家に住んでいたとしたら、こんなセリフを耳にするかもしれない。「コムキャスト〔訳注：ケーブルテレビ会社〕の電話がトラウマなんだけど！」何がトラウマかは主観的なものであり、相手の行動を受けた人の気持ちによる。45分ものあいだ、担当者から別の担当者へとたらい回しにするコムキャストの無慈悲なコールセンターは虐待的だった！　こうした近年の傾向について、大ベストセラーとなった『傷つきやすいアメリカの大学生たち――大学と若者をダメにする「善意」と「誤った信念」の正体』（草思社）の中で、著者のグレッグ・ルキアノフとジョナサン・ハイトが光を当てている。

あなたにとって、虐待とは何だろうか？　たとえば、キャロラインの水泳のコーチがしたように、あなたの子供のコーチが、我が子に1年のうち11ヶ月間、毎回5時間の練習を義務づけ、年季奉公人のように扱っても良いと思えるだろうか？　ダブルドリブルをしたり、バスに乗り遅れたり、ユニフォームを忘れたりした子供を、コーチが馬鹿にしたり罵ったりしても、気にならないだろうか？　では、体重計を持ってきて、チームの中で一番太っている子を晒し者にしようとするなど、微妙な意地悪を楽しむコーチは？　子供の頭を叩くほどではないにせよ、親として、これらはいじめであり、虐待だと私は思っている。どんなに評判が良いコーチだったとしても、絶対に我慢するべきではない。

とはいえ、こうした表現の使い方には、じゅうぶんな注意が必要だ。遅刻や欠席を一切許さないコーチや、たまにチームの士気が低いと激昂するコーチ、警告もなしに突然我が子を下のチームに降格させるコーチは、虐待者ではない。彼らのやり方に納得できない場合もあるだろう。ずさんだと感じたり、雑に見えたり、コミュニケーション下手に思えることもあるかもしれない。だからといって、彼らは児童虐待者ではない。そして、あなたが指摘しない限りは、試合の半分をベンチで過ごしたからといって、子供がトラウマやPTSDを抱えることもない。

家族間の関係性を高める

NPR（米国公共ラジオ放送）の科学記者であるマイケリーン・ドゥクレフが、マヤ人とイヌイット、タンザニアの狩猟民ハヅァの人々の子育てを研究し、『Hunt, Gather, Parent: What Ancient Cultures Can Teach Us About the Lost Art of Raising Happy, Helpful Little Humans（狩

猟、採集、子育て——失われた幸せで協力的な小さな人間の育て方を古代文化に学ぶ』（未邦訳）にまとめている。ドゥクレフは、これらの民族の子供たちは、アメリカの子供たちより幸せで自立していることを発見した。彼らには、特別なおもちゃやゲームが延々と与えられたり、退屈しないための活動が無限に提供されたりしていない。彼らは、（刺激過多で鮮やかな色彩の）子供の世界へとはぐらかされるのではなく、大人の世界に迎え入れられている。自分の周りにいる大人が本物の仕事をするのを見て学び、それを自分にできる範囲で行うことで家族の役に立とうとする。彼らにとっての子供時代とは、子供たちが楽しむためだけに作られた別世界ではなく、大人になるまでの見習い期間なのだ。

早期英才教育や作られた楽しみからなるアメリカの子育ては、どう解釈すべきなのだろうか？　ドゥクレフに聞いたところ、子供たちにとって不必要なだけでなく、「大きな危害」であるという回答があった。大人が我が子に提供する「子供のための魔法の世界」——親子教室、野球のトラベルチーム、仲が良い子とだけ遊ぶ場——は、「家族の一員としての役割を損なわせ、最終的に、彼らの親を手伝おうという意欲を削ぐ」という。こうした娯楽は、家庭での役割を免除し、家族に貢献するより子供である自分が「楽しむ」ことのほうが重要だという考えを奨励し、自分で楽しむ方法を考えようとすることを妨げている。ドゥクレフが言うように、彼らの感覚を刺激するために作られた経験にどっぷりと浸かっている子供たちが、洗濯物を畳むように言われ、エーッと嫌な顔をするのもわかるだろう？

適応性に優れ、責任感があり、家族に貢献する子供に育てたければ、ティーボールやちびっ子サッカーといった類のものを制限するのが賢明だろう。子供中心の西洋の子育て――子供の幸せを目標としているケースが多い――は、家族をバラバラにし、自立を妨げる。組織化されたスポーツを一切しない、とまでいかなくても、家族への影響を減らす方法は他にもあるはずだ。

▽スタートを遅らせる

家族をバラバラにしないためには、できる限り組織化されたユーススポーツへの参加を遅らせることである。少なくとも、子供がどうしてもやりたいと言うまで待つのが良いだろう。あるいは、子供自身がほとんど自分でできるようになる――申し込みの手続き、練習や試合への移動を含む――まで待っても良いくらいだ、とドゥクレフはアドバイスする。そして、そのときが来たら、過酷なスケジュールを抱える本人だけでなく、留守番させられる、あるいは付き合わされるきょうだい、自分たち親を含め、家族全体のことを考えよう。

▽できるだけ地元に残させる

価値あるスポーツ経験のために、州をまたいで移動する必要はない。町でやっているプログラムや、幸運にも近くにＹＭＣＡのリーグがあれば、幼い子供やその親が必要なものはすべて揃っているはずだ。子供は友達や近所の子たちと常識的な時間帯に遊ぶことができ、ほとんどの場合、親に大きな負担を強いる遠征はない。１日がかりのサッカー大会のために遠くまで出かける必要がないため、食洗器を空にしたり、公共料金などの支払いをしたり、家族揃っての食事だってできるだろう。さらに、地元に残ることで、誰にとってもユースポーツが手頃で、身近になるのに貢献できる。裕福な家庭が「一流」チームに流れると、町のチームは小さくなってしまうからだ。つまり、あなたが長く地元に留まるほど、町のチームの魅力が増し、より多くの家族を引きつけられるようになる、というわけである。親は、人気のあるところに集まるものだ。

ここで、親である読者に改めて伝えたいことがある。愛情豊かな母親または父親になるのに、そこらへんのトラベルリーグの慣習や規則にひれ伏す必要はない。あなたには、留守番する家族から遠く離れた、人気のないところにある、泥でぬかるんだフィールドまで長距離運転をする以外にも人生がある。大人気テレビドラマ『ロスト』の大失敗だった最終回を、このドラマを見たことがない人がとくに気にしていないのと同じで、トラベルリーグに一切関わらなければ、自分が何を損しているかなんて一生わからずに済む。

▽たまには反対する

「最悪」

母親――ジェーンと呼ぶことにする――は、娘のトラベルサッカーのコーチから来たメールを見て言った。バーモント州ミドルベリーの彼女の家から車で約90分かかる、ニューヨーク州レークプラシッドで開かれる1日がかりの大会の前日である。彼女の娘が所属するチームが対戦するはずだった相手の中に、ルール違反をしたチームがあったため、試合が1つ中止になったという。そうなると、ジェーンの娘を含めた15歳の女の子たちのチームは、午後4時からの試合のみになる。問題は、没収試合ではなく、試合が1つ減って女の子たちが落ち込まないよう、コーチが朝9時から非公式試合をスケジュールしたことだった。メールは、ジェーンたちチームの親に、そのお伺いを立てる内容だったのだ。

非公式試合に間に合うには、ジェーンたち母娘は午前6時半前には家を出る必要があり——それでもギリギリだ——、そのあと午後4時の試合まで時間を潰さなければならない、ということだ。「もちろんオッケー」と何人かの親からの返信メールが入った。他にも「了解です」といった返信が続く。ジェーンは、反対意見を言うのをためらっていた。だって、土曜日にニューヨーク北部で冷たいベンチにじっと座って過ごす、あるいは、近くのアウトレットモールを6時間うろつくのが娘をサポートすることになると、喜んでそうする母親がいるだろうか？　しばらく考えてから、試合をしなくても勝ててラッキー、と不戦勝に触れたあと、正直な気持ちを書いて送信した。

「非公式試合は必要ないんじゃないでしょうか。私も娘も4時からの試合だけでも大丈夫です」

すると、すぐに他の親たちも賛同し、結局コーチは非公式試合をキャンセルしたのである。「みんな、最初に言うのが怖かっただけなのね」とジェーンは言った。

やり過ぎだと思ったこと——遠く離れた州での早朝の試合、週に1度の夕食のケータリングや子供たち全員で新しいウォームアップシャツを揃えるという提案(それ以外にも無限にある)

――に対して声を上げてみると、他の親や、もしかするとコーチまでもが喜んで賛成するかもしれない。みんな、誰かが言ってくれるのを待っているだけなのだ。

▽ノーと言えるようになる

「申し訳ありません。今年のクラブサッカーは、両シーズン（秋と春）とも参加するのは無理です。1シーズンの参加でお願いします」

「ごめんなさい、無理です。娘は今回の夏の練習は欠席します」

「声をかけていただき、ありがとうございます。残念ながら、今年の長期休暇は家族で出かけるので、クリスマスイブやヨーム・キップール［訳注：毎年10月頃にあたるユダヤ教の祝日］の練習には参加できません」

「筋力トレーニングキャンプ、とても良さそうだとは思いましたが、我が家は遠慮します」

「別の用事が入っているので、結構です」

それほど難しい話ではない。いかにも大事そう、下手すれば必要不可欠かのように、親子の前にぶらさげられる追加の練習やプログラムは、実はそれほど大事でも必要でもないのだ。チームメイトやコーチとの約束が、その他の活動より優先されるシーズン中のバーシティスポーツでもなければ、ユーススポーツに付随する、余計な、馬鹿げた、迷惑な誘いは断って良い。あなたの家族は、チームのものでも、リーグのものでもない。もし子供が5年生のラクロス大会に参加しなかったからといって、試合に出してもらえない、もっと酷い場合にはチームを外されるとしても――まあ、仕方がない。それでも世界は回り続けるし、これは子供のスポーツなのであって、オリンピック選考会ではないのだ。

▽コーチのことを知る

これまでコーチとして関わってきた女の子たちの中で、エリカはある意味で際立っていた。彼女は、まるで完全に自立し、完成した状態で全知全能の神ゼウスの頭から生まれてきたかのような子だった。なぜなら、彼女が12年生のときに一瞬だけ彼女の母親に会ったことがある以外、エリカの在学中に、彼女の母親か父親を見かける、話す、何かしらの方法でコミュニケーションを取る、といったことがなかったからである。どちらの親も、ただの1度もレースを見に来なかった。エリカがチームに在籍した4年間で、トラック競技を含めず、クロスカントリーだけでも約45回ものレースがあったというのに、である。シーズン前の保護者会や、シーズン終わりの打ち上げにも来ていなかった。そうではないと知らなければ、彼女を孤児だと思ったかもしれない。

コーチだって、仕事を持つ親がすべての競技会に来られない、あるいは、時として1度も来られない場合があることは理解している。では、何がおかしいと感じたか――そして、時々メールや電話をするだけでも良いので、なぜ親がコーチについて知るべきか――というと、エリカの両親は、私がどこの誰だかまったくわからないのに信頼していたという点だろう。コーチによる選手の虐待は多く、親の存在がまったく感じられないほど起こりやすくなる。

親は、コーチがチームの子供たちといかに長い時間を共にし、思いがけない影響を与えるかということを簡単に忘れてしまう。エリカとは親密というほどではなかったが、私が叱咤激励したり、レースを分析するのを聞いたり、私が彼女の友人たちに接する姿や、思いがけないトラブルに対処する姿、あるいは、チームを先導する姿を見て、何百時間も一緒に過ごしたのだ。それに加えて、レース後に悔し泣きをしてもっとも弱い部分を見せる彼女の表情や、８００ｍを思った以上に速く走れたときの彼女の輝く笑顔を、私は他のどの教師より見てきたと思っている。本人が両親の不在を気にする素振りはなかったが、もともと感情を表に出さないタイプだったため、彼女の本心は知り得ない。

コーチは、選手に絶大な超能力を使うことができるため、親は定期的に連絡を取る――ちょっとしたメールを送る、できれば試合を見に行く、保護者会や面談に出席する――のが賢明だ。もっと良い練習法を提案したり、子供を特別扱いしてくれるよう頼んだりするためではない。もちろん、我が子に代わってゴマをすったり、お世辞を言ったり、ご機嫌を取ったりするためでもない（そういうのは、すぐにわかるのだ。あなたは、思っているほどさりげなくできていない）。子供のコーチをよく観察し、信用するに値する、きちんとした人間であることを確認するためだ。その過程で、コーチとはいえ1人の人間に変わりなく、反射的に敵視すべき相手ではないと気づく場合もあるかもしれない。

必ず頭に入れておいたほうが良いのは、コーチについて知り、彼、あるいは彼女の素質を評価しようとするときは、勝敗の記録よりもっと先に目を向けることである。ヘンドリー・ウェイジンガーという長年の経験を持つスポーツ心理学者は、「スポーツに夢中なコーチではなく、夢中で子育てをしているコーチを探しなさい。なぜなら、彼らのほうが経験豊富だからだ」と親にアドバイスすると話す。この場合の経験とは、多くのコーチが練習や試合のたびに強調する「強い精神力」や「忍耐力」のあるなしにかかわらず、生身の子供との経験という意味だ。コーチを任せるのは、子供のスポーツで大事なのはトロフィー以外にもたくさんあることを理解している生身の人間が良い。

常に冷静を保つ

子供のスポーツとどう付き合っていたかをという質問に対し、親のほとんどが、子供が成長して今わかっていることを当時から知っていれば良かった、と答えた。つまり、スポーツはさほど大事ではない、ということを。子供が小さい頃どんなプレーをしたか――点を入れた、ファールした、キャプテンに任命された、MVPを獲った――はたいしたことではないし、彼らのスポーツでのパフォーマンスは何の違いも生まないし、スポーツでの活躍なんて取るに足らないことだ。

2人の子供を持つある母親は、次のように話した。「今になって後悔しているのは、土曜日の度に家族みんなで車に乗り込み、どうということのないサッカーの試合に行くより、家族でハイキングをしたり、キャンプに行ったり、川の中を歩いたりしなかったことね」

心理学者のマデリーン・レヴィンは、こう書いている。「私たちは、子供のスポーツをおおごとにしてしまったせいで、自分のコンパスを失ってしまった。子供たちが幼い頃には人生を変えるほどのことのように感じていたものでも、彼らが大きくなると『たいしたことじゃなかった』と思うものだ」

とはいえ、とくに子供のスポーツとなると、冷静を保つのが難しいときもあるだろう。あなたの子供が自分の靴の紐につまずいて転んだり、オウンゴールを許したりしている一方で、あの10歳の子は、目を瞑ったまま左手でドリブルしているではないか。レクリエーションリーグの試合からアマチュア運動連合（ＡＡＵ）の練習に直行する男の子と比べ、無力な我が子を見て、どうやって冷静でいられるだろう？　すでに不利な状況にある息子を長い目で見るなんて、どうしたらできるのだろう？

取り憑かれたように早い成功をもてはやすアメリカの風潮が、いかに多くの人を傷つけているかを考えると良いかもしれない。『早期の成功者より、遅咲きの成功者は最高の生き方を手に入れる』（辰巳出版）の著者であるリッチ・カールガードによると、早期に目に見える長所――学業やスポーツなど――に固執すると、子供の他の強みを鈍らせてしまうという。生まれながらに優秀でなければならないというプレッシャーの中で確かな実績を残した子供は、常に頑張り続けてきたことで心が不安定で、疲れ果てている場合が多い。親は「子供の能力開発産業」――家庭教師サービス、専門コーチ、幼児向けの「知育」玩具――の格好の餌食となり、その結果、家族が蝕まれている。

10代のうちに完璧な経歴を積めていない多数の子供たちは、早期に輝けなかったことによる、より長期的な影響――劣等感や自己不信、幼い頃に際立ったところがなかったことが永久に不利に働くのではないかという不安――を受ける。「私たちは、彼らの成長を妨げ、新たな発見に続く道を閉ざし、よりひ弱な人間にしてしまっている」とカールガードは書いている。「私たちは、子供に大きな夢を持て、リスクを取れ、人生で避けられない挫折から学べ、と教えなければならないときに、どんなに小さなミスも許されない恐怖を抱えながら生きるように教えている」

カールガードは、時計の針が進むスピードを遅らせるのは可能だと話す。「親は、自信がないせいで世間の波に乗るしかないと思っている」と言い、子供の成功のために家庭教師やコーチ、カウンセラー、キャンプに「外注」するのをやめることを推奨する。

「子供たちの声に耳を傾け、積極的に興味を持つことだ」とカールガードは続け、成長速度や能力は子供によって異なることに気づく必要があると説明する。例えるなら、共通テストの結果だけで子供の成功度合いを測るのは、才能がある長距離選手を、どのくらい遠くまで砲丸を投げられたかで評価するくらい愚かなことだ。

「私たちは、子供のことをよく知る必要がある」とカールガードは言う。

こうした問題について考えるのと同時に、今こそ、人の成長速度には個人差があることを子供に説明する良い機会なのかもしれない。体が成熟するには時間がかかり、10歳で要領良くできていた子が、12歳で勢いを失う場合もあるという話をしてあげると良いだろう。あるいは、何人かのスーパースターの、決して順調ではなかった道のりについて話してあげよう。マイケル・ジョーダンは、12年生までジュニアバーシティチームだった。リオネル・メッシは、11歳のときにチームから外された。ピッチャーのマーク・バーリーは、高校の頃に野球チームのトライアウトで2度不合格になった。そして、子供たちの声を聞こう。もし、試合の前にいつも泣いてぐずるようなら、環境を変えたほうが賢明だ。違うスポーツをすることを提案する、チームを替えることを検討する、あるいは、しばらくそのスポーツから距離を置くという手もあるだろう。新たなチャンスは訪れるし、彼らの体は強く成長し続ける。

さらに、自分の内側に目を向けるのも大切だ。たとえ一瞬であっても、他人の子供の優れた身体能力を目の当たりにして、自分の「子育て」に疑問を感じたり、スポーツは適度にさせれば良いと思っていたはずなのに考え直すべきだろうか、などと迷ってはいないだろうか？　まずは、そういう自分に気づこう。スタンドにいる他の人たちから距離を置き、子供のバスケットボールに関する話が出たら話題を変え、何が自分にとって大事かを思い出してみよう。ヒントとしては、どんなに他の人たちはそう思っているように見えたとしても、あなたの5年生の子供がどれだけ上手にリバウンドを取れるかは、重要ではない。高校以前にするユーススポーツの意義は、人格を形成し、人とのつながりを築き、健康を維持することだ。親がそれを忘れずにいられれば、それらすべてを達成することができるはずである。

▽焦って1つのスポーツに絞る必要はない

世界的に有名なスポーツ選手には、子供の頃に複数のスポーツをしていた人たちもいる。テニス界のレジェンドであるスイスのロジャー・フェデラーは、サッカーとスカッシュ、バスケットボール、ハンドボールの経験があり、テニスにのめり込み始めたのは、思春期に入ってからだったという。また、アメリカで知らない人はいないだろう、フットボール選手のトム・ブレイディは、高校時代、フットボールの他にもバスケットボールと野球をしていた。さらに、コーナーキックに定評がある女子サッカー界のスーパースター、ミーガン・ラピノーは、高校時代はトラック競技とバスケットボールにも打ち込んでいた。さらに、世界中のオリンピックのメダリストと出場選手を比較した研究でも、同じような結論が出ている。メダリストは、メダルを獲った競技を始めた年齢が遅く、子供時代や思春期に1種類のスポーツに費やした時間が少なく、オリンピック選手として過ごした前後に複数のスポーツに取り組んでいた。スポーツ界のトップ中のトップにいる超人たちが子供の頃に複数のスポーツをしていたのに、ごく普通の人間である、あなたの子供が違う道に進む理由はあるだろうか？

「うちの息子はパトリック・マホームズでもシュテフィ・グラフでもないから、可能な限り有利になるようにしてあげないと！」と、あなたは言うかもしれない。プロとまでいかなくても、娘が大学でプレーしたいと言ったら？　2016年のディビジョンIアスリートを対象とした研究によると、彼らのようなハイレベルの学生アスリートのほとんどが、高校までスポーツを1つに絞っていなかったという。さらに、研究チームが調査した男女合わせて343人中、9

年生になっても、専念するスポーツを決めていた学生は16％しかいなかった。研究チームは、「ディビジョンⅠアスリートの多くは、高校を通してスポーツを専門化しておらず」、「ディビジョンⅠでプレーするために、早くから専門化する必要はない」と結論づけている。

大学のコーチが求めるのも、やはり幅広いスポーツの技術や経験を持つ選手だ。彼らが探しているのは、何度か転がったり、つまずいたりしたくらいで骨や靭帯がボロボロになってしまう——スポーツを早期に専門化した子供のほうが、そうしたことが起こりやすいという現実がある——ことのない、健康な選手だ。コーネル大学フットボールチームのヘッドコーチであるデイビッド・アーチャーは、「競争心の高い選手が好ましい」と話す。複数のスポーツをしている選手は、1つのシーズン中だけでなく、年間を通して何かしらの競技に取り組んでいる。また、さまざまなスポーツを経験した選手が重宝がられる理由には、次のような理由もある。タイプが異なるチームやコーチングスタイルに触れることで視野が広がり、運が良ければ、周りの助言にも柔軟に耳を傾けられる選手が多い。さらに、大学までに1つのスポーツに何万時間も費やしていないほうが、メリットは多い。クレムソン大学のフットボールチームでコーチを務めるダボ・スウィーニーは、スポーツを早期に専門化した選手たちについて、次のように話す。

「彼らは伸びしろが少ない」

彼もやはり、複数のスポーツをした経験がある選手を好むという。

わかった、大学はいったん置いておく。でも、子供が高校でプレーしたいと言ったら？　他の子供たちみたいに、早いうちから1つのスポーツに専念しなければ、落ちこぼれて、チャンスすら与えてもらえないかもしれない。ところが、長いあいだスポーツディレクターやコーチを務め、ユーススポーツの改善を目指すinCourage《インカレッジ》の設立者の1人であるガーランド・アレンは、「そのようなことはない」と否定する。子供たちにとって、幼い頃から専門的なトレーニングをする必要はない。親が幼い我が子にしてあげられる最大のサポートは、スポーツやプレーの仕方について、よりたくさんの選択肢を与えることだ。組織化されていなければならなかったり、1つのスポーツに絞らなければならなかったり、遠征をしなければならなかったりする必要はない。実際に、スポーツを早期から専門化し、年間を通してプレーしていた子供は、高校までに燃え尽きてしまうだけでなく、技術に体の発達が追いついていかない場合もある、とアレンは言う。反対に、1つのスポーツだけに絞ってこなかった子供は、新鮮だ。「遅くに始めるほうが有利だ。そのほうが、成長する余地も多い」

冷静を保つためのヒント：

1　自分自身に問う

すでに成人した子を2人持つ母親は、次のように言った。「子供が『辞めたい』と言ってきたら、どのくらい落ち込む?」考えただけでも信じられない！　という場合は、冷静を保てていないだろう。もう1つある。カクテルパーティーで、初対面の赤の他人が、あなたの子供がランナーである／バスケットボールをしている／空手を習っていることを知るまで、どのくらいかかる？　5分以内という場合は、入れ込み過ぎている可能性が高い。

2　年長者の言うことを聞く

ここでの年長者とは、あなたが今しているのと同じ経験をし、当時欠けていた視点を今は持っている、私のような親ということになる。「スポーツのアンチ、というわけではないいんだけど」。一時期、3人の子供たちのスポーツに熱心だったという母親は、そう切り出した。「ただ、スポーツはそれほど重要じゃない。大切なのは、自分の価値観と行動、人間性、考え方かな」。また、やはり3人の子供を持つ父親は、自身の家族のトラベルチームに関するさまざまな出来事を振り返り、こう話した。「一軍チームに入れたからといって、将来にとって何ら重大な意味はない」。さらに、4人の子供を持つ別の母親は、息子が高校のバスケットボールチームを辞めると決めたときに嘆き悲しんだことを思い出し、「彼がチームを辞めても、私たちの人生は続いたし、今ではほとんど記憶にないわ」と語った。

3　「距離を置く」練習をする

『Chatter《チャッター》――「頭の中のひとりごと」をコントロールし、最良の行動を導くための26の方法』(東洋経済新報社)の著者で、ミシガン大学の心理学教授でもあるイーサン・クロスは、ストレスが高いときでも冷静を保つヒントを教えてくれる。彼が推奨するのは、壁にとまっているハエの目線になる、あるいは、自分自身や自分の行動を他者の視点から見ることだという。一人称の立場で悩むことで惨めさや怒りが増幅される場合があるため、精神的に一歩下がって、ハエになったかのように、自分を第三者として観察することで、冷静を取り戻せるのだ。

4　まったく同じ悩みを持つ友人にアドバイスしている自分を想像する

人は、他人の相談に乗っているときのほうが、客観的かつ理性的になりやすい。

5　未来へ行き、そこから今を振り返る

クロスは、今起きている問題が数ヶ月後、数年後、あるいは数十年後のあなたにどう影響するかを考える、という方法も推奨している。60歳になったあなたは、35歳のあなたが、サッカーに関して我が子に失礼な発言をしたというだけの理由で、昔からの友人と絶交したことについて、何と言うだろうか? 私だったら、こう言うだろう。ちょっとあなた、落ち着きなさいな。

子供の良いお手本になる

少し、第一原理に立ち戻りたい。子供がどんな人間に育ってほしいかと想像するとき、自分が重視する特性は何かを考えてみよう。私の場合、いくつもの希望に溢れる形容詞が浮かぶ。レジリエンスがある、自立している、勤勉な、優しい。なかでも、「責任感がある」は政治的、社会経済的立場にかかわらず、大半の親が子供に望む特性だろう。自分もそうだという人は、ユーススポーツに夢中になりすぎることで生じる歪みや数々の余計なものが、そうした特性が育まれるのを邪魔する可能性についても考えてみてほしい。サイドラインで狂ったように振舞う、家でも外でもコーチを非難する、子供のスポーツ以外はすべて無用なものとして扱う。こういった親の姿は、子供に良い影響を与えない。

▽コーチやレフェリーを尊重する

コーチやレフェリーを尊重しろと言われても、我が子がコーチに不当な扱いを受けたのに、自分を押し殺してそうするのは無理だろう。論理的に考えられ、子供は親の真似をすると理解している人なら、子供の前でコーチやレフェリーを厳しく批判することで、明確で醜いメッセージ——「いわゆるコーチと呼ばれる子供のチームを任せられた大人は、尊敬に値しない」——が伝わってしまうことに気づくはずだ。コーチがあなたの希望を無視したり、台無しにしたりした場合に腹を立てるのは仕方がないだろう。だからといって、あなたがコーチを批判したり、馬鹿にしたり、邪魔しようとしたりしていることに、子供が気づいていないと思ったら大間違いだ。

どうか、コーチを1人の人間として扱ってほしい。手伝いを申し出る、マメにお礼を伝える、たとえ子供の前でも批判しない。コーチが子供をいじめたり、食い物にしたりせず、チームのために良かれと思ってやってくれているのであれば、尊厳を持って接してほしい。そうすべき理由が、最低でも2つある。まず、子供に礼儀を教えられる。もう1つは、コーチ自身の学びにもなる。自分のやり方を変えられない、下品な8年生の水泳コーチですら、尊重されたり、優しくされたりすると、あなたからきっと学ぶだろう。それがどうしてもできない人は、「大人同士の争いは子供を不安にする」と主張する、心理学者で本の執筆も行うリサ・ダモーの言葉について考えてみてほしい。あなたがコーチと良い関係を築いたほうが、子供はより落ち着いてスポーツに取り組むことができる。

▽敢えて試合に行かない

その父親は、すべてのレースを見に来た。学校の規則で禁止されていなければ、すべての練習にも顔を出し、ローライズジーンズのポケットに両手を突っ込んでそこに立ち、ごちゃごちゃと口を出しただろう。2人いる子供のうちの1人が、意志が強くて、走るのも速いらしく、その子のランナーとしての成功に、彼は有頂天になっていた。火曜日の夕方4時に開始する、さして重要ではない他校との試合にまで来るだろうか？　彼は、腕時計や水筒を抱えてやって来た。では、水曜日の午後1時半からの決勝レースは？　私たちを乗せたバスよりずっと早くに現地に到着していた。彼にとって、見に行かなくても良いほど重要ではない、あるいは、スケジュール的に厳しいレースなど、存在しないかのようだった。そしてついに、彼の取り憑かれたような行動は暴走した。娘の成功を願うのと同じように、徐々に彼女のチームメイトたちの成績まで気になるようになったらしく、コーチに隠れ、彼女たちのだらしない食生活、中途半端なレースの戦術や努力を叱るようになった。そして、何人かの女の子たちに密告された結果、学校長らからそれ以降のレースへの出入り禁止処分を受けてしまったのである。これは大変だ。「私がいなければ、娘はレースを走れない！」と彼は15歳の娘のことを言った。長いあいだ完全につきっきりで世話を焼かれてきたせいで、父親に依存するようになっていた娘は、彼なしでは何もできなくなっていた。

スタンドに父親か母親がいるかどうかで、高校生アスリートのパフォーマンスに影響があってはいけない。そうする余裕があるからといって、子供が出ているすべての試合や大会を見に行くのは、本人のためにならないのである。コーチを知れる程度には関わるべきとはいえ、自分と子供のどちらにとっても良いことをしよう。たまには、競技会に行かない。試合観戦は時々にする。幸せな大人の良いお手本を見せられるよう、子供の楽しみを自分のものにするのではなく、自分自身の楽しみを探そう。

▽自分の人生を楽しむ

マデリーン・レヴィンは、心理学者として40年近い経験があり、現代の親子を蝕む病に関する、影響力のある本を何冊か出版している。２０１８年に、ユーススポーツに何が起きていて、また、どのようにして家族が崩壊していっているのかについて、彼女と話したときのことだ。親が過剰に干渉するのは、大人の人生が退屈であることを表している、と彼女は嘆いた。スタンドに座り、拍手をし、声援を送り、自分自身の人生を削って子供の人生を称えるなんて――間違いだ。レヴィン自身、子供たちが幼かった頃、彼らのスポーツにのめり込んでいたことを後悔していると言った。「女友達や夫とランチをしたり、読書をしたり、自分のためになることをすれば良かった」。彼女が自分自身の好きなことをしていれば、大人になるのも悪くない、と子供たちに伝えられたかもしれない。それに、すでに充実していた彼女自身の人生は、さらに豊かになっていただろう。

私が付き合いのある親で、成人した息子や娘とまだ一緒に住んでいたいと思っている親はいない。そうなるために効果的な方法の1つが、大人の人生をもっと魅力的にすることである。中学校の体育館のスタンドから立ち去り、町の反対側にある学校で開かれる大会に行くのをやめよう。自分自身の関心事や人間関係を復活させるのだ。

▽一緒に足を引きずる

「うちの子たちは全員、どこかしら環境不適応なの」とジェニファーは言った。彼女は、すでに成人した4人の子供を持つ、とても強い女性だ。

背が6フィート（約180㎝）近くと高く、妙に若々しい、鼻にかかるバリトーンボイスの持ち主で、どこにいても目立つ。女友達と連れ立って歩いているとき、犬のリードやうんち袋と格闘する他の女友達をよそに、キラキラと輝く満面の笑みを見せているか、頭をうしろに反らせて大笑いしているのが彼女だ。ジェニファーは、私が知る中でも正真正銘の社交的な女性であり、外向型人間は浅いという固定概念を覆してもいる。情熱的で、話し上手なのに、訓練を受けた心理カウンセラーのように聞き上手――身を乗り出し、適切なタイミングで相槌を打ち、茶色い知的な目で相手の目をよく見ながら聞く――でもある。また、ポルノやお酒、セックスについて息子と向き合うといった、母親にとって嫌な仕事にも、誤魔化すことなく立ち向かった。そして、とくに大人になった子供たちに対して、極端なほど良識的に振る舞った。境界線を明確に示し、礼儀を重んじ、愛情は与えるけれど甘やかさない、など。彼女はいつでも軽々と母親業をこなし、子供たちの成功も失敗も優雅に受け止めながら、自分自身の目標を持って前へ進んでいるように見えていた。にもかかわらず、「他の人たちと同じように、私だって足を引きずって歩いているのよ」と言うのだ。

そして、子供たちが巣立った今になって、この判決である。「うちの子たちは全員みんな、どこかしら環境不適応なの」。彼女の子供たち――ひいては私やあなたの子供も含め、すべての子供たち――を簡潔かつ率直に評価できる人は、ジェニファーに以外にそう、い、な、いだろう。どんなに最高の母親や父親になろうと頑張ったところで（きっと、だれもがそうなはずだ）、私たちは必ず子育てで間違うだろう。自分たちの不安定なエゴが判断力を曇らせ、彼らが慰めてほしいときに努力しろと言ったり、もっとも肝心なところでガードを緩めてしまったり、子供がただ話を聞いてほしいだけのときに、根性や強い意志、共感力、優しさとは何かを説き、力を合わせ、競い、点を入れ、前へ進み、追いつき、本気を出し、体ごと立ち向かって、集中し、とにかく頑張れ、などと説教する。目の前にいる小さな人間に向かい、さほど深く考えずに喋り続けてしまう――あなたは違うかもしれないが、私はそうだった。だって、どうすれば良いというのだろう？　私たちは、疲れ果て、いろいろなことに気を取られ、ベストを尽くしているつもりでも、必ずしも上手くできているわけではない。

経験上、子供の変わらない頑固な性格と自分たち大人の失敗が合わさり、子供たちはそれぞれに「問題」を抱えているものである。あるいは、ジェニファーの言葉を借りるなら、どこかしら環境不適応だ。私が昨日見かけた、リアガラスにイエール大学とスタンフォード大学、ハーバード大学のステッカーが貼られ、後方が見えづらくなっている黒のレンジローバーの中に座る恵まれた子供たちだって、つまずくことはあるだろう。最高の教育でさえ、何も約束してはくれない。

何が言いたいのか？　子供が完璧になるのは不可能であること――そして、自分の親としての落ち度――を認められるようになると、本当に大切なことが見えてくるはずだ。シャーロットがBチームに落ちたとか、ショーンがジュニアバーシティチームに降格させられたとか、そんなことは重要ではない。リリー、キャプテン就任おめでとう。ジェイク、決勝ゴールを決められて良かったね！　こういった心が浮き立つような実績もすぐに薄れ、どんなに積み上げたところで、不幸を防ぐことはできない。

だから、こうしてみよう。まずは、よく遊び、体を動かすよう子供たちに勧める。スポーツに限らず、彼らが夢中になれるものを見つける手助けをする。次に、彼らの邪魔にならないよう、自分がやりたいことを探す。さまざまな情報がいたるところから伝わってくると思うが、ユーススポーツの世界に入らなくても、あなたや、あなたの家族が困ることは何もない。それどころか、お金を節約し、正気を保ち、家族がバラバラにならずに済むのである。

03

11

How Coaches Can Help

コーチにできること

風通しが悪いオフィスで仕事をしていると、指導している選手の母親から電話があった。それほどよく話す相手ではないものの、いつも大らかで協力的な印象の彼女の声は震えていた。「デニースが、コーチが自分に失望していると思っているみたい」と静かに切り出すと、他の同級生より優秀でなければならないというプレッシャーに押しつぶされそうになって、悩んでいる様子だという。私が言った（言わなかった）ことなのか、匂わせた（ほのめかした）ことなのか、あるいは無視したことなのか、彼女の絶望をさらに深くしているそうなのである。「コーチに伝えておいたほうが良いと思って」と母親は小声で言った。私は、話してくれたことに感謝を述べ、デニースの上達ぶりに満足していることが、彼女にきちんと伝わるようにすると約束した。

メアリー・ヘレン・インモルディーノ・ヤングは、南カリフォルニア大学で、学習と心理学、脳を専門とする神経科学者だ。彼女と、コーチが10代の若者に及ぼす影響について話したことがある。彼女は「コーチは若い人の人生において重大な役割を果たす」と言ってから、神経科学者らしい口調で、「あなたたちは教育者なのだから」と続けた。コーチは、子供の考え方や学習の仕方、態度に重要な影響を与えるという。また思春期には、10代の柔軟な脳がチームスポーツの特徴でもある感情と仲間の影響を受けやすい。スポーツで体を動かす――空間を移動したり、障害物や妨害してくる相手にぶつかったり、衝突したり、回転したり、跳んだりする――のも、明確かつ単純な学びとなる。コーチは、子供たちとそうした緊張を強いられる時間を長く過ごすため、彼らをより良く観察することが可能だ。

「コーチにしか見られない子供たちの姿というものがある」とインモルディーノ・ヤングは言う。そのため、私たちコーチには、試合に勝つ以外にも「彼らが幸せで、活気ある、道徳的な人間に育つ手助けをする」責務があるというのである。

では、どうすれば良いのか?

それには、指導する子供の年齢に関係なく、明確なマインドセットが必要だ。「どのコーチも、鏡に映っている人物が、自分の子供を任せたいと思える人であってほしいはずだ」と話すのは、長いあいだ水泳と飛び込みのコーチを続けるスージー・ホイトだ。それこそが、目指すべき人道的で効果的なコーチングだ。チームのすべての子供に対して、自分の子供に望むのと同じように接すること。これは、親との付き合いにも当てはまる。つまり、自分が自分の子供のコーチに望むように、選手の親と付き合うのである。

強さと温かさを持って子供に接する

何年も前に、私が相談相手として信頼している年上の男性が、いくつかのアドバイスをくれた。2人で、教師や学習ついて話していたときのことである。「子供たちが教室の責任者の言うことを聞いてくれるには、どうすれば良いのだろう」。私は、教育戦略やアプローチ法、理論について語った。すると彼は、私の言葉を遮ってこう言ったのである。「子供が『ああなりたい』と思えるような教師こそが、良い刺激を与えられる教師だ」。その後、自分たち自身にとって印象的だった、心の中の何かに火を灯してくれた教師について話すあいだに、彼の言葉の真意に気づいた。子供は、教師を観察し、ああいう大人になりたいと思ったときに、耳を傾け、学ぶのだ。営業でよく言われる、客はあなたを買うのだ、と同じである。

それは、コーチにも当てはまる。高校生は、あなたの服装、話し方、最悪な状況での行動などをよく見て、あなたの私生活を想像することで、「この人は自分に合うか？」を見極めようとしているのである。

現在は高校でアスレティック・ディレクターを務めるボビー・モーランは、7年生のときの体操のコーチでフィールドホッケーのコーチでもあった人物こそ、自分にとっての「その人」だったと話した。

「彼女は、私がなりたかったものをすべて持っていた。強くて、自信があって、正直で、平等で、負けず嫌いで、影響力があった」

いつもガムを噛み、腕立て伏せの達人だったコーチは、ものすごい体力とガッツの持ち主で、彼女につかまると、帰宅時間まで走らされた。それだけでなく、優しく、信頼できるところに、モーランはとくに惹かれたという。

「それに、誠実だった」と彼女はつけ加えた。「10代の頃の私にとって、それが一番重要だったのかもしれない」

その後、コーチからフィールドホッケーを勧められたモーランは、12年生でサッカーを辞め、新たなスポーツに飛び込んだ。「その1つの決断が人生を変えて、現在の自分を作ったの」とモーランは言う。30年経った今も、2人は連絡を取り合っているそうだ。

ある研究によると、男女共に広く受け入れられている2つの特性の組み合わせが、「強さ」と「温かさ」だという。『人の心を一瞬でつかむ方法――人を惹きつけて離さない「強さ」と「温かさ」の心理学』(あさ出版)で、著者のジョン・ネフィンジャーとマシュー・コフートは次のように書いている。「強さとは、能力と意志の強さで物事を実現する力のことであり、温かさとは、相手が自分と同じ気持ちと興味を持ち、同じ世界の見方をしていると感じられることだ」

私たちは、強さに憧れ、温かさに感謝し、その両方を持ち合わせた人に惹きつけられる。この2つの特性が揃うことで能力の高さと信頼を示し、それが混ざり合わさって説得力が生まれるのである。

では、どうやって強さと温かさを伝えるか？　方法はいくつもある。

▽つながる

彼女に気づかない人はいなかっただろう。トラックを見ていれば、その高校生の女の子が他の子たちとどう違っているかは一目瞭然だった。彼女はスウェットパンツを穿いていたのである。風が冷たい早春のある日の午後、ニュージャージー州郊外で行われていた地元の陸上競技会で、6人ほどの女の子たち――スウェットパンツの子を含めて――が800m走に挑んでいた。風が吹く楕円型のトラックを、1人を除いた全員が、短いショートパンツと胸に学校名が入った体にぴったりとしたタンクトップ姿で走っている。私は黒のピーコートを着て、寒さに体を震わせながら選手たち――とくに1人だけスウェットパンツに長袖姿の女の子に――に大きな声で声援を送っていた。彼女たちがゴールすると――2分50秒、3分1秒、3分6秒――1人、2人のコーチが記録をつけに来ており、数人のチームメイトが拍手をした。そして彼女たちは、すぐに人混みの中に消えたかと思うと、スタンドに戻って行った。

私は、1人だけ目立っていた女の子が近くのコーナーを曲がってきたところで、こう言った。

「800をスウェットパンツで走るなんて、信じられない」

「だって、コーチも何も言わなかったもの」と彼女はぼやいた。寒かった上に、800m走は初めてである。分厚い、パラシュートのような空力的特性を持つダボダボのズボンで長距離を走っていたというのに、誰も気にならなかったのだろうか。

「スウェットパンツで800mを走るなんて」。私はもう一度言うと、がっかりして頭を振った。すると女の子――私の娘だ――は肩をすくめると、車に乗り込んだ。

トラックチームのコーチが娘の走りに無関心なのも、無理はなかった（トラック競技の選手じゃない人たちに向けて言うと、スウェットパンツでレースに出る選手なんてあり得ない）。娘は、トレーニングに意欲的に取り組んだり、愛想の良い笑顔で練習に現れたり、リーダーシップがありそう、という感じでは一切なかった。ごく普通の10代の女の子で、空気を読むことができ、こう感じていた――自分は、どのコーチにとってもどうでも良い存在なんだ。

シーズンの最初の頃、「ママ、ヘッドコーチは私の名前すら知らないんだよ」とも言っていた。コーチたちにとって透明だった彼女は、当然の反応として、自分自身の走りに興味を失った。

この本の執筆にあたり、ポジティブ・コーチング同盟（ＰＣＡ）に優秀なコーチとして選ばれた、アメリカ中にいる何人かのコーチと連絡をとった。そして、他のコーチが知っておくべきもっとも重要なことは何かと聞いてみると、次のような返信があった。

「つながること。つながること。とにかく、つながること」（マサチューセッツ州で女子ラクロスチームのコーチを務めるメレディス・プライアー）

「選手を、コーチしているスポーツの駒としてだけでなく、人として知る」（ノースカロライナ州で水泳インストラクターを務めるパティ・ウォールドロン）

「選手を人間として扱い、彼らのことを知ろうとする」（カリフォルニア州で女子バスケットボールのコーチを務めるサヴァンナ・リンヘアーズ）

「選手を知ること！！！　彼らが置かれている状況や家族について知り、必要があれば助け、

信頼を築く」（アラバマ州で男子ユースバスケットボールのコーチを務めるシャーリーン・クロウウェル）

まだいくらでもあるが、大体わかっただろう。つながることは、効果的なコーチングの第一原理なのだ。必要に応じて、少しずつでも良い。まずは、全員の名前を覚えよう。

▽**ポジティブに考える**

スージー・ホイトは、選手を育てるチーム作りを大切にするコーチだ。彼女のポジティブな姿勢は、自分が自分の子供に望んでいるようなコーチになる、という強い信念からきている。何年もプールサイドで過ごし、水泳選手としてさまざまなコーチと出会った経験から自然と生まれたのが今のスタイルなのだそうだ。彼女がとくに尊敬していたのは、思いやりに溢れ、熱心に指導してくれた夏休み中のコーチだったと言い、反対に、アマチュア運動連合（AAU）のコーチからは一度も優しい言葉を聞いたことがなく、萎縮してしまったという。ホイトが、自身のチームに共有しているマントラがある。「やり方を見つけるか、なければ作る」というもので、毎シーズン必ず、これを練習メニューが書いてあるホワイトボードの一番上に、ラテン語で書くという。

彼女からのメールには、「子供がそのスポーツを楽しく続けられるためにコーチができる最大のことは、『PLAY（スポーツをプレーする以外に遊ぶという意味がある）』の意味を忘れないことだ」とあった。子供たちは友達と楽しい時間を過ごすべきであり、そのためにコーチができることは無数にあるという。

- 初心者を含め、どんなに小さくても達成できたことを褒める。
- 選手たちが互いに褒め合うよう促す。一人ひとりがポジティブになる。
- チームのルールが誰にでも平等に適用されるよう徹底する。コーチが優秀な選手を特別扱いすること以上にチームの士気を下げるものはない。
- 練習のルーティンにゲームを取り入れる。ホイトのチームでは、冬は「スイミング・ゴルフ」の練習をし、土曜日は水球をしているそうだ。「子供たちは、安全な場所で楽しく、自分らしく過ごせると、スポーツを長く続けるようになる」と彼女はアドバイスする。
- コーチの姿勢は重要。あまり真剣になりすぎないこと。私たちが教えているのはスポーツなのであって、核のコードではない。
- 高校生は、チーム以外の場所でもやるべきことがあるので、それを尊重する。選手を1人の人間として知る。「時間をかけて話を聞くのが、もっとも選手のためになることがわかった」とホイトはつけ加えた。
- 彼らがまだ子供であることを忘れない。

▽包摂的な文化を作る

コーチにとって、自分のチーム文化を正直に評価するのは簡単ではない。どれほど一生懸命、誰にとっても居心地が良くなるようにしているつもりでも、うっかり間違ってしまうことはある。私は、コーチになって間もない、ある年の夏休みが明けてすぐ、チーム全員に次のような質問をするという失敗をした。「みんな、夏休みはどうだった?」

当時の私が勤務する高校には裕福な家庭が多く、7月や8月に長期で海外旅行を楽しむ家族もいた。

「ちょうどパリから帰ってきたところ」と、1人が何でもないことのように答えた。

「うちはロンドンに2週間行ったよ」と、もう1人も当然のように言った。

すると3人目の子が、「私もロンドンに行った! あの観覧車みたいなやつに乗った?」と大きな声で入ってきた。

ストレッチをするあいだも、何人かはまだヨーロッパの食事について話していた——私は、この頃になってようやく、ドイツのハイデルベルグどころかペンシルベニア州のハーシーパーク〔訳注:有名なチョコレート会社が運営する遊園地〕にも行けない経済状況の家庭からきている子に、これらの会話がどのような影響を与えた可能性があるかに気づいた。

それ以降、同じ失敗はしていない。でも、もっと小さな、このときのように誰かに疎外感を与えるような失敗が絶対にあったはずだ。チームの全員に、子育てに熱心な親が2人いて、社会的セーフティネットとなる、居心地の良い家庭があるわけではない。実際に、アメリカ合衆国国勢調査局によると、2020年には18歳以下のアメリカ人の16・1％が貧困生活を送っていたという。その一方で、ほとんどのユーススポーツのコーチは、7万5000ドル以上の世帯収入があり、2万5000ドル以下というコーチは10％に満たなかった。健全なスポーツ文化とは何かを理解し作ろうとするなら、私たちコーチは自分が指導する多様な子供たちを理解する努力をしなければならない。それぞれの子供特有の事情や背景を知らずに、温かくて強いコーチになるのは無理である。

これは、トランスジェンダーの子供たちについても同じだ。その子の性自認に関係なく、すべての子供が、たとえ生物学的な性別とは異なっていたとしても、同性同士のチームでプレーできるべきだろう。思春期前の子供たちにとって、スポーツとは楽しく、人とつながり、運動への興味を持たせることが目的でなければならない。ホルモンが体にさまざまな変化を及ぼす前なら、トランスジェンダーの女の子も男の子も、無条件で受け入れられるべきである。

性別によって分けられる高校スポーツでのトランスジェンダーの子供たちの居場所作りは、とくにトランスジェンダーの女の子たちにとって難しい問題だ。それなりのコーチ経験がある人なら、平等と包摂性の正しいバランスについて、確固たる考えを持っているだろう（私は持っている）。問題は、決定権が私たちコーチではなく、州議会か体育協会にあるという点だ。あなたが、トランスジェンダーでも一切制限を受けずに高校スポーツに参加できるべきだと考えているにせよ、そうした自由競争を許せば生物学的な女性を不利な立場に追いやることになってしまうと考えているにせよ、私のアドバイスは1つである。思いやりを持つこと。チームに誰がいようと、優しさの基準を設けよう。

前述したように、多くのスポーツ団体が、コーチ向けに包摂的なチーム作りに役立つ学習の機会を提供している。たとえば、米国州立高校協会（NFHS）による潜在的な偏見に関するコースもあるし、PCAでは、コーチが人種について話し合えるよう手助けをしている。探せば実にさまざまなコースやワークショップがあり、すでにコーチ業からは退いてしまった私だが、自分も利用すれば良かったと後悔している。

▽結果ではなく、経過を重視する

こんな氷山の絵を見たことはないだろうか。私が思い浮かべているのは、球根のような形をした白い山が、青い海に沈んでいる絵だ。黒い線で描かれた海水の上に、氷山の10分の1が見えている。線の下にある残りの大きな氷の塊は、小さなカヌーに乗っている人からは見えていない。

私の頭の中では、見えている氷山のてっぺんに、「目に見える成功」と書いてある。そして水面の下では、上のわずかな部分が浮いていられるよう、残りの氷山の大半――努力や忍耐、献身、一貫性、レジリエンス――が支えている。これらの性質が成功の土台なのであり、それがなければ、あなたに見えている氷山は、海の専門家が言うところの氷山片――比較的小さい、あまり重要ではない、すぐに海に溶けてしまうもの――にすぎない。

子供やファン、メディア、親は、氷山の上の10分の1の部分にばかり執着しがちである。見えるところだからだ。ところがコーチとしては、水面の下に集中する必要がある。違う言い方をするなら、結果ではなく経過を重視する、ということだ。もし、あなたが私と同じ立場なら、チームの目標を聞かれることがあるだろう。「州のチャンピオンになること！」と即答しないのは難しいかもしれないが、あなたとチームの両方にとって本当に健全なのは、筋道に注意を向けることである。

「正しい練習ができているだろうか？」
「練習を正しくできているだろうか？」
「何か足りないものはないだろうか？」

これは、選手のためにもなる。スポーツ心理学者によると、結果に固執する選手はパフォーマンスが落ちるという。記録より経過に注意を向け、自分がコントロールできることに集中するのは、精神面にとっても良いことだ。また、あなたが自分の指導方法に自信を持っていることが伝われば、それがチームの子供たちにとっての強さになる。

▽コントロールし過ぎない

以前の私は、自信がなかったからか、洗脳するつもりでもあったのか、女の子たちに対して、わざと権力を誇示するところがあった。いい？　こうするの——肩の力を抜いて、膝を軽く曲げて、違う違う、こうだって。何か質問は？　私に聞きなさい。彼女たちの25歳上で、それだけランニング経験も豊富だという理由で、自分の主な仕事は柔らかい脳を私自身が培ってきた英知で満たすことだと思っていたのである。

　そのうち、まるで将軍様のように練習や試合のスケジュールを一方的に決めることは馬鹿げたことであるのにもかかわらず、高校のコーチの目的に反していることを学ぶようになっていた。彼女たちのリーダーシップを促すには、私ひとりが喋り、答えを与え続けていては駄目だったのだ。選手たちの内発的動機づけを誘発するため、練習方法やレースのスケジュールに関する彼女たち自身の意見も受け入れる必要があったのである。過去に参加した陸上競技のキャンプや何かで読んで知ったことにせよ、選手本人のスポーツについての知識を活用し、練習内容やランニングコース、その他すべてに関する彼女たちの提案を歓迎すべきだったのだ。

　子供たちに任せると言っても、批判的思考を手放し、準備を放棄し、どんな思春期の気まぐれにも付き合う、という意味ではない。女の子たちが、「コーチ、今日は陸上トラックじゃなくてスターバックスに行こうよ」と言ったなら私は笑っただろうし、彼女たちも一緒に笑ったはずだ。彼女たちは、私が望むのと同じように、速くなりたいと願っていたし、練習を怠れば上達しないこともよく理解していた。

　このやり方に変えてから、ちょっとした変化があった。私たちは、コーチである私が唯一の権力者であった君主制から、女の子たちの意見や洞察がチームを形成する民主制になっていた。そして、「私のチーム」ではなく「私たちのチーム」だからね、と頻繁に言うようにもした。すると、それが伝わったのか、彼女たちはより責任を持って練習に取り組むようになったのである。さらに、私が彼女たちの判断や気持ちを尊重したのが嬉しかったようで、それを損なわないよう努力し続けた。こうして、チームの成功は私だけではなく、私たちチーム全員のものとなっていったのである。

すべての答えを知らない――というより、知らないという現実を認める――ことには、解放感がある。そうやって謙虚な姿勢を示すことで、常に自分の能力を証明しなければならないという負担からも自由になれる。さらには、子供たちにより魅力的だと思われるという付加価値までついてくる。偽物や知ったかぶりが好きな人はいない。

▽ありのままを受け入れる

ルイーサは、彼女が新しくコーチに就任した高校の女子ラクロスチームがフィールドで練習する様子を見て、ため息をついた。新しい学校、新しいチームの選手たち――まるでジョギングのようなのんびりとした走り、気の抜けた投げ方、全体的にボールに対する苦手意識――を見る限り、第一原理に集中することになりそうである。

「ディビジョンIの選手にするような指導をするつもりはない」と彼女は言った。ラクロスのコーチを10年間務め、何度か州の大会で優勝した経験を持つルイーサは、目の前にいるアスリートの能力を最大限に引き出すことに取り組んできたと話した。大切なのは順応することで、目標は成長すること。選手のありのままを受け入れた上で、真のラクロス選手に育てるのが彼女のやり方だという。未熟な未経験の選手は、伸びしろが多いぶん楽しくもある。

「大変だし、目標も全然違う。でも、コーチとしては面白い」

すべてのチームに起こることとして、負けたり、力を出せなかったりしたときは、彼らを責めるのではなく、その結果における自分の役回りについて考えてみてほしい。もし、選手たちがだらけていたり、気持ちが入っていなかったりした場合は、コーチである自分がじゅうぶんにやる気を引き出せていなかったのかもしれない。あるいは、もし仲間割れが起きていたり、チームがまとまりに欠けていたりする場合は、チーム作りが不十分だったり、特定の選手をえこひいきしてしまっていたり、自分とアシスタントコーチの関係が悪いお手本になっていたりする可能性もある。私たちは、指導者だ。選手のせいにするのではなく、結果における自分の役割を自問すべきだろう。そして、もし彼女たちのパフォーマンスが他のチームの選手たちより劣っている場合は、彼女たちがどういう状態からスタートしたかを改めて思い出してほしい。

心理学者のマデリーン・レヴィンは、著書の『The Price of Privilege: How Parental Pressure and Material Advantage Are Creating a Generation of Disconnected and Unhappy Kids（特権の代償――親のプレッシャーと豊かさが子供を孤立させ、不幸にする理由）』（未邦訳）で、親に向けて似たようなアドバイスを送っている。母親や父親に、とくに目に見える成果という観点で、子供の欠けている部分にばかり目を向けるのをやめ、「自分たちの目の前にいる子供を愛する」よう呼びかける。これはコーチも同様である。自分の前に集まった子供たちではなく、別の子供たちの指導をしたいと願ったって、誰のためにもならない。ありのままの彼らを受け入れ、さらには、良い選手に育てるのだ。

▽見放さない

まただ。紐つきのバッグを抱え、サッカーのフィールドを横切りながら、言い訳を準備している。季節や曜日によって、遅刻の理由は異なった。「お母さんが遅れちゃって」、「モーリス・アベニューが渋滞してて」、「先生に呼ばれて」、「小テストを受け直さなきゃいけなくて」、「誰かに靴を取られちゃって」、「実験が長引いちゃって」

そのあいだにも、チームの他の女の子たちは、足をお尻のほうへ引っ張って太ももの前側の筋肉を緩めたり、フェンスに寄りかかってふくらはぎの筋肉を伸ばしたり、熱心にいつものストレッチに取り組んでいる。「ごめんなさい、本当にごめんなさい」とヘレンは思わず謝っている。

私たちコーチは彼女を脇に連れて行き、プライバシーに配慮しながら慎重に尋ねた。「何があったの？　私たちにできることはある？」

彼女の答えは、いつも決まっていた。起きてしまった問題について深く後悔するのと同時に、過ちから学ぶことができた、と言うのである。そして実際に、それから数日間は遅刻しなくなるのだが、最終的には悪い習慣が戻ってきてしまう。

そして9日目か10日目頃、私はアシスタントコーチの1人に、「あの子はもうダメね」と漏らしてしまった。「もうダメ」、つまり注意を向ける価値がない、輝く見込みがない、という意味だ。

いつ、その感情の怖さに気がついたかは、はっきりと覚えていない。おそらく、息子がまだラクロスを始めてすぐの頃、スタンドに座り、彼が試合に出してもらえるのを待っていたときだったと思う。その前にも、何試合かで僅かな時間——クォーターの最後の数分だったり、上手い選手を休ませるあいだのサブとしてだったり——だけ出させてもらっていた。息子はまだラクロスを始めてから日が浅く、他のチームメイトと比べて練習不足で、コーチは未経験者である彼を忍耐強く待ってはくれなかった。他の子供たちは技術も高く、積極的で、どうやら息子に欠けていた才能を持っていた。なぜコーチたちは、あんなふうに息子を見放せるのだろう？と私は思っていた。

実際、コーチたちは息子を見放していたわけではなかった。ただ、試合に勝つための戦略——つまり、可哀想だけれど息子はプレーしない、ということ——を実行していただけで、彼らが不道徳だったからではない。このとき、遅刻を繰り返す女の子を平気で切り捨てた自分のほうが、よっぽど酷かったことに気づいた。ヘレンはまだ10代の子供で、私にはわからない何かと戦っていたのである。コーチとしてすべきことは、彼女の成長を助けることだったのだ。私は教育者を名乗りながら、自分の思い通りに、すぐに間違いを正せなかったからという理由で、子供を見捨てていたのである。

期間の長さに関係なく、10代の子供たちと関わっていると、数人ではあるが、どうしても好きになれない子がいるものだ。ただのかすり傷に大騒ぎする子、超がつくほど内気で絶対に意見を言わない子、毎回スパイクを忘れてくる子、あなたが何か言う度にニヤニヤ笑う、あるいは顔をしかめる子……。確かに、腹が立つこともある。でも、彼らは10代の未完成な存在でしかない。まだ進化途中の、時に私たちの目の前でもがき苦しんでいる、小さな人間なのだ。そのため、彼らが3回目や10回目の失敗をしたあとでも、私たちは彼らの才能がいずれ開花すると信じていると伝わるようにしなければならない。彼らには、どれほど時間がかかっても、自分たちの人生に大きな影響を与える人からの信頼が必要なのだ。

スポーツを通じて若者を成長させる立場にあるすべての人が忘れてはいけないのが、私たちが指導する相手は大人ではない、という点だろう。彼らは子供なのだ。幼児、小・中学生、10代、まだ大人になっていない、子供なのだ。最高にポジティブ思考の水泳コーチであるスージー・ホイトが、もっとも的確に表現している。「どのコーチも、たとえ身長6フィート2インチ（188㎝）で靴のサイズが15（31・7㎝）だとしても、相手が子供であることを忘れてはいけない」

▽もっと大切なことを教える

ブルース・ガードラーは、トロント郊外に住む小学校の先生でコーチだ。背が2mもあり、大学でバスケットボールをしていた彼は、今も熱心にスポーツに携わっている。20数年前、それまで学年ごとに分けられていた地域のユーススポーツを、小さな子供でも中学校のチームに入れるように変えた。彼にとって、3年生から8年生の子供たちが一緒にプレーするのは当然で、バスケットボールの基礎を鍛えることや、勝敗に関係なくマナーを忘れないようにすることを含め、その後の人生でも役立つエチケットを教えることが目標だった。ガードラーは、「コートの内外に関係なく、どう行動すべきか迷ったときは、より困難なほうが正解である場合が多い」といった、人生の教訓を教えるのが好きだと言う。また、時間を守る、「お願いします」や「ありがとう」と言う、ポジティブに考える、などの当たり前のことにもこだわった。

ある試合で、いつも練習で選手たちにとくに厳しく教えていた礼儀が試される、嬉しくない機会が訪れた。さまざまな年齢の子供で構成された彼のチームは、ガードラーが嫌悪するユーススポーツの要素――失礼で、理屈っぽく、傲慢で、不愉快な子供たちだった、と彼はメールに書いていた――のすべてを体現したような、強いが感じの悪い8年生のチームと対戦していた。このチームは、自分たちが少しでも優位になると不必要にはしゃぎ、自分たちに不利な判定が出れば赤ん坊のように騒ぎ、他の選手を大っぴらに馬鹿にした。その上、相手コーチが、それを焚きつけてさえいるように見えたという。

地区大会出場がかかった予選トーナメントの決勝戦では、試合開始早々から厳しい展開となり、2度のオーバータイムでも接戦が繰り広げられた。そして2回目のオーバータイムの後半で自分たちのチームが不利になり始めると、ガードラーは選手たちを呼び集め、語りかけた。「今こそが大事な時だ。品格と尊厳を見せろ。あいつらに、スポーツマンシップというものを見せてやれ。彼らを祝福し、握手をし、次の大会での健闘を祈ってくるんだ」

選手たちは、渋々といった様子で従った。そして相手チームが、ブザーが鳴ったあと「45分くらい大騒ぎ」しているあいだ、体育館内に落ちているペットボトルや空のポテトチップスの袋、飴の包み紙を拾った。

数年前、ガードラーのチームにいたという男性が、彼のもとを訪ねてきた。子供の頃、背が高かったわけでも、スピードがあったわけでもなく、運動神経もあまり良くなかった彼は、スタープレーヤーではなかった。それでもチームメイトを元気づけ、努力を続け、やがてガードラーが指導する強いチームでもプレーした。すっかり大人になった彼――髪の毛が薄くなり、お腹回りがややふっくらとしている――とガードラーは、昔のチームの思い出話や将来について語り合った。そして別れ際、彼はおそらく最初から伝えようと思っていたであろうことを口にしたのである。「あなたに知っておいてほしいことがある。あなたは、私に男らしさを教えてくれた」

練習や試合には、子供たちに善良な市民となることや、健全なスポーツマンシップ、基本的な礼儀について教える機会がたくさんある。私たちは、その機会を逃してはならない。今、指導している男の子や女の子たちも、いつかは私たちのような大人になる。彼らが学べる、あらゆることについて考えてみてほしい。

▽立ち直らせる

高校のクロスカントリーとトラック競技のチームのコーチを引き受けたときは、これから関わろうとしている女の子たちが、自分にとってこれほど大切な存在となるとは思ってもいなかった。私の愛情のほとんどは我が子たちに向けられていたし、私に理性と知性を保たせてくれる、多くはランニング仲間の友人たちもいる。もちろん、とんでもなく忙しいスケジュールにもかかわらず、無理をしてでも私が少しでも楽できるよう尽力してくれる夫もいる。そのため、この歳になって突然、新たに大切な存在となる人類のジャンルを発見するなんて、考えてもいなかったのである。にもかかわらず、10代の女の子たちは私を優しい気持ちにさせた。カトリック教徒は、これを「溢れんばかりの愛」——深い愛に限りはなく、愛は周りにいるすべての者を包む——と呼ぶ。

コーチとして関わったその他の女の子たちと同じく、ソフィーともかなり親密になった。その理由は、過ごした時間——学校の放課後と週末を年に2シーズン、(場合によっては) 3シーズン、最大4年間——にもあるだろう。ほとんどの親は、コーチが我が子と膨大な時間を共にしていることを認識していない、あるいは、そうやって断続的に何百時間も一緒に過ごすことで生まれる絆に気づいていない。これは、物理的に近くにいる人と友達になりやすいとする人間関係における近接作用——共通の背景や価値観ではなく、過ごす場所によって誰と友達になるかが決まる——の一種だ。自分の選手を「友達」と呼ぶことはないが、時間や場所を共有したことも多少は手伝って、それぞれとのあいだに何かしらの結びつきが生まれた。そして、私と関わっていた期間中に楽しみや苦しみ、胸が張り裂けるような思いを経験し、最高学年時にはチームでもっとも速い選手になっていたソフィーのような子とは、とくに強い絆が感じられた。

ソフィーと私は、チームのパフォーマンスが自分たちにかかっていることを理解していた。彼女が最高学年のときのメンバーは、それまででもっとも速く、ずっと逃してきた大きなレースでも勝てるだろうと楽観していた。選手権大会の1つ目は、同じ郡にあるいくつかの小さな高校で構成される「カンファレンス」での一番気楽な大会だった。当日、自分たちの可能性に緊張と希望を抱きながらバスに乗り込むと、今日の大会は楽勝よ、と私はチームに言った。いつも通りにやれば、勝てるはずだ。

他の5校のトップランナーたちと一緒に、私のチームの女の子たちも走り出す。スタートラインは、ほとんどの大会が催されていたワリナンコ公園の中にあった。ニュージャージー州の中央に位置し、都心部のオアシスのような緑溢れる場所である。私は、コースのポイントからポイントまで息を切らしながら走り、ハラハラしつつも、同じ局面が続いているのを見守っていた。ソフィーは2人のライバルたちを大きく引き離していたし、他の子たちも確実に勝てる位置をキープしている。鼓動が少しだけゆっくりとなり、もしかすると、これまで決して手に届かなかったものが手に入るかもしれない、という思いが頭に浮かんだ。

残りあと数分のところで、勝ってゴールするソフィーを応援しようと、私はゴールから400mほど手前の最終区間までダッシュした。いた！　ところが、うしろにいた2人のランナーたち――脚が長く、並んで走っている――との距離が狭まり、ソフィーは緊張しているように見えた。肩に力が入り、目には恐怖が浮かんでいる。私は、ゴールまでのラストスパートを見るには離れすぎていたが、チームの他の子たちが通過するときに声援を送れるよう、その場に留まった。そして全員が走り過ぎると、一刻も早く結果を知るため、ゴールへと向かい、選手たちのタイムと順位の記録を任せていたチームのタイムキーパーを探した。

「彼女、1位だった？」とソフィーの名前を出さずに聞く。

タイムキーパーは顔をしかめると、首を振った。うしろにいた2人のランナーたちが、ゴール直前で彼女を抜き、ソフィーは3位になってしまったのだという。

それが結果だった。大会は終わり、私たちのチームは2位だった。

私は、ポカンと口を開けるのと同時に目を閉じた。何も言わなかった。そして、ゴール近くの木の周りを歩きながら、最悪な最後の場面を想像していた。意味がわからない。どういうわけか、私たちは勝利目前で負けてしまった。楽勝だったはずなのに、負けてしまったのである。私は最悪のコーチだ。笑顔を作ることも、負けたことについてチームに話をしに行くこともできなかった。勝った子たちが跳びはねるように抱き合う様子が目に入ると、顔をそむけ、心を整えなければならなかった。本当に最悪のコーチである。それから息を大きく吸い、1、2、3、4、5秒数えて止め、ソフィーを探しに行った。

あまり時間はかからなかった。彼女はチームの他の子たちと一緒に、この公園で大会があるときに私たちが必ず使っている冷たい金属製のスタンドの上にいた。太陽は雲の陰に隠れ、気温は低くなっていた。全員で体を寄せ合い、グレーのフードつきパーカーで顔の半分を覆い、誰もが黙りこくっている。近づくと、ソフィー以外が反応を窺うかのように私を見上げた。頑固で、諦めることを知らない、完全無欠であるはずのチームのリーダーは、同じく打ちひしがれている母親の隣で、両手で頭を抱え込んで背中を丸めたままだ。

「ソフィー？」と私は声をかけた。

するとと彼女は頭を上げた。顔には赤い斑点が浮かび、涙で濡れ、ポニーテールも乱れてしまっている。

「ごめんなさい」と彼女が囁くような小声で言った。目には涙が浮かび、頬をつたい落ちていく。

私は、彼女をベンチから引っ張り上げると、チームや人だかりから離れるように歩き出した。そして、震える彼女の体に腕を回した。

「何が起きたのかわからない！」と彼女は言った。

「頑張っていたのは知っているわ」と私は答えた。

「本当にごめんなさい」と彼女はもう一度言い、私たちは歩き続けた。どこかでミスをして、抜かれてしまったのだろう。ソフィーは気管支炎が治りきってなく、本調子ではなかった。例の2人は、ゴールする直前のわずか一瞬で彼女を抜いたのだろう。

「私たちは大丈夫」と私は言った。腕の中で、ソフィーの体はまだ震えている。

「こういうこともある」と続けたが、彼女は反対側を向いたまま黙っていた。

私は頭の中にある、人を励ますときの言葉リストの中から、「すべてのレースで最高の結果を出すことはできないわ」というセリフを選び、それも伝えた。

私たちは2人とも完全に打ちのめされ、互いにそうと知ってはいたが、無力だった。彼女の腰に手を回したまま、走りに、あるいは観戦しに来ていた親子たちの小さな集団の数々から離れるように、一緒に歩き続けた。突然、次のレースが始まり、ものすごい勢いで男の子たちが駆け抜けていったのに、私たちはほとんど気づかなかった。私は、適切な言葉を見つけられずにいた。

その後ようやく立ち止まると、私は両手をソフィーの両肩に置き、彼女と向かい合った。「あなたはチームのリーダーとして本当によく頑張った。いつも先頭に立って、勝ってくれた。あなたは頑張っていた。自分にできることを全部してくれた」と私は言った。

ソフィーは、ショックが癒えない様子のまま、肩をすくめてみせた。そして私たちは、今度はスタンドへ向かって歩き出した。

「あなたも私も、今回のことは勉強になったと思う。これは、この世の終わりじゃない。他にもレースはある」。そして、私はチームが困難に挑戦するときに必ず言っているセリフを口にした。前進あるのみ。前を見なさい。

ソフィーは頭を上げ、私たちは腕を組んでチームに合流した。2人とも、まだ気分は最悪だった。でも、同じ気分を一緒に味わっていた。

時間が経つと、悲しみは薄れ、日常の怒りや喜びにすり替わっていった。それから数週間後、チームは前回よりずっと競争が激しい州の選手権に出場した。そのレースで、ソフィーはあの最悪の午後に彼女の横を走り抜けていった2人の女の子たちと再び競い、完全なる勝利を果たしたのである。チームを勝ちに導けたことで彼女にも喜びが戻り、私たちは心の平穏を取り戻した。ただし、私にはその後チームが掴んだどの勝利より、ソフィーと2人で同じ深い悲しみの底に沈んだ、あのどんよりとした1日のほうが鮮やかに思い出されるのである。あのとき、私と彼女が敗北を通じて得た結びつきは、目で見たり触れたりすることはできなくとも、風のように確かで力強いものだった。

親と共感し、コミュニケーションをとる

いくつかの例外はあるが、私が知るコーチは誰もが自分のスポーツを愛し、若い人の成長を助けることに喜びを感じている。問題が起こるときは、ほとんどがチームの外からの影響が原因だ。常に不満な親、理解力がない、あるいは役に立たない学校の経営陣、増え続ける練習の妨げとなる子供たちに課せられる負担（チェスクラブ、SATの勉強、ディベートチームなど）、どんどん膨らむ「やることリスト」。過去10年は続けている日記に、こうした感情のすべてが記されている。喜びや怒りに加え、シーズンの終わりに書いた「コーチなんて辞めてやる」という誓いの言葉まである。何年も前には、コーチ業について、「すごく悲しい、もう疲れ果てた」、「問題は女の子たちじゃない。彼女たちは私を元気づけてくれる」と書いていた。

結局、私はコーチをその後も何年か続けた。シーズンが終わると普通の生活に戻り、再び仕事に引っ張り戻される、の繰り返しである。いや、私を引っ張り戻していたのは、10代の女の子たちの明るい未来であり、脆さであり、ユーモアだ。

長年にわたり、困り事ではなく、本当に大切なことに意識を向ける方法をいくつか学んできた。コーチが直面するあらゆる問題に対する決まりきった解決方法はなくても、問題の影響を小さくするのは可能だ。そして、それを始めるのにもっとも適した場所の1つが、親との関係である。

一番良いのは、親に接するときは「正しいマインドセット」になり、彼らの立場に立つことだ。あなたなら、自分の子供のコーチにどうしてほしいだろうか？　重要なのは、共感とコミュニケーションだ。

▽まずは共感する

ゴール！　背筋をピンと伸ばして寒いスタンドに座り、両手を口の左右に当てて叫び――「いいわよ！」――足を踏み鳴らし、力いっぱいに拍手をする。怒っているかのように興奮し、顔を真っ赤に染め、白目をむき出しにした激しい様子からは、喜びではなく憤慨していることが伝わってくる。彼女の娘と同じチームの親たちも一緒に座っていたが、ローズマリーのけたたましい歓声はひと際目立っていた。相手チームの親以外で騒いでいたのは彼女だけだったからだ。ローズマリーは、娘のチームの敵を応援していたのである。彼女は、派手に怒ることで周囲の視線を集め、コーチにメッセージを送っていたのだ。あのコーチの野郎は、最高学年である彼女の娘に数分しかプレーさせてくれていない。娘は、接戦では汚れひとつない青のユニフォーム姿で座っているだけなのに、チームが圧勝している試合では観客の半数が荷物をまとめて帰ったあとラスト90秒でフィールドに入れられるのだ。あの子は最高学年よ！　何年もの時間をラクロスに、このチームに、このコーチに捧げてきたのに！　ローズマリーは、娘のチームがファールを取られると、今度は両手の人差し指を口に突っ込み、耳をつんざくような指笛を吹いた。

よく考えれば、親の不満もわかる。まずユーススポーツでは、学業に比べ、親は多くを求められる。教師は、母親や父親に対し、上級英語のクラスのためにスポーツドリンクを持たせたり、生物のクラスの全員を夕食に招待したり、毎週日曜日の朝に「頭が冴えるよう」微分積分クラブを他州まで車で遠征に連れて行ったりすることを求めたりしないだろう。親に過度の犠牲を強いるのは、コーチだ。私たちは、親にスポーツの練習やトレーニングのプログラムに合わせて夏の予定を立てるよう、家族旅行を永久に延期するよう求め、子供たちには、私たちのスポーツにすべてを捧げることを求める。その上、それらに従い、健康でやる気のある子供を私たちに預けたなら、あとは黙って邪魔をするなと言うのである。

我が子がプレーできないと親が怒り狂うのは、このためだ。コーチは永遠に要求し続け、チームによる制限は増え続け、シーズンの結果――勝敗や選手権、賞――の重要度は大きくなり続ける。親は、子供を試合に出してほしい。コーチは、勝てるメンバーを出したい。それは、ケイトリンやノアがあまり試合に出られないことを意味し、私たちコーチは、親がそれを受け入れることを求めている。だって、すべてはチームのためでしょう?

ローズマリーが激怒したのも不思議ではない。実際に、子供のスポーツに多くを捧げてきた、自分たちがすべきことは何でもやってきたという親が、それが何にもならなければ――奨学金も、名誉も、たいしたプレータイムすらもらえなければ――「がっかり」するのも当然だろう。親の立場になって考えてみてほしい。こうしたことから、彼らの子供たちは惨めな思いをし、彼らは嘘をつかれた気持ちになるのである。

この問題を完全に解決するのは不可能かもしれないが、コーチが理解に努め、話を聞くことはできるはずだ。

さらに、親が本当に気にしているのは、チームにおける娘の立場ではなく、もっと深い、本質的なことという場合もある。娘は間違った道を進んでいないだろうか？　もしかしたら摂食障害じゃないだろうか？　話を聞き、彼らが打ち明けてくれた悩みをそのまま繰り返してみると、実は怒りだと思っていたものが、親としての混乱、あるいは悲しみであることに気づくかもしれない。ほとんどのコーチは臨床心理学者ではないが、黙って親の悩み事を聞くことは、互いのあいだにある緊張を解くのに役立つはずだ。

▽コミュニケーション、コミュニケーション、コミュニケーション

コーチになって初めての練習があった日の朝、コーチに必要なのは善意とランニングへの献身だけだと思っていた私は、小さなノートと鉛筆を手に、チームを集めて座った。ノートには、彼女たちに伝えたかったこと――選手に期待すること、私自身の願い、自分の経歴を少し――が書いてあり、それが終わるとすぐに本題である練習を始めた。思い返すと、選手たちの親とは、(もし来たとして)初めてのレースまで会っていない。その次は、シーズン最後の表彰式だった。

17年後、コーチとして最後のシーズン初日。私は、クロスカントリーチームについて書かれたハンドブックを19冊ほど抱えて学校に到着した。ハンドブックには、すべての選手と親に向けて、私のコーチング哲学、チームで共有すべき価値観、バーシティチームに選抜されるため

の必要条件、携帯電話、ユニフォーム、出欠、その他ウェアや道具に関する方針について書かれていた。さらに、日々の練習時間、シーズン中に行われるレースの概要、キャプテンの役割、移動手段や許可書、コーチが選手に求めることや選手がコーチに期待できることに加え、私たちが親に求めることを伝える手紙も含まれていた。さらにハンドブックの最終ページは、私たちが出した条件を理解し、合意することを示すために親と選手が署名しなければならない、オリジナルの契約書になっていた。私は、学校が主催するプレシーズンミーティング――コーチにとって、オープンなコミュニケーションで問題を防ぐ良い機会だ――で、このハンドブックを使って説明するようになっていた。

高校生が放課後のスポーツに参加するために配布される、まるで弁護士が書いたかのような書類の数々はやや気味が悪いものだ。それと同時に、なぜコーチや高校のスポーツ課が必要としているかもよく理解できる。どれほど不器用な、あるいはお役所仕事のようなやり方になったとしても、私たちは必ず起こるとわかっているトラブルを未然に防ごうとしているだけなのだ。シーズンが始まる前から、親と子供に可能な限りのことを伝えておくのは、効果的なコーチングにとってのマルチビタミン――ここでの目的は「予防」だ――のようなものである。

ただし、あらかじめ正直かつ明確に伝えることは必要とはいえ、じゅうぶんではない。マルチビタミンは、抗生物質ではないのだ。大切なのは、まずはチームの子供たちとの定期的、あるいは過剰なまでのコミュニケーションである。10代の子供たちは、自分はバーシティチームかジュニアバーシティチームか、スタメンかベンチか、リレーの最終走者か走者ですらないのか、を知りたがっている。経験上、こういったことは遅く伝えるより早めに伝えたほうが良い。それから、コミュニケーションとは偉そうに大声でスピーチをすることではない、という点もはっきりとさせておきたい。さらに、自分の意図を効果的に伝えるのに、大事な試合の前に雄弁に訴えかける必要もない。『フライデー・ナイト・ライツ』［訳注：２００６年から放送されたアメリカの田舎にある小さな高校のフットボールチームを舞台としたテレビドラマシリーズ］のテイラーコーチは誰もが好きかもしれないが、勝利に導いてくれるのは試合前のコーチのスピーチではなく、準備である。

また、親との定期的な連絡も重要だ。子供の場合と同じく相手の繊細な部分にじゅうぶんな注意を払う必要がある。彼らの時間を大切に扱い、試合会場への道順はわかりやすく伝え、大会が中止になった場合はすぐに連絡をし、開始が遅れる可能性があるときは早めに知らせるべきだ。そして、彼らの子供たちを尊重すること。全員がバーシティチームの選手というわけではないので、コーチからのメッセージがトップ選手への賛辞ばかりでは良くない。

子供や親との関係を透明にしたからといって、あらゆる衝突を阻止するのは無理だ。どんなに頑張ったとしても、何度かは失敗し、もしかすると子供の機嫌を損ねたり、誤った選択をすることもあるだろう。その場合は認め、謝れば良い。我が子が輝かしい道を歩むのをコーチが邪魔したときに、オープンなコミュニケーションで親の怒りを和らげることはできない。そういう親は実際にいるのだ。彼らは、言葉では落ち着いてくれないこともある。それでも、私たちが指導する子供とその親と、正直に頻繁に話をすることが、問題を最小限に抑え、信頼を築くための、私が知り得る最善の方法に変わりはない。

敬意を感じる者

ニューヨーク州ウェストポイントにある、アメリカ陸軍士官学校在籍中に暗記させられた言葉を会話中に織り交ぜて話す、トーマスという知り合いがいる。卒業から何十年も経つというのに、つっかえることなくスラスラと言えるのである。なかでも、よく口にしていたのが、士官学校に入学してすぐから士官候補生たちが教わることを的確に表現しているという、ジョン・M・スコフィールド少将が1879年にウェストポイントの士官候補生たちに話した訓練の定義だ。

> 自由な国の兵士を戦闘で信頼できる兵士にするには、辛辣な、あるいは専制的な訓練では不可能だ。それでは、軍隊を作るより、壊してしまう可能性のほうがずっと高い。他人から敬意を感じる者は必ずその期待に応えようとするが、他人から敬意を感じられず、それ故に自身も周囲に敬意を持てない者、とくに目下の人間に敬意を持てない者は、必ず憎まれる。

トーマスは、仲間たちと軍隊の文化にどっぷりと浸かり、汗だくで、常に疲れ果てていた士官学校に入りたての過酷な時期に、この言葉を暗記するよう命じられたという。スコフィールドの洞察は、「当時から心に響いた」と彼は話した。高校時代のコーチたちから学んだリーダーシップとは異なっていたからだ。『「敬意を感じる者』というところで、自分の鬼軍曹のようなコーチは違った」と思ったのを覚えていると彼は言った。トーマスは、フィールドで選手に激昂するコーチを見るたびに、スコフィールドの言葉について考え、威圧的なコーチが厳しく、専制的な権力を振るう姿を見ると胸を痛めた。

これには、誰もが胸を痛めるべきだろう。人間の心を持つ良いコーチなら、本能的に思いやりのある態度と口調が身についているはずだ。良いコーチとは、強く、温かく、自分たちが預かっている子供たちにも敬意を持って扱われる権利があると理解している成熟した人間のことだ。これを読んでいるコーチ諸君、私たちは、大人とは、リーダーシップとは何たるかを子供たちに示しているのである。エチケットと良好な人間関係の第一人者で、ミス・マナーズというペンネームで知られるジュディス・マーティンの言葉を借りるなら、世界にこれ以上の無作法を増やすことはやめよう。

03-12

Reform Opportunities Post- Pandemic

ポストパンデミック――改革のチャンス

今、改革に取り組むことの何がワクワクするかというと、全面的な見直しに適した、さらには、それを必要とするタイミングが突然現れたという点だろう。しばらくのあいだに、新型コロナウイルスは世界中にあらゆるダメージを与え、完全に浸透しきっていたかのように思われていた習慣や生き方もが揺さぶられた。『限りある時間の使い方』(かんき出版)で、著者のオリバー・バークマンは次のように述べている。「この違和感を手放さずに、自分の人生の時間の使い方を新たに選び直すのも良いだろう」。その出発点に相応しい場所の1つが、アメリカのユーススポーツというわけである。

2020年3月、あらゆるレベルでのスポーツが思いがけず強制的にストップ――そして、その後多くの混乱を徐々に招きながら、バラバラに再開――したことで、ユーススポーツの生態系は大きく揺れた。これまでプレーしていた子供たちが戻ってくるか否かが、突如として不透明になってしまった。スポーツをする子供を持つ親の28%が、子供のスポーツへの関心が薄れたと報告し、とくに6~10歳の幼い子供たちでその傾向が目立っていた。さらに、容赦なく成長を続けていたユーススポーツ業界——ある専門家は、2025年には670億ドル規模になると推測していた——でさえ、失速、あるいは暗転し、いくつかのクラブやジム、コーチが閉鎖や失業に追い込まれた。さらに、トラベルチームに所属する子供の親の46%が、パンデミック中に所属するプログラムがなくなった、合併した、または縮小したと答えている。ただし、こうした変化を良いことととして捉える家庭もある。多くの母親や父親が、パンデミックに関わる制限下で、我が子との関係が「良くなった」あるいは「かなり良くなった」と回答しているのである。彼らのような親子にとっては、ユーススポーツの出世競争に再び戻るのは魅力に欠けるかもしれない。

同時に、もともと費用が安い子供向けスポーツプログラムの提供に苦戦していた地域では、新型コロナウイルス以降はさらに収益が減ってしまっている。44%の親が、住んでいる地域のスポーツ施設が縮小された、あるいは完全になくなったと回答しているように、すでに扉を閉じてしまったところもいくつかある。また、バーシティチームをなくした大学もあり、スポーツを利用して大学受験しようとしていた子供たちへの影響も必至だ。

パンデミックによりユーススポーツが大きく変わったことで、私たちは第一原理に立ち戻ることを余儀なくされた。そもそもスポーツは何のためにあるのか？　もっと良い——平等で、バランスが取れ、できれば健全な——スポーツの提供の仕方があるのではないだろうか？　手軽な解決策はない。ユーススポーツの世界には、ものすごい数の登場人物がいて、それぞれに矛盾する動機や相反する価値観を持っている。親、子供、コーチ、クラブ、リーグ、公共の公園、公立校、私立校、スポーツおよびフィットネスビジネス、ツアー業界、小児科やスポーツ医学、そして、もちろん選手たち。「もはや石油タンカーだ」と表現したのは、アスペン研究所スポーツと社会プログラムを運営するトム・ファレイだ。方向転換には長い時間と労力が必要そうだ。

まずは私たちの子供のスポーツに対する常識を揺るがす、トップダウン式の「理想的な」アイデアから見ていこう。アメリカのやり方が子供たちを活動的でいさせ続け、強いスポーツチームを作る唯一どころか最善の方法ですらないことに気づかされるはずだ。その後、ユーススポーツの生態系を揺るがす草の根の取り組みについても詳しく解説していく。

大胆なアイデア

▽インカレスポーツを改革する

想像してみてほしい。もし、最高の栄誉――名門大学へのスカウト、あるいはスポーツ奨学金のオファー、有名大学への優先入学――が突然なくなったら、どうなるだろう？　社会学者のリック・エクスタインは、このシナリオについて検討した結果、大学側が人々の行き過ぎた行動の誘因をどうにかしない限り、ユーススポーツが健全な状態に戻ることはないとの見解を示す。「ユーススポーツを、目的を達成する手段としての商品ではなく、子供時代における本質的に実りある体験とするには、高等教育を変えるしかない」と彼は書いている。

エクスタインとは、ユーススポーツの歪みについて何度となく話してきた。博学で表情豊かな彼は、知識人らしい、やや乱れた身なりをしている。また、高等教育に幻滅しきっているのだろう、敵意に満ちた機知に富んでいる。彼は、ユーススポーツが自身の社会学のクラスにいる学生たちを含めた子供たちに与える悪影響に対し、純粋に恐怖を感じ、あらゆるレベルのスポーツにおいて、余計な部分を削ることを目的とした活動にも従事している。会ったときは、カーキ色の短パンにマカレスター大学の青いTシャツ姿という、まるでサッカーフィールドから直接来たかのような格好をしていた。あるいは、実際にそうだったのかもしれない。エクスタインは、フルタイムの教授をしながら、娘のサッカーチームのコーチもしているのだ。

今のユーススポーツを確実に変えるには、彼が言うところの「最終兵器」を投入する必要があるだろう。インカレスポーツを一掃するのである。大学の経営陣にそのような過激な措置をとる度胸があれば、現在スポーツに費やされている潤沢な資金を、彼らの本来の使命である教育に使えるようになる。図書館や教室を綺麗にし、スタッフの給料を上げ、経済的に恵まれていない学生に「交換条件として週に34時間スポーツをさせる」ことなく財政的援助を行えるようになるはずだ。現在、大学がスポーツにかけている費用は、学問とは一切関係のないスポーツ施設やコーチの給料、アスリート専用の家庭教師や栄養カウンセリングなどの特別待遇など、授業や教育にかける費用を大きく上回っている。１９７０年代後半以降、大学の学費は生活費の3倍の速さで上がっていっている、とエクスタインは指摘する。彼は、「もっとも増えたのは、教育とは関係のない運営やインカレスポーツにかかる費用」だとした上で、大きな塊――インカレスポーツ――を取り除くことで、予算を他の目的に回せると書いている。

最終兵器の投入にあたり、大学からスポーツを完全に消し去る必要はない。かわりに、学内スポーツ［訳注：トライアウトがなく、少ない費用で楽しむことを目的とし、練習や試合はすべて学内で行われる］やクラブスポーツ［訳注：トライアウトがあり、他校のチームとの試合がある］を奨励し、資金を提供すれば良い。学生が運営する団体やチームなら、バーシティチームが独占する今のようなかたちではなく、より多くの学生がスポーツに参加しやすくなるだろう。参加人数が増え、楽しく、学生主導で――オックスフォードのクロスカントリーやその他のスポーツチームのように――できるようになるはずだ。さらに、コストもリスクも高い大学スポーツでは全学生のわずか数%――選手たち、観戦に来る少ないファンや親――しか恩恵を受けられないのに対し、バーシティチームをクラブチームや学内チームに置き換えられれば、より平等になる。

また、インカレスポーツを吹き飛ばせば、多くの親にとっての、子供のスポーツ中心の生活を送ろうとする歪んだ動機も破壊できる。行く先にご褒美が待っていなければ、大金や週末を子供のスポーツに捧げようという気持ちは消えないまでも、小さくはなるはずだ。さらに、若い選手の前にぶらさげられる、大学受験で優位になるチャンスが失われることで、課金制の民間のスポーツクラブは、ほぼ役に立たなくなるだろう。これは、大学のコーチを餌に選手たちを誘惑してきた、参加に莫大な費用がかかる大会などでも同じだ。そのようにして、ユーススポーツ業界に深く浸透したお金が干上がってしまえば、それでもスポーツをしたい子供は、もっと気軽に、安く、町のリーグや地域のチームでプレーできるようになるだけでなく、スポーツと低所得家庭とを隔てている壁が崩れることで、より多くの子供がスポーツをできるようになる。

それが無理なら、もう少し可能性が見込める方法として、バーシティチームを存続させたまま、スポーツ奨学金やアスリートを優先する入学者選考をなくせば良いのだ。そうすれば、運動神経に基づいて財政的援助を行うディビジョンⅠやⅡの大学は、その資金を必要とする学生たちに分配できるようになる。あるいは、スポーツ奨学金の制度がないディビジョンⅢやアイビーリーグの大学は、現在スカウトされた学生たちのために設けられている、低い入学基準や早期特別枠［訳注：11年生の最終成績が出た段階で大学のコーチが生徒の成績等を高校から開示してもらい、条件を満たしていれば入学させるという方式］、表面上はスポーツとは無関係ということになっている財政的援助など、あらゆる特典をなくすと良いだろう。そうすれば大学の入学事務局も、運動能力を、たとえばフルートや演技の才能より、大学にとって金銭的価値がある、注目すべき希少能力と見なすことなく、他の課外活動での才能と同等に扱うようになるはずだ。この筋書き通りにいけば、高校生アスリートは、音楽や演技、ジャーナリズム、詩を書くのが得意な生徒たちと同じ基準で、その大学に適した生徒かを判断されることになる。

スポーツ選手が与えられる明らかな特典が少なくなれば、大学側はスカウトを縮小、あるいは廃止できるかもしれない。そうなれば、今は大学のコーチが一流チーム所属の才能ある選手たちをスカウトする場となっている、ショーケースも崩壊するだろう。ほとんどの子供にとって、お金がかかる通年のクラブでプレーする動機は少なくなり、それでもスポーツを続ける子は、目的を達成するためではなく、本当に好きだから続けることになる。さらに大学のチームは、大学進学に有利な民間のクラブチームに入れる金銭的余裕がある家庭の子供たちだけでなく、本気でそのスポーツをしたい学生たちで構成されるようになるだろう。「収益を生まないスポーツの選手（大学生アスリートの90％）のスカウトを縮小すれば、ほぼ自動的に、大学のスポーツ奨学金や大学受験で有利になるという誤った認識に依存しているユーススポーツ産業を制御できるようになるはずだ」とエクスタインは書いている。

大学がバーシティチームやスポーツ奨学金、アスリート対象の特別な入学制度をなくしたら、一体どうなるのだろう？　エクスタインにその実現性をメールで尋ねると、「それに関しては楽観していない」との返答があった。

パンデミックがなければ、こうしたインカレスポーツに対する提案は、戦争を終わらせた1928年のパリ不戦条約のようなものになっただろう。素晴らしい案ではあるものの、現実味がないのだ。ところが、2020年に史上初となるマーチ・マッドネス〔訳注：毎年3月に行われるディビジョンⅠに所属する大学が競い合うバスケットボール大会〕の中止によって何百万人もの観客を失ったことなど、あらゆるスポーツが何の前触れもなく急停止を強いられた。いくつかのスポーツを取りやめるなど、これまで考えもしなかった行動を起こす大学が出てきたのである。NCAAのスポーツ課の予算を見れば、チームを削減するのも理解できるだろう。NCAAが2019年にリリースした年次報告書によると、NCAAの規則に従って運営される1100あるスポーツ課のうち2018～2019年に収益が支出を上回ったのは25校のみで、ディビジョンⅢに至っては1校もなかった。しかも、これは新型コロナウイルスによって資金が削減される前の話である。

スポーツ課の予算が物語のすべてではない。エクスタインは、小規模の私立大学やリベラルアーツ大学は、入学を許可する代わりに、スカウトした学生アスリートには授業料を多めに支払わせているという。彼らは早い時期に受験するため、一般的な時期に受験した学生たちに与えられる財政的援助を受けることができない。「これらの大学は、提示された通りの金額を支払ってでも自分たちの大学のチームに入ることを強く希望するアスリートたちの中毒になっている」とエクスタインは言う。さらに、早期に合格した受験者（多くがアスリート）の情報は、大学の合格倍率の算出に使用されるデータマイニングに含まれていない。

新型コロナウイルスの危機に際して、決断力のある行動を起こした大学もあった。２０２０年10月下旬までに、いずれかのディビジョンに所属する78の大学が、合わせて約３００チームを解消したのである。もっとも影響を受けたスポーツはどれか？　テニスとゴルフ、サッカーだ。これを受け、ボートや体操などの高等教育期間に選手育成が行われるオリンピック競技におけるアメリカの将来性を危うくするとして、多くの元選手や現役の選手が抗議したが、この経済的な緊急事態によって、いくつかのチームはそのまま未来永劫戻ってこない可能性もあるのだ。

トム・ファレイに言わせると、それも悪くはないのかもしれない。バーシティチームは、よりコストが少ない、規則が厳しくない、生徒主導のクラブチームや学内チームへ移行できる。すでに１１００万人もの学生がクラブチームや学内チームでプレーしているのに対し、バーシティチームでプレーしている学生は、50万人程度だ。片方を減らし、もう一方に足すことの何がいけないのか？　とファレイは言い、「クラブチームに所属している選手は大学カラーのユニフォームを着用し、大学を代表してはいるが、NCAAの規則からの重圧に苦しむスポーツ課や、アスリートを無給で働く従業員に変えるビジネスモデルの下ではなく、自分たちのやり方でプレーすることができる」と『ニューヨークタイムズ』紙への寄稿の中で書いている。それに、大学のオリンピック選手育成プログラムが減少すれば、各スポーツの運営団体が、選手の育成方法を工夫するきっかけにもなるかもしれない。

大学スポーツを覆せば、ユーススポーツも変えられるのである。国を挙げてのスポーツに対する執着を考えれば、今後も大人はスポーツの才能がある子供のご機嫌を取ろうとし続けるだろう。そして、才能ある子供の親にはステータスがつきまとうだろう。そうだとしても、ユーススポーツの先に誘惑的なご褒美——スカウトや奨学金、学業成績が低くても入学審査を通過できる仕組み——が用意されていなければ、すべてが過剰な現在の最悪な状態からは抜け出せるはずだ。

▽スポーツ省を設立する

ユーススポーツには、政府の監視がもっと必要だと考えられる切実な理由の1つは、多くの親がすでにそれがあると信じているらしい、ということだろう。法学者のディオン・コラーは、ラリー・ナサールのおぞましい事件を調べるうちに、親たちはユーススポーツが無秩序であることを認識していないことに気がついた。親たちにとって、ナサールが誰にも監視されず、施設を転々とできたのは信じがたいことだった。「みんな、誰かしらが見ているだろうと思っているのね」とコラーは言う。子供を練習場で降ろし、その場を任されている父親は危険人物ではないという確認が取れ、監視され、トレーニングを受けているものと思い込んでいる。「みんな、過信しすぎ。ユーススポーツを、まるで安全性の新基準が設けられたハイチェアのように考えているのよ」と彼女は続け、「そんなわけないのに」と言った。

1つの大がかりな方法としては、いくつかの先進国がそうしているように、商務省やその他の内閣レベルの機関と同じく、スポーツ省（局でも良い）を設立するという方法がある。アメリカの場合は、たとえば保健福祉省や教育省の中に、新たな省として設立すれば良いだろう。ユーススポーツにとって重要なのは、「行政国家の中に埋め込むこと」と、コラーは指摘する。いずれにせよ、ユーススポーツの管理を任された行政機関には、その他の機関と同じ法律が適用される。すると、参加率や傾向、その他の情報を議会に報告する義務が生じるだけでなく、正式に予算を請求できるようにもなる。さらに、担当となった官僚は、ユーススポーツと資金の流れを監視しなければならなくなる。

スポーツ省による、もっとも重要な貢献はデータ収集だ。今は中心となる機関がないため、アスペン研究所やその他の業界団体がどうにかするべく奮闘してはいるが、スポーツ用品メーカーに自社商品に関する正確なデータを頼っても、賢明な公共政策はできないだろう。「スポーツをすることが、さまざまな理由で国のためになると考えるなら、バットやミット、グローブを売っている人たちにデータの収集を頼むべきじゃない」とコラーは言う。
政府機関なら、基準の設定、チーム登録、成功事例の提供、州が地域リーグを調整する手伝いも可能となる。ファレイは、政府が資金を一部負担しつつも管理には携わっていない、全米アンチドーピング機構をお手本とすることを提案している。また、スポーツビジネスの教授を務めるB・デイビッド・リドパスは、同じく米国国土安全保障省を挙げる。同省には欠点も多いが、アメリカを守ることを目的とした、まったく異なる機関を1つの傘下にまとめており、スポーツ省でも同様にできるはずだという。

さらには、連邦機関ならもっとも必要とされているところにお金を供給できるようにもなる。ミシガン州立大学ユーススポーツ研究所のダニエル・グールドは、どこから手をつけるべきかについて、考えがあるという。コーチの教育、郊外のプレーグラウンド、4Hクラブ［訳注：青少年育成プログラム］、治安が悪い地域に住む子供たちが安全に地域のジムなどに行けるようにするサービス。これらは、高い費用をかけずとも大きな影響が期待できる。それから、子供たちが必要な身体素養《フィジカルリテラシー》を発達させられるよう、体育の授業に資金を戻す。「米海兵隊によると、身体素養不足が原因で身体能力検査に合格できない入隊希望者が多いらしい」とグールドはつけ加えた。体育教師にも、数学教師と同じ責任を課すべきだ。ただし、資金が支給されていないのに多くを期待することはできない。タイトル・ナインが効果的だったのは、政府からの資金が途絶えるかもしれないという危機感があったからであり、ユーススポーツ改革にも強制力が必要だ。

「かなり難しく、厄介だし、20％程度の無駄が出てしまうだろう」とグールドは言う。とはいえ、現状でうまくいっていないのに、願うだけでは、今すでに起きているさまざまな問題を解決するのは不可能だ。グールドが懸念しているのは、ユーススポーツに関わる人々の質の低さと、トレーニングの足りなさである。コーチや親は、子供の運動能力を伸ばす良い方法を、もっときちんと学ぶ必要がある、というのが彼の考えだ。さらに、多岐にわたるユーススポーツの団体やプログラムはもっと調整・監視され、州や政府はユーススポーツが直面する課題に取り組み、修正する政策を立てるべきだという。たとえば、ユーススポーツのレフェリー不足について。レフェリーになりがたる子供や大人が減っているのは、誰もが知る事実である。にもかかわらず、そのことに注目している国の機関はない。

「政府が介入し、いくつかに資金を出す必要がある」とグールドは結論づける。

ユーススポーツを所管する機関は、受け身ではなく戦略的になるべきだ。子供のスポーツの目的や提供の仕方を再評価してはどうだろう？　ただ低所得地域からの参加者を増やせば良いというものではない、とディオン・コラーは言う。アメリカ政府が、スポーツをすることが国民の健康と幸福に欠かせないと判断したのなら、いくつかの現行のやり方を考え直しても良いはずだ。たとえば、フットボールで起こる脳震盪についてわかっていることを考えれば、なぜ子供たちにプレーするよう勧めるのか？　なぜ、まだ子供のうちから男の子と女の子でチームを分けるのか？　国は一歩引いて、何世代にもわたるいくつかの思い込みについて、考え直す必要がある。さらに、国の機関が学校の基準を設けたり、もっと子供たちにスポーツをする機会が与えられるよう提言したり、障害がある生徒の選択肢を増やしたりするのも良いだろう。

さらに良いのは、小さな国にもかかわらず、冬のオリンピックでメダルを量産し、若い世代が飛び抜けて活動的なノルウェーを見習うことである。トム・ファレイ――また彼だ――が、どのようにしてノルウェーがその両方を達成できたかを調べたところ、成功の大半は『Children's Rights in Sport（スポーツにおける子供の権利）』という、同国が2007年に発表した声明文にあるように、子供のスポーツに対するトップダウンの深い関与にあった。この声明文では、子供たちには「どのスポーツを、あるいは、いくつのスポーツをしたいか、また、どのくらい練習したいか自分で決める」権利があると明言するなど、子供が中心に据えられている。さらに、競争を最低限まで減らし、子供は「友情と団結力を育むのに役立つ」スポーツ――勝利に固執するアメリカのユーススポーツとは大違いだ――ができると主張している。また、ルール違反をしたクラブには、使用施設への政府の補助金が打ち切られるという仕組みもある。アメリカも、独自の子供のスポーツのための権利章典を制定・施行してはどうだろうか？

▽スポーツと学校を切り離す

「アメリカにおけるスポーツの組織の仕方は、ものすごく変だ」とエクスタインは言う。多くの場合は中学校からスタートし、高校、さらには大学を通してスポーツと教育が結びついていることについて、である。「スポーツと教育のどちらにとっても最悪の方法だ」

アメリカが、スポーツを学校から完全に切り離し、地域に戻すとしよう。学校に競技スポーツがない、西ヨーロッパで成功しているクラブシステムを取り入れても良いかもしれない。同システムでは、すべてのクラブが、子供の発達と全市民の健康を重視する「スポーツ・フォー・オール（みんなのスポーツ）」の精神を持つ。また、主に地域の中で活動するため、練習や試合へも最低限の移動で済む。さらに、チームは国税と地方税の両方から資金を得ており、スポーツに興味がある子供なら誰でも参加できる仕組みになっている。

Ｂ・デイビッド・リドパスは、長年のあいだ、現在のアメリカのスポーツシステムに代わる可能性があるシステムについて研究してきた。彼はドイツに住んでいた経験があり、ヨーロッパのクラブを直接体験している。そのリドバスが見習う価値があると挙げたのが、オランダのアヤックス・アムステルダムだ。アヤックスは大きく成功しているトップディビジョンのクラブで、２５０人の「ユース」選手を年齢ごとに３つのグループに分けている。もっとも年齢が低いグループには7~12歳の子供たちが所属し、練習が週3日、試合は週1回、どちらも必ず小さいフィールドで、試合は少人数で行われている。子供たちのフィジカルとメンタルに加え、技術まで磨かなければならないという焦りはなく、運動能力やバランス、アジリティ、基本的なサッカーの動きを身につけさせることに重点が置かれている。また、子供たちは同時に違うスポーツもすることが奨励されている――そうすれば、もっと良いサッカー選手になれるからだ。唯一、2年経って周りの仲間たちについていけない子だけが、下のレベルのクラブへ移るよう勧告される。

この適度な緩さは年齢が上がっても変わらず、子供たちは、学校が終わるとクラブのバスで週4日行われる練習へと向かい、練習前に勉強と宿題を終わらせなければならない、という決まりがある。「ヨーロッパのクラブの大半が、教育は必須だがスポーツは付加的なもの、との考えを共有している」とリドパスは書いている。「この哲学は、おそらく私たちがアメリカで頻繁に遭遇するそれの真逆だ」。アヤックスの17〜21歳の若者を対象とした一番上の年齢グループには、プロチームに所属する選手たちも含まれている。彼らは、週4日、各2時間以内の練習に加え、週に2試合というスケジュールだ——学校と民間のクラブチームを掛け持ちしていることが多いアメリカの高校生より少ない。

厄介なのは、お金だろう。

中高生のスポーツに充てられるアメリカの税金を、そのまま地域のクラブに充てれば良いのが、そこまで大胆な改革をするとなると、あらゆるレベルにおいて、もっと多くの税収が必要となる。リドパスは、クラブのメンバーシップ料金を低く設定する、宝くじの収益金を利用する、プロリーグや国のスポーツ運営組織から寄付金を募る、あるいは、すでにあるクラブや学校とパートナーシップを結ぶ、などを提案する。このような改革にとっての最大の障害は必ずしもお金とは限らない。惰性や希望的観測、現状で利益を得ている人たちの支配もある。それでも、スポーツを教育と結びつけるアメリカのシステムは「完全に壊れて」おり、廃止し、別のものと取り換えるべきだとリドパスは言う。

効果的なモデル

専門家たちがトップダウンの改革に乗り気なのに対し、私が実際に話を聞いた人たちの中で楽観的な見解を示したのは数人だけだった。最大の壁は、改革を後押ししてくれる、定評があってお金持ちの有権者が不在だということだろう。現在、ユーススポーツについて「代弁」している団体には、業界に対するロビー団体、NCAA、米国オリンピック・パラリンピック委員会があり、それぞれ資金力やアメリカ政治の中心地であるワシントンD.C.で影響力を持つメンバーの人数も異なる。どの団体も、政府による規制、インカレスポーツの廃止やスポーツと学校を切り離すことについては無頓着だ。そして、その対極にいるのが教育機関やシンクタンク、元プロアスリート、ユーススポーツの現状を変えたいと願うその他の人々というわけである。「潤沢な資金がある、あるいは、子供たちを代表するアスリート側の団体がない」とコラーは話す。

ところが、良い知らせもある。ユーススポーツの生態系を蘇らせるのに、巨大で無機質な機関は必要ない。根気強くいれば、個人にも影響を及ぼす力はある。「過去にはもっと大きなことが成し遂げられてきた」とZoomの画面越しにも伝わる前向きさでリドパスは言った。アメリカの欠陥だらけで歪《いびつ》な子供のスポーツのシステムを実際に経験するにつれ、住んでいる地域や職場で行動を起こす人たちが増えてきている。彼らは、他でも使える実用的なモデルを提案し、現状に妥協する必要はないことを私たちに思い出させる。

▽高校スポーツを一新する

「学校スポーツの伝統からは絶対に逃れられないだろう」とは、カリッサ・ニーホフだ。ニーホフは、全米州立高校協会（ＮＦＨＳ）と呼ばれる、アメリカの高校スポーツの事実上のリーダー的団体の事務局長を務めている。メンバーは、2万近い公立高校と51の州協会（ワシントンＤ.Ｃ.を含む）だ。ＮＦＨＳは、国の基準を定めたり施行したりすることはないが、いくつかのスポーツのルールを作ったり、指導したり、メンバーである州協会が自由に使える教材を提供したりしている。私の住むところでは、ニュージャージー州高校体育協会（ＮＪＳＩＡＡ）が、ＮＦＨＳが推奨する中から選んだルールが義務づけられている。州協会は施行力を持つが、それらをまとめ、国の方向性を決めているのはニーホフが運営するＮＦＨＳだ。

ニーホフは、先駆者である――ＮＦＨＳ初の女性事務局長だ――と同時に、学校スポーツの強力な擁護派でもある。学校スポーツは、アメリカの文化にあまりにも深く浸透しており、重要すぎるのだと彼女は言う。アメリカ人は、試合やライバル、試合会場の売店、チアリーディング、バーシティチームの選手だけがもらえるワッペン、チームディナーが大好きだ。ニーホフは、スポーツは学ぶための手段であるべきで、そのため学校教育の使命と結びついていて当たり前だ、と続ける。彼女は、スポーツを学校から切り離したヨーロッパのクラブ主体のモデルは、アメリカには馴染まないと考えている。

ニーホフが初めて学校のスポーツチームに入ったのは、8年生でマサチューセッツ州のマーブルヘッドという町に引っ越したときだ。それまでの彼女にとっての運動といえば、スポーツをする機会が限られるネバダ州で家族が運営する自給自足農場での乗馬だけだった。ところがマーブルヘッドでトラックチームに入ると、440ヤード走――400m走の前身で、約402m――を60秒で走り、すぐに才能を開花させた。そしてバレーボールとバスケットボールのバーシティチームでプレーし、12年生ではコーチに勧められるがままに、ラクロスのチームに入った。最初は気が進まなかった――「女子はスカートを穿くなんて、おかしなスポーツだと思った」――そうだが、結局ラクロスでも高い才能を発揮し、ブラウン大学にスカウトされた。そして、その後スポーツ奨学金をもらってマサチューセッツ大学に編入するまで、同大学のチームで1年間プレーした。

「私は、あの時代の産物だったのよ」と彼女は言う。「今の若い人には、そういう道はないでしょう」

高校は、スポーツや運動に関する急務となる問題に取り組まなければならない、とニーホフは話す。高校とクラブ、国のスポーツを管理する機関、地域の公園・レクリエーション局が協力し合うことが、その一助となるだろう。さらには、体育の授業内容を改善する、選択肢――社交ダンスやピラティス、ウエイトトレーニングなど――を増やす、学内スポーツやクラブプログラムを提供することで、運動神経が平均的な、あるいは今のシステムでは学校のチームに所属することができない生徒が、体を動かす機会を増やせるはずだ。

またニーホフは、覇権のために争うのではなく、共通の趣味を中心とするクラブプログラムは、競い合うのが苦手な生徒にとってより魅力的なことに気づいた。クラブプログラムは、シンプルな上に、費用も少なく抑えられる。顧問になってくれる教師を探し、登録希望用紙を貼り出し、公園に集合して活動するだけだ。

さらに、もっと多くのスポーツ課が、これまで学校のスポーツから除外されてきた身体、あるいは認知機能に障害を抱える子供たちのニーズに向き合う必要がある。2019年の時点で、アメリカの27つの州で、身体に障害のある子供たちが参加できるよう既存のスポーツに修正を加えた「アダプテッドスポーツ（障害者スポーツ）」——車いすバスケットボールなど——をスポーツの選択肢に加えており、さらに少ない数の州で、知能に障害を抱える子供たちが一般の子供たちと一緒に行う「ユニファイドスポーツ」が提供されていた。かなり少なくはあるが、こうしたプログラムは増えてきている。運営は、ユニファイドスポーツによって生徒たちのインクルージョンを高め、本来であれば交わる機会のない生徒たちを結びつけるのに役立っていると主張する。デラウェア州のスポーツ課職員は、同州におけるユニファイドスポーツをこのように表現した。「教育に基づく競争を強調する学校対抗スポーツの、もっとも純粋なかたちの1つと言える」

他校でも真似できそうなのが、メリーランド州フレデリックにあるトスカローラ高校だ。民族的にも社会経済的にもアメリカの縮図のような高校で、全校生徒約1600名のうち41％が白人で、それ以外は黒人とヒスパニック系、アジア系の生徒たちで構成されている。さらに、生徒の5分の1は障害を抱えており、3分の1は給食費無料、もしくは割引の対象だが、困窮している子供の実際の数はもっと多いだろう。同校のアスレティック・ディレクターを務めるハワード・パターマンは、夏はホームレスの子供たちのための学校を運営しているが、そこに来ている10代の子供たちの多くは、高校の低所得家庭の子供の数に含まれていないという。「書類に記入する親がいない場合もあるんだ」とパターマンは説明する。

午前10時35分に、郊外にある同校のだだっ広い廊下を歩けば、バレーボールやバスケットボールをしている生徒たちを見かけるだろう。どちらもトスカローラ高校の学内スポーツで、全生徒が与えられる35分間――子供たちの頭をすっきりさせ、次の活動に向けさせるのにちょうど良い長さ――の自由時間に行っている。また別の場所では、青少年プログラムのラーニング・フォー・ライフの授業、あるいは、サッカーや体育館でのウォーキングを通して英語を習得しようとする生徒たちに出くわすかもしれない。放課後は、クラブの仲間たちとバドミントンやウエイトリフティングをする生徒たちもいる。さらに、廊下の角を曲がったところでは、同校の3つのユニファイドスポーツチーム――ボッチャとテニス、陸上競技――に遭遇するかもしれない。すべてを含めると、トスカローラ高校では53%の生徒が学校のスポーツに参加していることになる。

トスカローラ高校と同校のアスレティック・ディレクターがその他の多くの学校と違っているのは、運動神経が優れている生徒だけでなく、よりたくさんの生徒がスポーツに参加できるようにするという強い意志だろう。それには、一般的な高校スポーツの在り方――バーシティとジュニアバーシティ、体育の授業のみ――を覆し、学内チームとクラブチームに加え、ユニファイドチームも作る必要があった。さらに、成績が足りず試合に出場できない生徒でも練習への参加は認め、練習に学習相談を組み込むコーチもいた。そして、もっとも重要だったのが、コーチと体育教師が、生徒たちとの関係構築を重視していた点だ。「子供たちと話せる時間があるのだから、それを活用しない手はない」とパターマンは話す。

彼は、大規模な学校のアスレティック・ディレクターらしからず、オープンで、好奇心が旺盛だ。「コーチになりたての頃は、やる気に溢れ、戦術のことばかり気にしていた」と話す。ところが、良き相談相手との出会いや実際のフィールドでの経験から、より広く、謙虚な視点が持てるようになったという。彼は、生徒が新しいクラブやチームを作りたいと言えば、頭から否定するのではなく、必ず可能性を探ろうとした。そういった生徒たちの要求への典型的な反応――前例がなく、必要な人員や道具、時間、場所がないから無理――では駄目なのだ。運動と学業を共存させなければならない、という信念を持ち、生徒たちがスポーツを続けられるよう、スポーツ課のスタッフで解決策や妥協の余地についてアイデアを出し合うという。

パターマンは、勝ち負けを学校スポーツの成功の基準とする考え方を、かなり前に捨てた。その基準で考えると、区内10校中6位のトスカローラ高校は、ちょうど真ん中にいるという。ところが、同校のコーチ陣は州内でもトップクラスだ。彼らも、自分たちの目的は生徒が成長し、学び、立派な社会の一員となる手助けをすること、という世界観を共有しており、パターマンと同じく自分たちの立場をよく理解している。「大切なのは、コーチでも勝ち負けでもなく、子供たちだ」とパターマンは言う。

▽州の予算を確保する

モニカ・ウォレスは、とくにスポーツが得意な子供というわけではなかった。母親と2人の姉妹と暮らし、ニューヨーク州ロングアイランドで育った彼女は、なかなか継続して同じスポーツをすることができなかった。子供時代について話しているとき、「スポーツを継続するには、いつも問題があった」と彼女は言った。費用の負担は大きすぎ、遠征もできず、シングルマザーだった母親が膨大な時間を要する子供の用事をこなすのは不可能だった。

学校が終わると、姉妹は重い足どりで誰もいない家に帰った。「完全な鍵っ子だったの」と彼女は言った。

今はニューヨーク州議会で議員を務めるウォレスは、スポーツをする子が、しない子と比べて大幅に有利だと理解している。そして、スポーツをする機会は家庭の収入に大きく左右され、彼女が代表する地区の子供たちの多くがその機会に恵まれていないことも。また、予算の交渉に精通する公務員として、新たな目的のために州の予算を獲得する難しさも認識していた。

2021年1月、アンドリュー・クオモ州知事が、ニューヨーク州でオンラインのスポーツ賭博を合法とする法案を提出したときに、チャンスは巡ってきた。道徳的とは言いづらい内容ではあったものの、州がより多くの収益を得るための、新しく人気のある法案で、2018年に米国最高裁判所が全米の州でスポーツ賭博を合法化して以降、すでに14の州で携帯電話を使った賭博が合法化されていた。

ウォレスには、提案があった。オンラインのスポーツ賭博が生み出す収益の5％を、低所得家庭の子供たちを支援するユーススポーツ団体のために留保するならクオモ州知事の法案を支持する、というものだ。すでにノルウェーがこのやり方でスポーツクラブに資金を供給していたため、まったくあり得ない提案というわけではなかった。ウォレスの計画で違ったのは、そうすることでユーススポーツのためだけの収入源ができる、という点だろう。「またとない収入源になるはず」と彼女は話した。

さほどの反対もなく、ニューヨーク州は同年4月にオンラインのスポーツ賭博を合法化し、収益の一部――1年目は1％で、2年目以降は毎年500万ドル――がユーススポーツのための資金として蓄えられることになった。管理はニューヨーク州の児童家族サービス局が行い、どのユーススポーツ団体がその恩恵にあずかれるかを判断することとなった。ピカピカの新しいユニフォームを揃えるためではない、とウォレスは説明する。資金は、とくに低所得地域でスポーツを通じて子供の成長を促すという明確な使命を持っている団体に提供される。もしかすると、何年か後には公園や遊び場の資金として地方自治体に回されるなど、用途の幅は広がるかもしれない。

ウォレスは、資金の使い道が楽しみだと話した。ニューヨーク州の新たな取り組みは、他の州でも取り入れられるはずだ。もしかすると、民間企業の参入も促すことになるかもしれない。「州が資金を提供し、お墨つきを与えれば、多くの企業がそうした団体に対し、それぞれ出せる範囲で補助金を出してくれる可能性もある」とウォレスは言う。

また、同法案を通した議員たちが、州内のスポーツがより平等になる方法を模索し続けるかもしれない、という希望もある。さらにウォレスは、学校に決められた長さの休み時間を義務づける法案を提案することを考えているという。「(スポーツ賭博を合法化とする法案を利用してユーススポーツの資金を確保したことは)経済を回復させ、すべての人に利益をもたらす良い方法だった」とウォレスは言った。

▽力を地域に戻す

「ありえない」とジュリー・マクリーリは思った。金曜日の夕方4時、3人いる息子たちのうちの1人の、さほど重要ではないサッカーの試合に行くため、仕事を早く切り上げシアトルの町の中を運転していた。他の親と雑談する中で、家族に対する要求の多さや子供へのプレッシャーの大きさについて、彼らもまた、自分と同じく心地の悪さを感じていることがわかった。1週間のあいだに8試合？　38度近い気温の中で大会？　「親たちは、心の底では間違っていると思いつつも従っていた」と彼女は言う。

腹が立った。でも、もっと気になることがある。200万人以上が暮らす、州で一番大きなキング郡のユーススポーツに起きていることだ。スポーツにかかる費用が上がり、多くの子供たちがそれを支払えず、プレーできなくなっていた。マクリーリは、教育政策の博士号を持っており、長いあいだスポーツに関心を持ち続けてきた。高校時代は3つのスポーツをし、大学とアメリカ代表のボートチームで活躍し、ワシントン大学のスポーツにおけるリーダーシップセンターの研究員も務めていた。センターでの業務には、ユーススポーツの研究とコーチ業に加えて大学生や大学院生に向けた授業も含まれ、何年ものあいだ、エリートボート選手や彼女の息子たちも所属していたリトルリーグのコーチをしてきた彼女に合っていた。また、マクリーリは、長いあいだ女性のコーチを増やすことを提唱してきた。2004年に行われた世界ボート選手権では、6ヶ月の乳児を連れてスペインへ飛び、数週間にわたって赤ちゃんをおぶって指導にあたったこともあった。

マクリーリは、シアトルの中心部から離れるほど、スポーツをしている低所得家庭の子供の数がさらに減っていることを知った。そして2017年秋、その原因を究明するべく、キング郡の公園管理局と協力し、アスペン研究所の『ステイト・オブ・プレイ』に、彼女が住む地域におけるユーススポーツの状況を徹底的に調査してもらうための資金集めを開始した。全容を把握せずに、どうして問題を解決できるのだろう？　というのが彼女の考えだった。さらに、この調査を仕切る諮問委員会に、地域のスポーツ団体や野外レクリエーション団体のリーダーを招集し、自身は主任研究員を買って出た。

すると、衝撃的なことがわかった。アメリカ疾病予防センターが推奨する1日60分間の運動を達成できていたのは郡の子供のわずか19%で、とくに女の子や英語を話せない子供で低く、それぞれ16%と11%だったのである。また、『ステイト・オブ・プレイ』が家族の所得を追跡したところ、所得が低いほど子供の運動量も低くなることが判明した。その上、とくに郡南部の低所得地域では、フィールドや公立公園、公共の交通機関が不足していることも明らかになった。さらに、マクリーリが住む地域についてわかったことが、他の多くの低所得地域にも当てはまることが、調査を重ねるごとに裏づけられていった。

「スポーツが誰かの人生の一部にならないなんて、考えたこともなかった」と彼女は言う。率直で真面目な彼女は、話題がスポーツから除外されている何千人もの地域の子供たちのことに及ぶと、声に怒りをにじませた。「スポーツをする機会が収入や人種によって違うのは、とにかく不愉快だ」と言い、これは「地域の問題」だと続けた。

ジュリー・マクリーリは、乗り越えられる危機を見て見ぬふりするような人間ではない。彼女は、諮問委員会のメンバーでもある地域のその他のリーダーたちと一緒に、ユーススポーツの現状を変えたいという強い意志を持つ115の加盟団体からなる緩いネットワーク、キング郡スポーツ平等連合の設立に携わった。「子供たちがスポーツをする機会が増えるよう、力を地域に戻そうとしている」と彼女は話す。「それには、明確な問題意識、深く、広く、横断的な地域の取り組み、地域についてよく知った上での体系的な解決策のビジョン、そして、この活動を支え、資金を提供し、中心となる団体がいくつか集まってくれる必要がある」

連合は、州や地域の政策決定者が、すべての子供にスポーツの機会を平等に与えることを優先するよう、要望書を提出した。それが予算に反映され、公園やレクリエーション施設、その他すべての子供の運動を支援するインフラに、より多くの公的資金が充てられることが彼らの望みだ。さらに、主に低所得家庭の子供が対象のスポーツ団体同士が協力し、よりたくさんの子供を受け入れられるよう、助成金も出している。「BIPOC〔訳注：Black Indigenous and People of Color の略で、黒人、先住民と有色人種を指す〕による、BIPOCのための地域に密着した団体が、もっと多くの子供たちに貢献できるよう協力したい」とマクリーリは言う。キング郡スポーツ平等連合は、キング郡の公園管理局とシアトルのプロスポーツチームの資金協力を得ている。

新型コロナウイルスにより地域がシャットダウンした際、裕福な家庭はいとも簡単に州境をまたぎ、子供たちが民間のチームでスポーツを続けられるようにした。一方で、低所得家庭の子供たちは弱っていった。「地域の健康という見地からも残念だ」とマクリーリは言う。そして、スポーツ平等連合を設立後は一歩退いて、同連合のメンバーで構成されるリーダーシップチームのサポートスタッフに回った。リーダーとなることで手柄を得たり、女性のスポークスパーソンになったりするのが嫌だったからだ。

それでも彼女は変わらず、システム全体が変わるよう積極的に働きかけ続けている。「あれほど重要な、子供たちを守ってくれるスポーツが、多くの子にとって手が届かなくなっているのは本当に腹立たしいから」と言う。「今後は、もっとスポーツがしやすくなる方法を見つける必要がある」

他の市や地域でも、似たような連合——フィラデルフィア・ユーススポーツ協会やニューヨーク西部プロジェクトプレイ、イギリスに本部を持つローレウス・スポーツ・フォー・グッド財団が出資するいくつかの市での取り組み——が設立されている。それぞれ異なる部分はあるかもしれないが、目的――システムを変えること――は同じだとマクリーリは話した。

▽民間部門を活用する

ユーススポーツ産業にいる人の多くが、低所得家庭の子供たちがスポーツの世界から締め出されていることに深く心を痛めているように見える。また、多くの子供が思春期を迎える前に、スポーツを完全に放棄していることも心配されている。子供にとって害が大きすぎる、と彼らは言う。ところが、多くの人がスポーツ用品を買わなくなり、試合観戦に興味を示さなくなるのは、ビジネスにとっても良いとは言えない。そのため、スポーツメーカーやプロチームの幹部がユーススポーツの現状を心配していたとしても、それが彼らの本心かどうかを少しも疑わないというのは難しいだろう。

子供のスポーツチーム向け管理アプリのLeagueAppsを提供する会社のジェレミー・ゴールドバーグ社長は、その考え方は古いと話す。ユーススポーツをかき乱した変化がマイナス（プラスも！）の結果を招いたことは否定できない、と言う。とはいえ起きてしまったことはどうしようもない。問題は、いくつかの不平等や欠陥を、どのようにして協力し合い、修復していくかである。

似たような例として、環境保護について考えてみてほしい。環境保護活動によって、シエラクラブやグリーンピースなどの団体や、オールバーズやパタゴニアのような環境に優しいアパレルなどを扱う会社のための余地が生まれた。スポーツ関連企業も、動機が単なる広報活動から純粋な懸念になれば、現状のギャップを埋める役に立つかもしれない。「私たちは共存できるはずだ」とゴールドバーグは言う。

彼は、普通の人の2倍くらいのスピードで喋る。高速回転する脳についていくために、口が動きを加速させているのがわかるほどだ。高校時代、ディベートのチャンピオンだったという彼の頭の回転の速さ、複雑な政策を中心とした解決策を思いつく才能は今も健在だ。小柄な体型にもかかわらず、中学時代はフットボールのクォーターバックだったといい、そこでリーダーシップを学んだそうである。また、集団のリーダーがもっとも優秀である必要はなく、スポーツは人生の目的――彼にとっては、人と人とをつなぐ接着剤のような役割――を見つける上でも役に立ったという。彼の口調が再び早くなる。「私たちは、まだ自分たちができることの表面を引っ掻いているだけにすぎない」

ゴールドバーグの考えは、サーチ・フォー・コモン・グラウンドと呼ばれる、平和的解決を目指す非営利団体で働いた経験からきている。同団体で、長期的かつ組織的な変化を起こすには、3つの異なる領域に働きかける必要があることを学んだという。政府、社会規範、市場だ。その3つの相互作用によって、持続的な変化をもたらすことができる、と彼は説明する。「今、私たちが生きている時代には、あまり多くのリーダーシップが生まれていない」。政府がやらないのなら、ビジネスがやるしかない。

LeagueAppsは、収益の一部をユーススポーツの非営利団体に提供する指定基金というシステムをスタートさせて市場に変化を促した、とゴールドバーグは言う。新型コロナウイルスによってアメリカのほとんどのスポーツがシャットダウンしたことで、彼をはじめとした多くの人が、あらゆるレベルでの子供のスポーツ団体が、この危機に孤軍奮闘していることに気づいた。ゴールドバーグは、同じ考えを共有し、共にユーススポーツの声を代弁する意志を持ったスポーツ産業のリーダーやスポーツ管理団体、草の根組織で構成された、プレー・スポーツ連合を設立した。アメリカ政治の中枢であるワシントンD.C.や州都で、ユーススポーツ団体の保護を求めるロビー活動を行ったりしている。ニューヨークでは、オンラインのスポーツ賭博で得られる収益の一部をユーススポーツの非営利団体のために確保するよう州議会議員たちに要求したが、オハイオ州とマサチューセッツ州でも同様の働きかけをする準備をしている。彼らがやっているのは広報活動ではない、とゴールドバーグは強調する。「私たちは、変化を起こしたいんだ」

次に、社会規範に変化を与えるには、より明確なメッセージ――ユーススポーツは楽しければ良いというわけではなく、スポーツをした子供は、しなかった子供に比べて一生ものの強みを手に入れることができること。また、低所得家庭の子供が、今のシステムではそれをできずにいるということ――を中心に連合がまとまる必要がある、というのがゴールドバーグの考えだ。「スポーツは、もはや特権の一種なんだ」と彼は言う。すべての子供たちの選択肢を広げたければ、ユーススポーツに関わるすべての人が、このことをもっと上手に伝えられるようになる必要がある。

▽責任感を持たせる

地方公共団体は、すでに公共のスペースを使用する団体に条件を課す権限を持っている。「許可権」と呼ばれ、市のスポーツ管理局は、公営施設の使用を希望するスポーツリーグに対し、独自の規制を設けることができる。この許可権を使い、本来は除外対象となる団体（たとえば、脳震盪の扱いに関する法律が有効なのは学校のみだ）にも州指令を実施し、統括する市や町におけるコーチの基準を強化できる。

やり方は、ダグ・カーライルが教えてくれるだろう。彼はシンシナティ・レクリエーション委員会――公園・レクリエーション局の地方版――でシニアマネージャーを務めていた当時、大きな話題となった、コーチによる選手の虐待のニュースを見て愕然としたという。映像には、車に乗ったコーチが、ユースフットボールの練習を終えた選手を公園から家まで走らせる様子が映し出されていた。男の子はフットボールの防具をすべてつけたまま、うだる暑さの中、家までの道を重い足どりで進んでいた。翌朝、カーライルは上司の部屋に勇んで入っていった。そして、どうにかしなければならない、と訴えた。このときの会話が、何ヶ月にもおよぶ、スポーツリーグがコーチの行動に対する責任を重くするための活動の始まりとなった。

カーライルは、この事件以前にも、市のレクリエーション委員会に在籍するコーチの態度を改めるための対策を講じていた。指導中に不当な行為――子供を怒鳴る、ひどく叱りつける、虐待する――に及んだ際は、注意勧告、場合によっては解雇するよう要求していた。「少しでも効力を強めたかったんだ」と彼は言う。ところが、外部リーグに自分たちのコーチの行為について回答させるとなると、まったく別次元の話だった。

虐待するフットボールコーチの動画以降、カーライルは市の許可が必要な28のユーススポーツ団体を1つずつ訪ねて回り、各チームから1人のコーチが全米青少年ユーススポーツ連盟に認定された、4時間のトレーニングセッションを受ける、という最低限の条件に同意するよう求めた。セッションでは、応急手当や基本的なスキル以外にも、トレーニングの進め方、親とのコミュニケーションの取り方、子供との責任ある付き合い方などについて学び、倫理規定の書類にサインをする。そして、参加費用として20ドル支払う代わりに、所属リーグが50万ドルの損害賠償保険と市の施設の使用許可をもらえるようになっていた。

もちろん、多くのリーグが拒否した。「彼らは、私が彼らを支配──彼らの経理を監査したり、チームの方針をつつき回したり──しようとしていると思っていたようだ」とカーライルは言う。なかには、自分たちの少ない予算では、20ドルの参加費は高すぎるというリーグや、すでに自分たちで作ったコーチのトレーニングプログラムがあるから必要ない、というリーグもあった。それでもカーライルは諦めず、結局、その年の終わりまでに1200人のコーチがトレーニングセッションを受けた。すべてが終わると、彼らはパートナーとなり、結果として、市とスポーツ関係者の関係はより親密になったという。

なぜ、もっと多くの市や町でも、公営のフィールドを使用するリーグに対して同じような規制がかけられないのだろうか？　子供と密接に関わる人たちに責任感を持たせるのに、とても良い方法のように思える。邪魔をしているのは政治だ、とカーライルは言う。多くの市では、こうしたフィールドや体育館の使用許可などに関する決定は、選出された市議会議員たちが行っているが、彼らは地域のスポーツ団体に負担となることには消極的だ。誰だって、他人の子供に関わることで融通の利かない役人を演じるのは嫌だからだ。それでも、議員や親たちが要求すれば、実現できるはずだ。「親はコーチの認定について、子供のユースリーグの運営に意見したほうが良い」とカーライルはつけ加えた。

ノーサンキュー

新型コロナウイルスによって、アメリカはすっかり浸透していた習慣を断ち、新しい生活様式を取り入れざるを得なくなった。そうやって学んだ新しい習慣のいくつかは定着するかもしれない。また、パンデミックは持てる者と持たざる者の健康や教育――そして、スポーツにおける、目に余る不平等を明らかにした。国を動かす必要がある理由としては、この2つの現実だけでもじゅうぶんだろう。

国が動くことを望んでいる1人が、作家のマイケル・ルイスだ。「激しい怒りを感じる」と彼は言う。Zoomの視聴者たちに対し、ユーススポーツの現状についてこう切り出した。「お金とまったく関係のないものを、お金がすべてのものに変えてしまった」。ルイジアナ州のニューオーリーンズで育った彼が、スポーツで得た経験の中でもっとも価値があったと感じるのは、家庭環境を中和してくれたことだったという。スポーツは、恵まれている者と恵まれていない者を同じ芝の上に集め、平等にした。それが今では、トラベルチームや一年じゅうプレーしなければならない状況、多数のビジネスによって、その性質が大きく変えられてしまった。「スポーツは、後退する企業のようだ」とルイスは言う。

1分間だけ、私と一緒に夢を見てほしい。ユーススポーツの現状を憂い、改革を起こそうとする動きがアメリカの各地で起きていることに気づいた大統領が、唐突に介入することにしたとする。そして、ユーススポーツの調査委員会を設立し、具体的な解決策を提示してくる。委員会のメンバーに専門家が集められ、本書に書いてあるモデルを活用し、ユーススポーツが抱える大きな問題——手始めに、スポーツをする機会に恵まれない子供たちがいること、コーチや民間のチームに責任感が欠けていること、コーチのトレーニング不足、節操がない営利事業、若者に急増しているスポーツ障害——の対策を考えてくれる。

たとえば、長きにわたって子供の肥満や運動不足を問題視してきたミシェル・オバマが委員会を先導し、国会で提言したとしたらどうだろう。ユーススポーツに改革を起こそうとする種々異なる努力が合わさり、動きはより活発になるだろう。そうなれば、彼女は支持者を集め、ユーススポーツの現状を変える法律を作れば良い。

あるいは、別の可能性もある。大学や議員、民間企業の賛同を必要としない方法だ。このような状況にあるユーススポーツを経験した子供が、のちに成人したときに、我が子には同じ経験をさせたくないと思うようになる可能性がある。満たされない子供時代を過ごした——走り回れる安全な公園がなく、球技をしたり、チームに合格した経験もなく、適正体重を維持するのに苦労した――人は、大人になると、我が子にはより多くのチャンスを求めるかもしれない。彼らのためにも行動を起こし、体制側に立ち向かわなければならない。反対に、子供の頃にやり過ぎた――1種類のスポーツの練習や試合に振り回される生活を送っていた、半月板の断裂を繰り返したせいで階段を上るときに足を引きずる、未だに自分が何者で、何をしたいのかがわからない――人は、我が子のために決断しなければならなくなったときに、すべてに対して「ノーサンキュー」と言うようになるかもしれない。

すでに独り立ちした息子のポールに、彼ならどうするか聞いてみた。すると、次のような答えが返ってきた。「それまでには、常にプレーし続けるみたいな精神は変わっていると思いたい。でも、もし変わっていなかったら反対するね」

おわりに

古い黄ばんだ記事の切り抜きは、1976年の『ザ・マディソン・イーグル』という地元紙からの遺物だ。見出しに「風変りなチャンピオン」とあり、その上にはホーム・ライフという、私の初めてのソフトボールチームを写した白黒写真がある。おそらくスタンドの上にだろう、3列に並んだ14人の中学生の女の子たちは全員、小さなトロフィーを持っている。そして1番上の列には2人のコーチたちも写っていて――チームメイトの1人の母親と私の母――太陽の眩しさに目を細めている。記事には、そのシーズンの私たちの戦績が載っており、6勝0敗の無敗とある。それでトロフィーを持っていたのだろう。

この古ぼけた記事は、母の家を整理していたときに偶然見つけたものだ。母は、2021年4月、ようやく誰もがパンデミックのどん底から這い上がりつつあるように思い始めた頃に亡くなった。彼女にとって、新型コロナウイルスは大きな問題ではなかった。世界中がシャットダウンした頃にはすでにパーキンソン病に冒されていて、社会生活も、体の動きも、心も、2020年という最悪の年よりずっと前から尽きてしまっていたからだ。そして彼女が完全に消えてしまうと、私たちきょうだいは彼女の遺品整理に追われた。このソフトボールの記事を見つけたのは、その最中だ。母が切り抜き、その他の思い出の品と一緒に引き出しにしまっていたのである。親を亡くし、それに続くさまざまなつらい作業をした経験がある人ならわかるだろう。恥ずかしい古い写真――あの髪型！　あの服装！――、心温まる手紙、遠い昔の日常を思い出させる収集品の数々。過去を遡る旅は頭から離れがたく、物悲しく、時に愉快だ。ハッと我に返らされることもある。

あんな昔のチームのことなど完全に忘れていたというのに、写真を見るとすべての記憶が蘇った。一緒に写っているミッシーは、高校でも一緒にプレーした。リンは頭が良く、プリンストン大学に進学した。それからスージー、コリーン、ジャンディーにシンディー。写真が撮られたのは猛暑日で、最終戦のあとだったはず。ユニフォームに決まったズボンはなかったのか、ジーンズを穿いている子もいれば、ショートパンツの子もいる。14人の表情からは、写真を撮られようとする10代の子にありがちな、さまざまな感情が読み取れる。無関心、楽しみ、不安、煩わしさ、驚き、歓喜。膝の上にグローブを置き、その上にトロフィーが乗っている。金色の小さなバッターが大理石を模した台の上に立っている、20㎝ほどのトロフィーだ。いつ頃までだったか、ものすごく大切に持っていたのを覚えている。

この古い新聞記事を見つけたのと同じ週に、「スポーツイベントプランナーにぴったりの情報満載」と銘打った、『スポーツ・イベンツ』誌の2021年5月号が郵送されてきた。この「雑誌」は、スポーツツーリズム産業がビジネスの潤滑油として刊行しているもので、中身はほぼ広告やスポンサーつきコンテンツ、「ネブラスカ州においで――たとえば、スポーツでもしに」というような薄いオブラートに包まれた嘆願だ。「ネブラスカには、町の活気ある場所に数多くのスポーツ施設があります」という観光会社の社員のコメントと一緒に、若いフットボール選手と体操選手が州に複数あるうちの２つのスポーツ施設で競技に励んでいる写真が載っている（州都であるリンカーンだけでも約８７００平方メートルもあるものを含め、大きい施設が３つある）。「ドーサン、アラバマ州南東に位置するスポーツの中心地」や「メリーランド州ハワード郡、これが真のダイヤモンドの原石だ」などのキャッチコピーに加え、同誌はあらゆる種類の競技に取り組む子供たちの輝かしい写真で溢れかえっている。ラクロス、ＢＭＸ、バレーボール、ビーチバレー、バスケットボール、アイスホッケー、トラック競技、野球、フットサル、乗馬、ボート、体操、テニス、サッカー、スケートボード、レスリング、水泳、水球、ゴルフに、「フィットネス大会」まである。口を開けて笑っている8歳くらいの男の子が、泥だらけの足で壁をよじ登っている写真が印象的だ。彼は、ポートランドで行われた「過酷な障害物コース」が含まれるスパルタンレースに参加していた。

この雑誌の好きなところは、センチメンタルじゃないところだ。『『スポーツ・イベンツ』誌の使命は、アマチュアスポーツのイベントや大会のプランナーが、より効果的に、豊富な情報をもとに、思い通りのイベントを企画するお手伝いをすることです」という制作者たちの言葉が紹介されている。一人ひとりの子供の成長、スポーツを通して生まれる絆やスポーツの健康効果を気にかける素振りすらない。すべては、アメリカのユーススポーツの核となってしまった「ビジネス」のためになっている。

当然ながら、この雑誌には、特別な手術が行える病院で肘や膝を治す子供たちの写真は載っていない。あるいは、スポーツの機会に恵まれない地域でも、どうにかベストを尽くそうと奮闘する低所得家庭の子供の話を取り上げた記事もない。過酷な試合や過度のプレッシャーによるプレーしたことで負った心の傷について触れた写真や記事は1つも見当たらない――ただし、50mプールを有するオーランドの新しいアクアティクスセンターについての優美な説明文は、キャロラインが延々と泳がされたり、大きな精神的ダメージを受けたりしたことを思い出させた。ボールを打つ、あるいは水を切って泳ぐ子供たちのキラキラとした写真がたくさん並ぶ中、子供に激怒するコーチや、コーチの顔に向けて人差し指を突き出し、怒り狂う親の写真は1枚もない。(それに、大勢いるコーチの中に女性が1人もいない！）他にも見当たらなかったのは、悶え苦しむ自分たちのエゴを救うべく前のめりになり、夢見る目をした私のような親たちの写真だ。

そういった不愉快なものも、今のユーススポーツの一部なのである。雑誌には載っていなくても、フレームのすぐ外にある。

黄ばんだ昔のチーム写真を物憂げに眺めながら、もっと単純で、良かった時代を懐かしむのは簡単だ。ユーススポーツについて話すだけなら、そうできたかもしれない。1970年代半ばは、まだ大金がユーススポーツのシステムに忍び込んでいなかった。子供たち、とくに小さな子供たちは、あちこち遠くへ行く必要がなかったし、中流家庭の親たちの自尊心は、それほど子供の成功にかかっていなかった。それに、女性のコーチだってもっとたくさんいた。さらに、小さな子供や思春期の子供たちの肥満率は、現代よりはるかに低い、たったの5％だった。

とはいえ、当時にも改善すべき点はいくつもあった。コーチが子供を怒鳴りつけたり、親がコーチを激しく非難したりしていた（大人のエゴは、永遠に脅かされ続けるのだろう）。アメリカの子供たちが人種によって受けられる恩恵の格差は、すでに定着していた。また、同じくらい重要なことに、子供のスポーツチームではタイトル・ナインの影響がまだ及んでおらず、女性アスリートは少なかった。当時の女の子たちにとって、スポーツとは、からかわれたり、恥ずかしい思いをさせられたりすることを意味していた。実際に、私がソフトボールをしていたり、近所をひとりで走っていたりすると、不思議そう、あるいは反感の目を向けられることがあった。私が思い出せるのは、そのくらいだ。今、娘がひとりで外を走っていても、リスが木を駆け上る光景と同じようにありふれた景色になったのは嬉しい。

私たちは過去に戻れなければ、戻ろうとするべきでもない。とはいえ、昔も今も子供のスポーツにとってもっとも大切なものを守るために、もう少し努力しても良いかもしれない。自分を知り、自制心を身につけ、さまざまなタイプの人と固い友情で結ばれ、生涯続く健康と幸福になるための習慣を強化する。これらは、スポーツが正しい方法で行われれば、手に入れられる。子供は、スポーツをするべきなのだ。

こういったスポーツの恩恵を受けるために、一流チームに合格したり、試合や大会のために長距離移動したり、真新しいスポーツ用品を揃えたり、10年も服従し続けたりする必要はない。

これらのメッセージは、レベルアップするため、あるいは純粋に周りに追いつくにためには、親も子供も「もっとやらなければならない」「もっと揃えなければならない」と親たちに信じさせたい業者たちが発信している。

ユーススポーツという壮大なショーのことは忘れよう。子供たちに必要なものは、もっとシンプルだ。体を動かす機会——緑豊かな公園や大きな広場、体育の授業や地域のスポーツプログラムなど。世帯収入に関係なく入れるチームや使用できる屋外スペース。きちんとした知識を持ち、自分のことより子供たちの成長を優先する、良識あるコーチ。そして、周りに関係なく、分別を失わずに本当に大切なことを貫ける親だ。

これを読んでいる親やコーチに伝えたい。子供たちのスポーツ経験をより良くするのは簡単だ。自分のエゴを抑え、子供を優先し、彼らの邪魔をしないこと。それができたら、友達とコーヒーを飲みながら近況報告をしたり、きょうだいに電話をしたり、ナイトテーブルの上で埃を被っている本の続きを読んだりすれば良い。今こそ、自分自身の人生を再開しよう。

私に関しては、コーチを何年間も経験してやっと、次に進むべきかもしれないと気づいた。その考えは、さほど昔ではないある夕方の遅い時間に、走り終わったチームの女の子たちが少し離れたところで円になっていたときに浮かんだ。彼女たちは、人工芝の上でうつぶせになり、真っすぐに伸ばした体を両肘で支える、プランクの体勢をとっていた。すでに何週間もこのエクササイズをしていたため、ほとんどの子が背中を丸めたり、苦しい表情をしたりせずに、体を安定させられていた（ほとんどの子が、である）。彼女たちが寝っ転がる人工芝には午後の太陽の温もりが残り、フィールドの上を覆うように生えている背の高い木々の隙間からは光が射していた。緑色の瞳、低い声に素直な性格をしたキャプテンが、息の揃った動きでサイドプランク、腕立て伏せと続けるチームに、静かに語りかけている。数人が内輪ネタに笑い、エクササイズが終わってからも、女の子たちはあぐら座りのまま動かない。

私は近くに立ち、それを眺めていた。コーチになってすぐの頃は、彼女たちの会話に交ざって、というより会話の主導権を握ったものだ。『シュレック2』はもう見た？　『Mr．インクレディブル』は？　1年目は、冬のトラックチームの選手たちと一緒になって、体育館の外の廊下で背中を床につけて寝ころび、壁に両脚を上げて乳酸がふくらはぎに溜まらないようにした。きついトレーニングでも、彼女たちに交ざって一緒にやっていた。ポニーテールで床を掃くようにしながら互いのほうを向いて喋り、私は彼女たちの話に興味津々の叔母のように振る舞った。そうやって彼女たちのことを知り、仲間に入れてもらうのが好きだったのだ。

長いあいだソフトボールのコーチをしている知人が、「私は年を取り続けるのに、彼らは変わらない」という、映画『バッド・チューニング』のセリフを引用したことがあった。その日、チームの女の子たちが、私が指示をしなくても自分たちだけで完璧に、楽しそうに練習をしていたときに、私も似たような感覚に陥った。今や、私は彼女たちの親より年上だ。昔のように体育館の床に寝転がろうとすれば、脆くなった膝を庇ってゆっくりと横たわり、体を起こすときは背中が痙攣しないよう気をつけながら、やはりゆっくりと起き上がる必要がある。私は、チーム一人ひとりの女の子と関係を築くコーチから、チームの雰囲気作りをし、自分が出しゃばらなくても彼女たちだけで成長できるようにするコーチに変わった。この変化が私自身の成長によるものなのか、退化によるものなのかはわからないが、彼女たちとの年齢差や言うことを聞かなくなった自分の体が、私を年老いて、疎く、あるいは滑稽にも感じさせた。そして、彼女たちには、もっと年齢が近いコーチが必要かもしれないと思い至った。もしかしたら、走ることに情熱を持ち、今よりずっと若かった頃の私なら、今の私には連れていけないところまで、彼女たちを連れていけるかもしれない。

するとようやく女の子たちが立ち上がった。屋内に向かって歩きながら、まだ笑顔で喋り続けている。彼女たちに、一緒に走ることで得てほしかったのは、まさにこれだったのだ。友情と安心感。

私は、「お疲れ様！」と、歩いて行く彼女たちに呼びかけた。前進あるのみである。

謝辞

申し訳ないが、この本をどうにか書き上げるのを支えてくれた人たちに感謝を伝えるには、スポーツに例えなければならない。私はランナーなので、集中力が必要な執筆作業は、計画を立て、トレーニングを積み、マラソンを完走するのに一番近いように感じる。それも、ベテランの支えがより必要な、初めてのマラソンだ。それについては、3人の女性文筆家たちが、各々のやり方で私を導き、駆り立て、励まし、ゴールするのを手伝ってくれた。自身もランナーで、とても聡明な代理人［訳注：欧米では出版社と著者が直接やりとりするのではなく、代理人が仲介するのが一般的］のローレン・シャープは、私にこの挑戦を引き受けようと思わせてくれた。完全に白紙の段階から関心を示し、時間を使い、最初の気が遠くなるような時期も見事に先導してくれた。そして、編集者でマジシャンのようなキャリー・フライは、トレーニングをする私の隣を、ほぼずっと一緒に走ってくれた。寛大で、著者の考えていることを直感的に理解できてしまう彼女は、信頼できるパートナーであり、私にとっての理性の声だった。ポートフォリオ［訳注：大手出版社ペンギン・ランダムハウスの傘下に入っているノンフィクションを扱う出版社］の編集主任であるトリッシュ・デイリー――彼女もランナーだ――は、本を完成させてくれた。最初から最後まで情熱を持ち、見通しを立て、彼女の素晴らしい編集上のアドバイスが、より的確で影響力を持つ作品に仕上げてくれた。このプロジェクトに心を注いでくれた彼女たち3人には、深く感謝している。表紙にあるのは私の名前かもしれないが、その真下には彼女たちの指紋がそこかしこについている。

さらに、発行者のエイドリアン・ザックハイム率いるポートフォリオのチームがいなければ、この本が出版されることはなかっただろう。このテーマの価値を評価し、作業をサポートしてくれて、ありがとう。どの本（あるいは、マラソン）もそうだが、かたちになる手伝いをする、隠れ部隊が存在する。ポートフォリオでは、編集助手のメガン・マッコーマック、広報ディレクターのタラ・ギルブライド、編集長のジェシカ・リージョニ、装丁担当のサラ・ブローディー、マーケティング担当のレジーナ・アンドレオーニと宣伝係のリリアン・ボールがそうだ。この本に代わって、皆さんのプロフェッショナルな知識やスキルを貸していただいたことに感謝したい。孤独で、怖ろしいパンデミックの最中にも、ベッドで休むのではなく、果敢に挑み続けたあなたたちは小さな奇跡であり、それを心から有り難いと感じている。

また、鋭い洞察力を持った読者たちが、時間をかけ、この本のあらゆる箇所を評価し、コメントしたフィードバックがなければ、最後までやり遂げるのは無理だっただろう。「一瞬だけ見てもらいたいところがある」という私の度重なる、煩わしい頼み事にも、いつも的確で彼女らしい、賢いアドバイスをくれたスー・グリーンバーグ――友人、優れた作家でスポーツをする子供の母親としても経験豊富――にも、感謝の念に堪えない。それから、最初の頃の細かい部分に苦労しながら取り組んでくれたノラ・ウォングの鋭く、率直なアドバイスに救われた。さらに、暗く、陰鬱な2020年の夏、2万語ほどあった最初のほうの章を読むという作業を快く引き受けてくれたエディス・ジマーマンの情熱は、ベストタイミングで現れた。また、友人のボビー・モーラン、キャシー・キャッスルズ、ティムとエリー・リア、そしてキャシーとマーシャ・ヘッド（私の姉妹）も素晴らしいアドバイスをくれ、平等で的確な内容の本にしてくれた。そして、さまざまなところでサポートしてくれた『マインドシフト』という教育ウェブサイト（見てみて！）の大好きな編集者のキ・サングは、夜中にいきなり様子を窺うためだけのショートメールをくれた。

彼女たちだけではない。驚くほど心が温かく、類まれな知恵を持つ『ワシントン・ポスト』紙のフレッド・ボーウェンと、面白くて、人が善いリック・エクスタインは、共に大学スポーツに深い造詣と疑問を持っている。マーク・ハイマン、B・デイビッド・リドパス、トム・ファレイ、ジョン・ソロモン、あなたたちの寛容さは計り知れない。それから、レジェンドのジェイ・コークリーの著書には、本当に大きな影響を受けた――ありがとう。皆さんがメールに返信をくれ、電話を受け、考えを聞かせてくれたことに、心から感謝している。

それから、なかにはとても個人的な内容まで話を聞かせてくれた、心優しい人たちに特別な感謝を伝えたい。ダニー・オサリバン、アリー・カーター、ジェラニ・テイラー、デイビッド・アーチャー、メアリー・ルー・カーター、ケイティ・マッカファーティ、シモン・オルテガ、ローラ・ガンプ、ソフィー・デボード、ジャッキー・ヤング、マイク・ミレイ、ドン・シューマッハ、ブランドン・ホワイティング、ジュリー・マクリーリ、スージー・ホイト、メレディス・

プライアー、サヴァンナ・リンヘアーズ、シャーリーン・クロウウェル、ブルース・ガードラー、ハワード・パターマン、モニカ・ウォレス、カリッサ・ニーホフ、ジェレミー・ゴールドバーグ、ダグ・カーライル、マギー・リンチ。

さらに、執筆にあたって情報源となった研究や見解を示してくれた数々の専門家の皆さんにも、お礼を述べさせていただきたい。レノーア・スケナジー、マイケリーン・ドゥクレフ、ジュリー・リスコット＝ヘイムス、マデリーン・レヴィン、リッチ・カールガード、トラビス・ドルシュ、ジャック・ボーウェン、リチャード・ワイスボード、ヘザー・バーグソン、チャールズ・ポプキン、アンドリュー・ソロモン、マーシャル・ミンツ、ビクター・シュワルツ、スコット・ゴールドマン、ロニー・サーネル、ティム・ニール、キャサリン・スター、ローレンス・スタインバーグ、コーディ・モファット、セリア・ブラッケンリッジ、ニコル・ラボイ、リサ・ダモー、ジム・テイラー、リチャード・ラプチック、ヘンドリー・ウェイジンガー、ガーランド・アレン、メアリー・ヘレン・インモルディーノ・ヤング、ディオン・コラー、ダニエル・グールド、スーザン・ユースティス、ロス・フラワーズ、ルアン・ピーターポール、トラビス・ヴォーガン、ジョン・サリバン。

長い時間、私と一緒にユーススポーツの現状を嘆き、話や考えを提供してくれた友人のカレン・アイクラー、アーチー・ゴッテスマン、リサ・マックゴーハン、アン・ブリット、モニカ・エピスコーポ、メリッサ・ウェバー、クリスティーン・ガリアルド、アン・ブロドウ、キャスリーン・フィーニー、サラ・サングリー。みんな、ありがとう。

そして、この本について語る上で触れないわけにはいかない、間接的に影響を与えてくれた3人の男性たちがいる。ラリー・スミスにデニス・ボーヴィン、レオ・ヒンデリー。あなたたちの長きにわたる、この本への関心、そして揺るぎない優しさは、パンデミックのときもそうでないときも、私が進み続けるための活力になった。あなたたちの寛容な心が何の役にも立たなかったとは、決して思わないでほしい。私は、いつまでも感謝している。

私がコーチしたすべての女の子たちへ。あなたたちと一緒にした経験のすべてが、私のユーススポーツに対する考え方を作った。ものすごく暑い日も、ライバルに負け続けていたときも、あなたたちのおかげで、コーチの仕事は価値のあるものになった。今、あなたがどこにいても、走っていますように。あなたはまだ、自分がどこまで上達できるかを知らない。

最後に、家族の支えがなければこの本を完成させるどころか、書き始めることもできなかっただろう。娘で「文壇の名士」のジュリーは、作業全体を進める手助けをしてくれた。頑固で妥協を許さない息子のジェフは、組織化されたスポーツを避けることの価値に光を当ててくれた。そして、我が家のスポーツマンで私の小さなモルモットのポールは、彼について書くことを許可してくれただけでなく、彼のスポーツに干渉する両親に耐えてくれた。あなたは、本当に我慢強い。最後に、ボブ。私が執筆に専念できるよう、経済的に支え、励まし、パンデミック前に飼い始めた元気すぎる子犬のマルゴットを優しく世話してくれた。常に私の考えや能力を信じてくれているあなたに――私がやることすべてを全力で応援してくれる――私は支えられているのだ。毎日、感謝している。

これらのページの中に間違いがあったとしたら、それは私1人の責任である。

［著者略歴］

リンダ・フラナガン

LINDA FLANAGAN

フリーランスジャーナリスト。研究者であり、元クロスカントリー、陸上競技のコーチ。3児の母。リーハイ大学を卒業後、オックスフォード大学とフレッチャー法律外交大学院で修士号を取得し、ハーバード大学では国家安全保障プログラムのアナリストを務めた。また、Positive Coaching Alliance（PCA）のニューヨーク市支部の創設理事や、アスペン研究所のアドバイザリーグループメンバー（2020-21年）でもある。スポーツに関する執筆は、月刊『The Atlantic』、月刊『Runner's World』、教育関連のニュースサイト『MindShift』などで定期的に投稿している。

［訳者略歴］

佐伯 葉子

YOKO SAEKI

出版翻訳者。小・中学校時代の5年間と大学の1年間をアメリカで過ごす。3児の母。2013年7月に夫の転勤に伴い、再び渡米。子供たちが全員小学生以上になったタイミングで、それまで細々と続けていた翻訳の勉強をし直し、2014年に出版翻訳者デビュー。2020年夏に帰国。訳書に『マインドセット学級経営』（小社）、『1年以内に理想の結婚をする方法』（アルファポリス）、『一流のコンディション』（大和書房）、『立ち直る力』（ディスカヴァー・トゥエンティワン）などがある。

[装丁]
水戸部 功

[本文デザイン・DTP]
広谷 紗野夏

[校正]
桂 由貴

[編集]
吉村 洋人

TAKE BACK THE GAME
子供たちのスポーツを取り戻せ!!

2023(令和5)年 8月5日　初版第1刷発行

著　者　リンダ・フラナガン
訳　者　佐伯 葉子
発行者　錦織 圭之介
発行所　株式会社東洋館出版社
〒101-0054　東京都千代田区神田錦町 2-9-1
コンフォール安田ビル 2F
（代　表）　TEL 03-6778-4343　FAX 03-5281-8091
（営業部）　TEL 03-6778-7278　FAX 03-5281-8092
URL　https://toyokanbooks.com/
振替　00180-7-96823

印刷・製本　岩岡印刷株式会社

ISBN 978-4-491-05259-5 / Printed in Japan